CARE MANAGER'S WORKBOOK

ケアマネジャー 基本問題集 '24

下巻

保健医療サービス分野
福祉サービス分野

九訂『基本テキスト』準拠

介護支援研究会 監修

2024年度
法改正対応！

晶文社

は じ め に

　2000年4月にスタートした介護保険制度は、2005年、2011年、2014年、2017年、2020年、2023年の法改正を経て、大幅に改革されてきました。介護保険法施行以来22年の間に、介護給付費の増大など制度上の問題点も論議されてきました。そのような流れのなかで、介護保険制度運営の中心的な役割を果たす介護支援専門員の職務の重要性はますます高まるものと思われます。

　試験は年々難しくなり、15％以下の合格率が出たこともありました。2015年度からは解答免除もなくなり、各分野の実務をこなしながら受験の準備をされる方々は、なかなか大変であろうと推察いたします。本書は、これらの認識のうえに次の点に留意して編集しました。

●介護支援専門員として十分な知識と視点を身につけること

　介護支援専門員実務研修受講試験は、試験の難易度が高くなり、合格もなかなか大変になりました。その上、合格して実務研修を受けただけで介護支援専門員として完璧であると保証されるわけではありません。実務を通じて、また現任者研修や主任ケアマネジャー研修を通じて、より高いレベルの能力が期待されています。しっかりした基本を身につけて、先々まで役立つような制度全体の理解、広い社会的視野をもつことができるよう、問題の配列と解説に意を注ぎました。

●実務をこなしながら学習する方のために配慮すること

　いつでも、どこでも学習できるように、判型とページ数に配慮し、必要十分な量の問題と解説を、Ａ5判上下2巻にまとめ「携帯判」としました。

　また、日常の業務の合間や通勤の途上の10分でも20分でも、まとまった学習ができるよう、1ページ1問完結の構成としました。

　以上が、本書の編者の思いであり、狙いでもあります。

　本書を活用され、みごと合格され、よき介護支援専門員としてご活躍されることを心より祈念いたします。

介護支援研究会 代表・編集委員長

中島　健一

本書の使い方

◆　本書の問題は、模擬試験スタイルの問題とは異なり、必修の基本事項をていねいに学習していくために、比較的せまい範囲の内容で構成された正誤問題を提出しています。正答の問題文の記述とポイント解説による補足の記述によって、必修の重要事項をすべてクリアできるようになっています。

　　そのため、問題が解けたかどうかにこだわるよりも、問題文とポイント解説の精読を心がけてください。この学習法を何度も繰り返すことにより、介護保険制度の全体像が自然に把握できて、本試験に合格することはもとより、介護支援専門員としての基本的な視点を身につけることができます。

◆　本書の記述内容は、基本的には長寿社会開発センター発行の九訂『介護支援専門員基本テキスト』の記述をもとに作成しています。基本テキストの本文に記述はないが、過去の本試験問題や旧版の基本テキストの記述で重要と思われるものも加えて、独自に構成しています。

　　ポイント解説 の行末の📖マークは、長寿社会開発センター発行の九訂『介護支援専門員基本テキスト』の参照ページを表しています。

　　（📖上は上巻、📖下は下巻）

第1部＜保健医療サービス分野＞

第1章　高齢者保健医療の基礎知識

第2章　介護サービス各論（保健医療系サービス）

第2部＜福祉サービス分野＞

第1章　高齢者福祉の基礎知識

第2章　介護サービス各論（福祉系サービス）

令和3年6月発行『九訂 基本テキスト』（上巻）との対応表

令和3年6月発行『九訂 基本テキスト』（下巻）との対応表

第1部

保健医療サービス分野

第1章　高齢者保健医療の基礎知識

老年症候群(1)

問題1　老年症候群について、正しいものを3つ選べ。

(1)　高齢者の意識障害は、脳の器質的障害や低血圧・低血糖などの全身疾患、薬剤の副作用が原因となることが多い。

(2)　意識障害の1つであるせん妄では、活動力や注意力が低下する病態はみられない。

(3)　高齢者の抑うつには、身体的な要因とともに社会心理的要因がある。

(4)　高齢になると学習によって取得された意味記憶による知識は失われやすくなるが、直近の個人的な経験の記憶であるエピソード記憶は高齢になっても高く保持される。

(5)　高齢者の不眠の原因の1つに、レストレスレッグス症候群がある。

ポイント解説　　　　　　　　　　　　　📖 下－ P.4～8、P.183～184

(1)　○　**脳の器質的障害**は脳血管障害や頭部外傷であり、**全身疾患**には、ほかに慢性呼吸不全や尿毒症がある。

(2)　✕　**せん妄**は**意識障害**の一種で、認知機能低下、見当識障害、不眠、興奮、錯乱、幻覚、幻聴などの精神症状が現れる。せん妄には、興奮や錯乱といった精神症状を主体とした**興奮過覚醒型**があるが、認知機能や注意力が低下する**傾眠低覚醒型**もみられる。また、**混合型**もある。脳疾患や全身疾患、薬物、脱水、入院、手術などが原因となって起こる。原因を取り除くとともに、薬物治療を行う。症状は**一過性**であることが多く、通常は数週間で治まる。**夜間せん妄**が多い。

(3)　○　**抑うつ**の**身体的要因**には、身体的衰えや機能障害、脳血管障害やパーキンソン病などの慢性疾患などがあり、**社会心理的要因**には、家族との死別、退職による社会的役割の喪失などがある。

(4)　✕　**エピソード記憶は加齢により低下**し、特に直近の出来事に関する記憶が低下する。それに反して、**意味記憶は比較的よく保たれる**。

(5)　○　**レストレスレッグス症候群**は、むずむず脚症候群とも呼ばれ、下肢や腰・背中・腕などに、むずむずとした不快感や痛みなどが現れるもので、睡眠を著しく妨げる。

正解　(1) (3) (5)

老年症候群(2)

問題 2　老年症候群について、正しいものを 3 つ選べ。

(1)　高齢者では、たんぱく質の過剰摂取がサルコペニアの一因になっているとも考えられるので、肉や魚などたんぱく質の摂取を控えなければならない。

(2)　高齢者の味覚障害の原因となる亜鉛欠乏症は、降圧薬や脂質異常症治療薬などによって引き起こされる。

(3)　高齢者は活動量が少ないので、若年者より脱水に陥りにくい。

(4)　認知機能や ADL が低下している人は、水分補給が不足がちなので、特に脱水に注意が必要である。

(5)　回転性のめまいは、多くの場合、内耳の障害によって起こる。

ポイント解説　　　　　　　　　　　　　　　　　📖 下－ P.8〜9

(1)　**✕**　記述は逆である。高齢者では食事量が減っているが、たんぱく質の必要量は一般成人と変わらない。**たんぱく質の摂取不足は、サルコペニア（筋肉減弱症）の一因となる。**

(2)　**○**　味覚が低下して食欲不振の原因となる**亜鉛欠乏症**は、降圧薬・脂質異常症治療薬・抗ヒスタミン薬など、さまざまな薬によって引き起こされる。また、亜鉛と吸収が拮抗（きっこう）する**カルシウム**の多量摂取や**ストレス**によっても、亜鉛の欠乏が引き起こされる。

(3)　**✕**　高齢者は、もともと**体内水分貯蔵量が少なく、口渇も感じられにくい**ため十分な水分補給が行われないので、**脱水を起こしやすい。**

(4)　**○**　**脱水**が強くなると、起立性低血圧、全身倦怠感、頭痛、吐き気、食欲不振などをきたし、進行すると意識障害に至る。

(5)　**○**　**回転性のめまい**は、メニエール病、良性発作性頭位めまい症、前庭神経炎などの**内耳の障害**によって起こる。めまいには、ほかに**眼前暗黒感、浮動感**など、さまざまなタイプがあって、原因疾患もさまざまであり、重大な疾患が隠れていることもある。

正解　(2)(4)(5)

老年症候群⑶

問題 3 　老年症候群について、正しいものを３つ選べ。

(1) 　高齢者の難聴には感音性難聴が多く、治療は困難であり、補聴器の適切な使用が勧められる。

(2) 　高齢者の視力障害の原因となる加齢黄斑変性症は、網膜の中心部である黄斑に障害が生じ、見ようとするところが見えなくなる疾患である。

(3) 　フレイルは健康と病気の中間的な段階であり、体重減少・筋力低下・疲労感・歩行速度・身体活動という５つの項目の評価基準のうち、３項目以上該当するとフレイルとみなされる。

(4) 　廃用症候群の予防のためには、安静を主体とした療養が必要である。

(5) 　褥瘡の治療においては、白色期から赤色期、黄色期、黒色期へと瘡面の色調が変化し、治癒が進んでいく。

ポイント解説　　　　　　　　　　　　　　　　　📖 下− P.10〜13

(1) 　**◯** 　高齢者の難聴には、外耳や中耳に異常のある**伝音性難聴**や**耳垢塞栓**（耳垢栓塞）など治療可能なものもあるが、多くは**内耳や大脳の異常**による**感音性難聴**であり、**治療は困難**である。

(2) 　**◯** 　高齢者の視力障害には、白内障、緑内障、糖尿病性網膜症などがあるが、**加齢黄斑変性症**は近年患者が増えている疾患である。成人の失明原因として、世界的に白内障が第１位であるが、欧米では加齢黄斑変性症が第１位とされている。最近、iPS細胞を用いた臨床研究が開始され、期待を集めている。

(3) 　**◯** 　加齢に伴って**筋力や活動が低下している状態**を、**フレイル（虚弱）** という名称で呼ぶ。

(4) 　**✕** 　**廃用症候群**は、日常生活の**活動性の低下**に伴って生じる**身体的・精神的機能の全般的な低下**である。予防のためには、**できる限り体を動かす**ようにすることが必要である。

(5) 　**✕** 　記述は、**順序が逆である**。瘡面の色調に基づいた記述の分類では、**黒色期が最も重度**の状態である。褥瘡の深度によりⅠ度〜Ⅳ度に分類することもある。　　　　　　　　　　　　　　　**正解** 　(1) (2) (3)

※老年症候群の１つとされる尿失禁については、105ページ参照。

高齢者の心理的・社会的変化

問題 4　高齢者の心理的・社会的変化について、正しいものを3つ選べ。

(1)　エリクソンの「人間の8つの発達段階」において、高齢期の心理的葛藤は「世代性 vs 自己陶酔」である。

(2)　身近な人との死別による悲嘆のプロセスには、無感覚、思慕と探索、混乱と絶望、再建などの段階がある。

(3)　ソーシャルサポートは、死別による心理的苦痛を和らげる効果がある。

(4)　補償を伴う選択の最適化理論（SOC理論）は、高齢になっても若い頃と同じ目標をもって、その実現をめざすことを理想としている。

(5)　老年的超越理論は、高齢になるとそれまでの価値観から脱却し、別のことに価値や幸せを見出すようになるという理論である。

ポイント解説　　　　　　　　　　　　　　　　📖 下－ P.17～21

(1)　**✕**　高齢期の心理的葛藤は「**統合 vs 絶望**」である。高齢期には人生を振り返り、人生を意味づけ、未解決の問題を処理し、人生を統合することが求められる。「世代性 vs 自己陶酔」は成人期の心理的葛藤である。

(2)　**○**　喪失を乗り越えて「**再建**」に向かうためには、これらの過程で十分に悲しみ、自己と向き合うことが重要であるとされる。

(3)　**○**　ソーシャルサポートを多く得ている人ほど、その後の適応が良好であるとされる。

(4)　**✕**　**補償を伴う選択の最適化理論（SOC理論）**は、特定の目標に絞る（**選択**）、機能の低下を補う方法を獲得して喪失を補う（**補償**）、目標に最適な仕方をとって適応の機会を増やす（**最適化**）という対処方法である。若い頃と同じ目標を掲げるのではなく、より限定された目標に絞ることで、加齢によって機能が低下しても自分のありたい姿を維持することをめざす。

(5)　**○**　**老年的超越理論**は、高齢になると、社会や他者との表面的なつながりよりも、限られた人との深いつながりを重んじるようになるなど、価値観や考え方が大きく変化するという考え方である。

正解　(2) (3) (5)

医学的診断、予後予測

問題 5　医学的診断、予後予測について、正しいものを３つ選べ。

(1)　医師には検査結果や診断について患者に説明する義務があり、治療内容などについては患者の同意を得なければならない。

(2)　多くの医師の経験や調査の結果を統計学的に解析した資料に基づく医療を、NBM という。

(3)　NBM は、EBM とともに近年注目されている。

(4)　治療の内容や方法は医学的診断によって決定されるものであり、介護支援専門員の介入する余地はない。

(5)　予後の告知は患者本人に対して行うのが原則である。

ポイント解説　　　　　　　　　　　　　　　　　　📖 下－ P.24〜27

(1)　**○**　これを**インフォームドコンセント**といい、**説明と同意**によって患者の自己決定権を保障する。**治療内容**だけでなく**検査**についても、インフォームドコンセントが必要である。

(2)　**✕**　記述の医療は、**EBM**（Evidence Based Medicine：根拠に基づく医療）である。医師個人の経験だけに頼るのではなく、科学的に診断や治療を行うために、近年では EBM が注目されている。

(3)　**○**　NBM（Narrative Based Medicine：物語と対話に基づく医療）は、個々の人間の感じ方や考え方に耳を傾けて自己決定を促す医療である。**EBM の欠点を補う**ものとして、特に治療法の確立されていない領域などで重要視される。

(4)　**✕**　介護支援専門員は、患者の自己決定に際して、**第三者的にアドバイスする**ことができる。患者本人の置かれた環境、考え方などに基づいた助言は、患者にとって有益なものとなる。

(5)　**○**　**予後**とは**疾患が今後たどり得る経過**のことを指し、告知は原則として患者本人に対して行われる。患者の認知機能や理解力、心理状態などを考慮して、家族の立ち会いを求めることもある。

正解　(1) (3) (5)

医師・歯科医師への連絡と情報交換

問題 6　医師への連絡と情報交換について、正しいものを２つ選べ。
(1)　介護支援専門員は、利用者の入院当初に、在宅時の利用者・家族の生活に関する情報を医療機関に伝えることが重要である。
(2)　退院前カンファレンスは、医療機関のメンバーのみが参加して行われる。
(3)　医師・歯科医師からの情報収集は、利用者の外来受診や訪問診療の際に介護支援専門員が同伴・同席することで行うこともできる。
(4)　利用者の家庭内のトラブルや精神的な落ち込みなどは、プライバシーに配慮して主治医に報告しない。
(5)　主治医意見書は、要介護認定等のために作成されたものなので、介護サービス計画の作成には、活用すべきでない。

ポイント解説　　　　　　　　　　　　　📖 下－ P.28〜33

(1)　○　利用者の身体の状況のほか、利用者・家族の思いや希望、セルフケア力・家族の介護力、住環境などの**生活に関する情報**を提供する。この情報が治療方針に影響することもある。
(2)　×　**退院前カンファレンス**は、医療機関のメンバーに加え、利用者・家族、介護支援専門員や在宅主治医など在宅チームのメンバーも参加して行う。
(3)　○　普段の情報交換においては、医師や歯科医師に**サービス担当者会議（ケアカンファレンス）**に参加してもらうのがベストだが、外来受診や訪問診療に同席するなどしてもよい。
(4)　×　家庭内のトラブルや精神的な落ち込みなど**生活状況の変化**が、病状の悪化や**日常生活動作（ADL）**の低下につながることも多い。プライバシーに配慮したうえで、必要があれば、医師に報告する。
(5)　×　**主治医意見書**は、介護支援専門員が介護サービス計画を作成するときにも、重要な医学的な意見として活用することができる。なお、**主治医意見書の情報開示**については、主治医の同意、申請人の範囲など、市町村ごとに要件・手続きが定められている。

正解　(1)(3)

在宅医療管理とは

問題 7　在宅医療管理について、正しいものを２つ選べ。

(1)　在宅医療は、入院医療ができないときに選択されるもので、患者にとって最善の医療とはいえない。

(2)　在宅医療を支えるためには、介護者への支援、患者の支援を行う介護職に対しての医療的な保証が必要である。

(3)　「往診」とは、医師が定期的・計画的に患者の居宅を訪問して診療を行うことである。

(4)　在宅医療では、心電図検査・超音波検査・レントゲン検査などの検査はできない。

(5)　在宅医療には、患者の生活に即した療養上の助言・指導がしやすいという利点がある。

ポイント解説　　　　　　　　　　　　　　　　📖 下－ P.34～41

(1)　**✕**　入院医療では急性疾患の治療効果が最大限に発揮されるという利点もあるが、生活の制限があること、入院を契機に認知症が進行したり、廃用症候群が発症したりする問題もある。**患者の人生観や家族の介護力などを考慮して選択**されるべきものである。

(2)　**〇**　**医療的な保証**は、介護者の身体的・精神的負担を軽減する。医療職と医療職以外の専門職との情報共有や連携も必要である。

(3)　**✕**　記述は「**訪問診療**」についてのものである。「**往診**」とは、患者の症状に変化のあったときに、患者や家族等の求めに応じて行う診療である。

(4)　**✕**　医療機関にもよるが、以前は入院でしかできなかった検査も、**対応できる**ようになっている。

(5)　**〇**　**在宅医療**には、生活の場を見ているからこそできる記述のような利点や、医療機関への移動や待ち時間の負担がないなどの利点がある。

正解　(2) (5)

在宅自己注射、悪性腫瘍疼痛管理

問題 8 　在宅自己注射と悪性腫瘍疼痛管理について、正しいものを2つ選べ。

(1) インスリン製剤の自己注射は、食事療法や運動療法、内服の薬物療法で糖尿病の血糖のコントロールができない場合に行う。

(2) インスリンの自己注射を行っていれば、高血糖になることはない。

(3) インスリンの自己注射を行っている場合に、低血糖になることがある。

(4) 悪性腫瘍の疼痛に対して、心理療法やカウンセリングは効果がない。

(5) 在宅で悪性腫瘍の疼痛管理を行う場合は、鎮痛剤の投与は経口投与に限られる。

ポイント解説　　　　　　　　　　　📖 下－ P.46〜49

(1) ◯ **在宅自己注射**は、患者・家族が指導・教育を受け、在宅で自己注射を行うことであり、高齢者では**糖尿病**で**インスリン**を自己注射している場合が多い。

(2) ✕ インスリンの自己注射をしていても、食事摂取量が多ければ**高血糖**になり、昏睡状態になることもある。

(3) ◯ 病気などのために食事摂取量が低下した場合（**シックデイ**）に、インスリンが相対的に多くなってしまい、**低血糖**になる可能性がある。シックデイにインスリン注射量をどの程度減らすのか、または注射を打たないのかを事前に確認しておく必要がある。**空腹感、冷や汗、動悸、震え、意識レベルの悪化**などの**低血糖の症状**がみられたら、速やかにブドウ糖を摂取する。経口摂取が難しい場合は注射によって投与する。

(4) ✕ がんの疼痛管理は薬の投与が主であるが、不安・うつ状態・怒りは疼痛に影響するため、心理療法やカウンセリング、行動療法なども有効である。

(5) ✕ **悪性腫瘍の疼痛管理**には、しばしば**医療用麻薬**の投与が行われる。注射、自動注入ポンプによる持続的投与、坐薬、経口薬剤、パッチ製剤などが用いられる。在宅であっても、経口投与以外に、注射やポンプなどを用いることも可能である。

正解 (1)(3)

人工透析

問題9　人工透析について、正しいものを3つ選べ。

(1)　人工透析には、血液透析と腹膜透析がある。

(2)　血液透析は、月1～2回の通院が必要となる。

(3)　腹膜透析は、緊急時以外の通院は原則として不要である。

(4)　血液透析を行っている場合は、シャント側で血圧を測定しないようにする。

(5)　腹膜透析は、患者の生活リズムに合わせて治療ができるため、社会復帰がより容易である。

ポイント解説　　　　　　　　　　　　　　　📖 下－ P.49～51

(1)　○　**人工透析**は腎不全に対する療法であり、**血液透析**と**腹膜透析**がある。人工透析によって、腎臓の代わりに、老廃物の除去、水分・電解質の調節を行う。

(2)　×　血液透析は、**週2～3回**、透析施設に通院して人工透析を行う。1回当たり4～5時間を要する。

(3)　×　腹膜透析は、在宅で本人または家族が人工透析を行う方法である。管理のために、**月1～2回**の通院は必要である。

(4)　○　造設した**シャント**（透析のために針を刺す血管）は**愛護的に扱う**必要がある。シャントがあるほうの腕で、血圧測定や採血をしたり、重いものを持ったりすることは避ける。また、血液透析では、**水分**、**塩分**、**カリウム**、**リン**の過剰摂取に注意する。

(5)　○　腹膜透析は、血液透析に比べて通院回数が少なくてすむ。今後は**糖尿病性腎症**などによる高齢の腎不全患者の増加に伴い、利用者も増加する可能性がある。

正解　(1)(4)(5)

在宅中心静脈栄養法

問題 10 在宅中心静脈栄養法について、正しいものを2つ選べ。
(1) 嚥下障害や全身状態の悪化などのために食事の経口摂取ができない場合は、医療機関へ入院して栄養療法を受けなければならない。
(2) 中心静脈栄養法は、食事の経口摂取はできないが、経腸摂取が可能な患者に対して行う。
(3) カテーテル刺入部の清潔には十分に配慮しなければならない。
(4) 皮下植え込み式ポートを用いれば、点滴をしないときはカテーテルが皮膚の外に露出しない。
(5) 中心静脈栄養法を行っている場合は、入浴はできない。

ポイント解説 　　　　　　　　　　　　　　📖 下－ P.51〜52

(1) **✕** 　食事の経口摂取ができなくても、入院せず在宅で栄養療法を行うことができる（在宅中心静脈栄養法・在宅経管栄養法）。**中心静脈栄養法**は、点滴栄養剤を**血管**（静脈）に直接入れる方法である。また、**経管栄養法**は、栄養剤を**胃や腸**などに入れる方法である。

(2) **✕** 　中心静脈栄養法は、**経口摂取・経腸摂取ができない**患者に行う。末梢の静脈ではなく、身体の中心部の太い静脈に輸液するため、「中心静脈」という名称で呼ばれる。経腸摂取が可能な場合は**経管栄養法**が優先して行われる。

(3) **〇** 　中心静脈栄養法は**細菌感染**を起こすリスクがあるため、点滴バッグやルート、カテーテル刺入部の清潔には配慮が必要である。

(4) **〇** 　中心静脈栄養法には、15〜40cm のカテーテルが体表から血管内につながっているもの（**体外式カテーテル**）と、**皮下植え込み式ポート**を用いるものがある。体外式の場合は、カテーテルが抜けたり、カテーテルが断裂して血管内に浮遊したりすることがある。しかし、皮下植え込み式の場合は、入浴や運動が自由に行えて、感染もしにくい。

(5) **✕** 　特別な処置が必要ではあるが、**入浴は可能**である。皮下植え込み式の場合は、比較的簡単な処置で入浴できる。

正解 (3)(4)

在宅経管栄養法(1)

問題 11 在宅経管栄養法について、正しいものを3つ選べ。

(1) 経管栄養法は、管を通じて消化管に栄養剤を注入する栄養療法である。

(2) 栄養剤を注入する際は、患者はできるだけ横になった姿勢で行う。

(3) 経管栄養を行っている場合は、便秘や下痢、消化器症状の有無に気を配り、場合によっては栄養剤の変更や注入速度の変更を検討する。

(4) 胃ろうを造設した場合は、食事を経口から摂取してはならない。

(5) 胃ろうのカテーテルが自然に抜去した場合は、すぐに代用の管を入れなければならない。

ポイント解説　　　　　　　　　　　　　　📖 下－P.53～55

(1) **○** **経管栄養法**は、嚥下障害などにより**経口摂取**ができないか著しく困難な患者に、管を通じて胃や腸などに栄養剤を注入する栄養療法である。経管栄養法には、**経鼻胃管**、**胃ろう**、**食道ろう**、**腸ろう**があるが、経鼻胃管と胃ろうが多い。

(2) **✕** 栄養剤を注入する際は、患者の体を30度以上起こして**ファーラー位（半座位）**か**セミファーラー位**にする。

(3) **○** このほかに、カテーテルによる**鼻腔の潰瘍**や**誤嚥**などに留意する。また、食事をとる楽しみが失われるため気分転換も大切である。なお、経管栄養を行っている場合は、唾液分泌量が減少し咀嚼による自浄作用がなくなるため、**口腔内は汚れやすくなる**。

(4) **✕** **胃ろう**（経皮内視鏡的胃ろう造設術：PEG）は経管栄養法の一種で、経鼻胃管ができない場合や長期的に行う場合に導入されることが多い。経鼻胃管より外観的にめだたず、患者の負担も軽減される。少量なら経口摂取が可能な場合は、**並行して経口摂取を行うとよい**。後に経口摂取が可能となった場合は**ろう孔を閉鎖する**こともできる。

(5) **○** 胃ろうのカテーテルは抜けることがあり、その場合はすぐに代用の管を入れなければ、**ろう孔が閉鎖してしまうので速やかに医療者に連絡する**。

正解　(1)(3)(5)

在宅経管栄養法⑵

問題 12　在宅経管栄養法について、正しいものを2つ選べ。

(1)　経鼻胃管では、利用者がカテーテルを抜いてしまわないように注意する。

(2)　胃ろうには、バルーン型とバンパー型があり、バルーン型は4～6か月ごとにカテーテルの交換を行う。

(3)　バンパー型では、ストッパーと皮膚の間に「あそび」がないように固定する。

(4)　栄養剤の注入は、できるだけ速く行って、利用者の負担を軽減する。

(5)　経管栄養の利用者であっても、入浴は可能である。

ポイント解説　　　　　　　　　　　　　　　📖 下－ P.53～55

(1)　○　**経鼻胃管**では、鼻やのどの違和感のために、利用者が嫌がって抜いてしまうことがあるので、**抜かれないような工夫が必要**である。

(2)　×　**バルーン（風船）型**は入れ替えがしやすいメリットがあるが、**1～2か月を目安に交換が必要**である。バルーン型では、バルーンを膨らませるための固定水が十分に入っているか、破損はないかの日常的なチェックが必要である。**バンパー（固定）型は、4～6か月を目安に交換**する。

(3)　×　**バンパー型**では、バンパーが胃の粘膜に押しつけられた状態になると、合併症を引き起こすことがある。ストッパーと皮膚の間に1～2cmの「**あそび**」があること、カテーテルが回転することを確認する。

(4)　×　**栄養剤の注入**が速すぎると、下痢や嘔吐を引き起こすことがあるので、利用者個々にとって**適切な速度で注入を行う**。

(5)　○　**入浴は可能**である。ただし、入浴には特別な配慮が必要であり、医療職と相談しながら行う。

正 解　(1)(5)

在宅人工呼吸療法(1)

問題 13 在宅人工呼吸療法について、正しいものを2つ選べ。

(1) 人工呼吸療法を在宅で行う場合、侵襲的陽圧換気法は行わない。

(2) 非侵襲的陽圧換気法では、マスクの種類は複数あり、患者に合ったものを使う。

(3) 在宅人工呼吸療法は、呼吸器疾患の場合に限って行われる。

(4) 在宅人工呼吸療法で使用する機器には内蔵バッテリーが搭載されているので、停電時や災害時でも使用できる。

(5) 呼吸の管理を自宅で行うことに対する患者や家族の不安への配慮が必要とされる。

ポイント解説　　　　　　　　　　　📖 下－ P.55～56

(1) ✕　人工呼吸療法には、**マスクを使用する非侵襲的陽圧換気法（NPPV）** と**気管の中に管を入れる侵襲的陽圧換気法（IPPV）** がある。どちらも在宅で行うことができる。

(2) ○　非侵襲的陽圧換気法は、取り扱いが簡便で、会話が可能なため、在宅人工呼吸療法で多く用いられている。マスクは患者に合ったものを使うが、空気漏れが起こらないように注意する。夜間だけ装着する場合や終日装着する場合などがある。

(3) ✕　呼吸器疾患に限らず、**筋萎縮性側索硬化症（ALS)・パーキンソン病などの神経難病**、長期の意識障害、重度の脳梗塞後遺症などの患者にも使用されている。

(4) ✕　非侵襲的陽圧換気法の場合は、内蔵バッテリーが搭載されていない機器もある。停電時や災害時の対応方法を事前に把握し、家族やスタッフで情報を共有することが必要である。

(5) ○　在宅人工呼吸療法では、トラブルが生命の危機に直結することになり、患者や家族は不安を感じるものである。医師、訪問看護師、介護職、機器の業者などが連携して支援しなければならない。

正 解　(2)(5)

在宅人工呼吸療法⑵

問題 14 在宅人工呼吸療法について、正しいものを３つ選べ。

(1) 侵襲的陽圧換気法を在宅で行う場合は、気管切開を伴うことが多い。

(2) 気管切開をしている場合は、介護者が清潔に痰（たん）を吸引する手技を習得する必要がある。

(3) 気管切開をしている場合は、気管切開部周辺の皮膚の観察が重要である。

(4) 気管切開を行った場合、発声することはまったくできない。

(5) 人工呼吸器装着者であっても在宅生活を継続させることは可能だが、外出することはできない。

ポイント解説　　　　　　　　　　　　　📖 下－ P.55〜56

(1) ◯　気管に管を入れる**侵襲的陽圧換気法（IPPV）** を長期間行う場合は、**気管切開**を行うことが多いので、在宅の場合は気管切開を伴うことになる。トラブルが起こると命にかかわることになるため、緊急時の対応や連絡先を確認しておく必要がある。機器のトラブルは**機器の業者**に連絡し、機器のトラブルか体調不良か不明な場合は**医療者**へ連絡するように指導する。

(2) ◯　介護者は、在宅療養のために、**気管カニューレ**の管理や**吸引**などの手技を習得する。また、侵襲的陽圧換気法の患者は、経管栄養や膀胱（ぼうこう）留置カテーテルなど他の医療的ケアが加わることが多いため、そのための手技も必要である。

(3) ◯　**気管切開部**は、気管カニューレの接触や痰・唾液などの分泌物によって、ただれや肉芽形成などの皮膚トラブルが起こることがある。

(4) ✕　気管切開を行っても、**スピーチカニューレ**（スピーキングカニューレ）を使用すれば、発声は可能である。

(5) ✕　人工呼吸器装着者であっても、電動車いすに呼吸器を積むなどして外出し、社会的役割を果たすことが可能である。

正解　(1)(2)(3)

在宅酸素療法

問題 15　在宅酸素療法について、正しいものを3つ選べ。
(1)　在宅酸素療法は、在宅で酸素投与が必要な患者に対して行う。
(2)　在宅酸素療法の機器は大型なので、外出することはできない。
(3)　在宅酸素療法により、患者の予後の改善が期待できる。
(4)　在宅酸素療法の実施中に呼吸の苦しさが現れた場合は、酸素が不足している合図なので、酸素流量を増やすとよい。
(5)　酸素吸入中は、火気から2m以上離れなければならない。

ポイント解説　　　　　　　　　　　　　　📖 下－ P.57〜58、P.65〜66

(1)　○　**在宅酸素療法（HOT）** は、在宅で**酸素吸入**を行う療法であり、呼吸器疾患、心疾患、神経・筋疾患、悪性腫瘍などによって、**低酸素血症**をきたしている患者が対象である。基礎疾患としては、**慢性閉塞性肺疾患**が多い。なお、**パルスオキシメーター**によって**酸素飽和度**（SpO_2）を測定して管理するが、末梢循環不全で脈が検知されないときや、濃いマニキュアを爪に塗っている場合には、正確な数値を示さないことがある。

(2)　✕　機器には、設置型の酸素濃縮器や携帯用酸素ボンベがある。携帯用酸素ボンベ等を用いれば外出もできる。医師の指示により呼吸同調器を使うと、酸素ボンベの酸素供給時間を延ばすことができる。在宅酸素療法により、入院して酸素吸入しなければならなかった患者の多くが在宅での生活ができるようになっただけでなく、**外出や旅行も可能**になった。

(3)　○　在宅酸素療法により、患者の**予後の改善**、**QOL の向上**が期待できる。ただし、在宅酸素療法を必要とする基礎疾患はほとんどが治癒困難であるため、**治癒を目的とするものではない。**

(4)　✕　医師の指示を超えて酸素流量を増やすと、呼吸中枢が抑制されて意識障害（CO_2ナルコーシス）を引き起こす危険があるため、自己判断で酸素流量を変更してはならない。

(5)　○　安全のために火気からは**2m**以上離れる（安全のためにも健康のためにも**禁煙**を徹底する）。　　　　　　　**正解**　(1)(3)(5)

ストーマ（人工肛門・人工膀胱）

問題 16 ストーマについて、正しいものを3つ選べ。

(1) 消化管ストーマは、大腸がんなどにより腸管が閉塞した場合や、肛門近くの大腸を切除した場合などに造設される。

(2) 消化管ストーマ保有者では、水分補給は控えめにするほうがよい。

(3) 消化管ストーマ保有者の食事内容には、特別な制限はないが、バランスよく摂取するように心がける。

(4) 尿路ストーマは、腫瘍性疾患で尿路の変更が必要になった場合や、神経因性膀胱機能不全などの場合に造られる。

(5) 尿路ストーマ保有者では、尿量が増えないように、水分の摂りすぎに注意する。

ポイント解説　　　　　　　　　　📖 下− P.59〜60

(1) **○** **消化管ストーマ**には、結腸ストーマと回腸ストーマがあり、前者では泥状の軟らかい便が排泄され、後者では食物残渣や便とともに刺激性の消化酵素を含んだ液状の排泄物が排泄される。

(2) **✕** 消化管ストーマでは、便が大腸を通らずに排泄されるため、水分や電解質が吸収されないので、**水分や電解質は十分に補給**しなければならない。

(3) **○** **食事内容**が便の性状や臭い、おならの発生に影響することがあるが、消化のよい食物をバランスよく摂れば、**特別な制限はない**。

(4) **○** **尿路ストーマ**（ウロストミー）には、回腸導管、尿管皮膚ろう、腎ろう、膀胱ろうがある。

(5) **✕** 尿量の低下は、腎機能の低下や尿路感染、尿臭や尿結晶の原因となるので、**十分な水分摂取を行う**。尿路ストーマには、**感染**のリスクがある。

正解 (1)(3)(4)

吸引、ネブライザー、カテーテル法等

問題 17　次の中から正しいものを3つ選べ。

(1)　喀痰吸引に用いる吸引器は、介護保険給付の対象にならないので、自費でレンタルまたは購入をする。

(2)　ネブライザーは、薬を霧状にして気管や肺に吸い込むための機器である。

(3)　自然排尿が困難な場合は、持続的におむつを使用せざるを得ない。

(4)　自己導尿は手技が簡単で、初心者も容易に行える。

(5)　膀胱留置カテーテルを留置する場合は、感染のリスクが高まる。

ポイント解説　　　　　　　　　　　　　　　📖 下 – P.61〜65

(1)　**○**　**吸引器**は、医療機器に該当し、介護保険の給付対象にはならない。充電で使える機種もあり、外出時や停電時の使用も可能である。

(2)　**○**　**ネブライザー**を使って薬を吸入することで、呼吸器疾患の症状を抑えたり、気道を加湿して痰を出しやすくしたりする。在宅では主に、**コンプレッサー（ジェット）式**と**超音波式**のネブライザーが用いられる。

(3)　**✕**　自然排尿に問題がある場合は、**在宅自己導尿**、**膀胱留置カテーテル**、**人工膀胱**（尿路ストーマ）が行われる。**在宅自己導尿**は、自然排尿が困難な患者が在宅において自ら尿道からカテーテルを入れ、実施する排尿法であり、持続的におむつを使用したり、膀胱留置カテーテルを留置したりするより望ましい方法である。

(4)　**✕**　自己導尿の手技はやや難しく、慣れる必要がある。

(5)　**○**　**膀胱留置カテーテル（バルーン型カテーテル）**とは、尿道口からカテーテルを膀胱内に挿入・留置し、持続的に尿を排出させる方法である。カテーテルを留置すると尿路感染を起こしやすくなる。**蓄尿バッグ**は、尿の逆流を防ぐため、**膀胱より低い位置を保つ**。屈曲や圧迫によりカテーテルが**閉塞**すると、尿が蓄尿バッグに流れず膀胱内にたまり、**腹痛**、**発熱**、**尿漏れ**などを引き起こすため注意する。なお、カテーテル法には、バルーン型カテーテル法とコンドーム型カテーテル法がある。

正解　(1)(2)(5)

バイタルサインの基礎知識

問題 18 バイタルサインについて、正しいものを2つ選べ。

(1) バイタルサインとは、体温、脈拍、血圧、身長、体重のことをいう。

(2) 発熱では、まず感染性発熱を疑う。

(3) 脈拍は、左心室の収縮によって生じる静脈の拍動である。

(4) 一般に血圧という場合は、静脈血圧を指す。

(5) 救急医療では、まず意識レベルの確認を行い、意識がなければ呼吸をしているかを確認する。

ポイント解説　　　　　　　　　　　　　　　　　　📖 下－ P.68〜71

(1) **✕** **バイタルサイン**とは、生命の維持にかかわる人体の最も基本的な情報で、一般に、**体温、脈拍、血圧、意識レベル、呼吸**をいう。

(2) **〇** **発熱**では、まず感染症による感染性発熱を疑うが、脱水症や膠原病、甲状腺機能亢進症など他の疾患で生じることもある。高齢者では、低栄養や甲状腺機能低下症、薬剤などによる体温調節機能不全が原因で起きる**低体温**（34℃以下）が問題になることもある。

(3) **✕** **脈拍**は、左心室の収縮によって生じる**動脈**の拍動である。通常は手首の親指の付け根にある橈骨動脈で測定する。血圧が低く拍動を触れない場合には、頸動脈や股動脈で測定する。なお、心電図で測定される**心拍数**と手首で測定される脈拍数は一致しないことがある。不整脈があると脈拍を正確に触知できない場合があるからである。

(4) **✕** **血圧**とは血液が血管壁に及ぼす圧力の大きさで、動脈血圧と静脈血圧があるが、一般に血圧という場合は、**動脈血圧**を指す。

(5) **〇** また、**脈拍の有無**、**脈拍数の多少**を確認し、**高熱や低体温**になっていないか、バイタルサインを素早く確認して、適切な救命処置を行う。

正解 (2)(5)

体　温

問題 19　体温について、正しいものを3つ選べ。
(1)　37℃以上を高体温、36℃以下を低体温という。
(2)　高齢者の体温は、一般成人より高く、日内変動は少ない。
(3)　高齢者では、感染症があっても発熱がみられないことがあり、発熱の程度と疾患の重症度は必ずしも関連しない。
(4)　高齢者のインフルエンザや肺炎では、完全に解熱せず、微熱になってまた高熱になる弛張熱（しちょう）が多くみられる。
(5)　高熱の場合には、原則、安静とし、入浴は避ける。

ポイント解説　　　　　　　　　　　📖 下－ P.68〜69

(1)　✕　一般に、**34℃以下を低体温**という。**高体温の37℃以上**は正しい。低体温の症状としてはふるえがあり、重症になると見当識障害、意識消失、筋硬直、血圧低下、徐脈、不整脈などを生じることがある。

(2)　✕　高齢者の体温は、一般成人より**低く、日内変動や個人差が大きい**という特徴がある。

(3)　○　**発熱**は、感染症、悪性腫瘍、膠原病、甲状腺機能亢進症（こうしん）、熱中症、脱水などで起こる。また、**悪性症候群**（精神神経薬の副作用）では**高熱**がみられ、緊急の治療が必要である。高齢者では、原因のわからない**不明熱**も多い。

(4)　○　**熱型**（ねつけい）の観察も重要である。記述の**弛張熱**のほか、解熱せずに持続する**稽留熱**（けいりゅう）、急激な発熱と解熱を繰り返す**間欠熱**、有熱期と解熱期を繰り返す**回帰熱**がある。

(5)　○　発熱がある場合は、**安静**にして**医師の診断**を求める。**高熱では入浴は禁止**であるが、微熱では体調をみて判断する。

正解　(3) (4) (5)

脈 拍

問題 20 脈拍について、正しいものを３つ選べ。

(1) 一般に、高齢になると脈拍数は多くなる。
(2) 頻脈は、感染症や甲状腺機能亢進症などでも起こる。
(3) 徐脈とは、１分間の脈拍数が40未満になることをいう。
(4) 不整脈は、健康な人にもみられることがある。
(5) 心房細動は、高齢者によくみられる不整脈である。

ポイント解説

📖 下－ P.69～70

(1) **✕** **脈拍**は、心臓の拍動を表すものとして、心臓血管系の機能評価を行う一番簡単で、有力な方法である。高齢になると、一般に脈拍数は**少なくなる**。

(2) **〇** **頻脈**とは、１分間の脈拍数が**100以上**になることで、ときには250くらいまで増加して数えきれないこともある。心臓疾患のほか、感染症や甲状腺機能亢進症、脱水などでも起こる。

(3) **✕** **徐脈**とは、１分間の脈拍数が**60未満**になることである。徐脈は、心臓疾患、頭蓋内圧亢進、薬剤の副作用、甲状腺機能低下症などで起こる。

(4) **〇** 脈拍のリズムが規則正しいものを整脈というのに対して、乱れているものを**不整脈**という。多くは、心臓拍動の異常で起こるが、健康な人にもみられることがある。

(5) **〇** **心房細動**は、心房全体が小刻みにふるえ、心房収縮がなくなって心機能が大きく低下するものである。早期発見・早期治療により回復が可能である。

正解 (2)(4)(5)

血 圧

問題 21　血圧について、正しいものを３つ選べ。

(1)　血圧は、心臓収縮期に最小となり、心臓拡張期に最大となる。

(2)　血圧は、気温が低いときに上昇し、高いときには低下する傾向がある。

(3)　上腕で血圧を測定する場合、左右差はみられない。

(4)　医師や看護師の前で測定したときに、血圧が上昇する場合があり、これを「白衣性高血圧」と呼ぶ。

(5)　臥位や座位から起立後３分以内で、収縮期血圧20mmHg、拡張期血圧10mmHg以上の低下があると、起立性低血圧と診断される。

ポイント解説　　　　　　　　　　　　　　　　　　　　　下－ P.70〜71

(1)　**✕**　　**血圧**は、**心臓収縮期に最大**となり（最大血圧または最高血圧）、**心臓拡張期に最小**となる（最小血圧または最低血圧）。また、この２つの値の差を**脈圧**という。

(2)　**○**　　血圧は、気温のほかに、**体位変換**、**運動**、**入浴**、**食事**、**情動**などによっても変化する。運動時や、運動を始めようとするときは、**血圧が上昇する**傾向がある。怒りやストレス、緊張、興奮などの情動でも、**血圧は上昇する**。

(3)　**✕**　　大動脈疾患や片麻痺、進行した動脈硬化がある場合は、血圧に**左右差がみられる**ことがあるため、左右両方での測定が必要になる。

(4)　**○**　　**白衣性高血圧**では、血圧を測定されるという精神的緊張が、血圧の上昇の原因となっている。この場合には本来の血圧が測定できないこともあるため、24時間連続血圧測定が利用されることもある。

(5)　**○**　　**起立性低血圧**は、急に立ち上がったときに、ふらつきやめまい、眼前暗黒感、失神などを引き起こす。加齢による交感神経系の障害が原因であるが、パーキンソン病や薬剤の副作用なども原因となる。

正解　(2) (4) (5)

意識レベル

問題 22 意識レベルについて、正しいものを３つ選べ。

(1) 意識レベルには、正常な状態をいう清明から、意識障害の段階である傾眠、昏迷、半昏睡、昏睡の各段階がある。

(2) 意識レベルの詳細な評価には、ジャパン・コーマ・スケール（JCS）がよく用いられる。

(3) JCSでは、刺激しても覚醒しない重度の意識障害は、２桁の点数で表現される。

(4) JCSでは、９段階の点数で表される状態以外の情報を付加することはできない。

(5) グラスゴー・コーマ・スケール（GCS）は、意識レベルを開眼、言語反応、運動反応に分けて評価する。

ポイント解説　　　　　　　　　　　　　　　　　　　📖 下－ P.71～72

(1) ○　**傾眠**は刺激がないと眠ってしまう状態、**昏迷**は強い刺激でかろうじて開眼する状態、**半昏睡**は時々体動がみられるのみの状態、**昏睡**は痛覚刺激にも反応しない状態である。

(2) ○　**ジャパン・コーマ・スケール**（JCS）は、**3-3-9度方式**とも呼ばれ、意識状態を３段階に分け、それをさらに３段階に分けることにより、１から300（最重度）までの９段階で表す。

(3) ✕　JCSでは、刺激しても覚醒しない重度の意識障害は、100、200、300の３段階で**3桁の数字**で表現される。

(4) ✕　９段階の点数に、R（不穏）、I（糞便失禁）、A（自発性喪失）などの**付加情報**を付けて、JCS20－R、JCS300－Iなどと表す。

(5) ○　GCSでは、開眼、言語反応、運動反応のそれぞれの得点を合計し、正常は15点満点、深昏睡は３点となる。

正解　(1) (2) (5)

呼 吸

問題 23 呼吸について、正しいものを３つ選べ。

(1) 呼吸回数が１分間に30回以上で１回の換気量が減る状態を頻呼吸といい、１分間に15回以下を徐呼吸という。

(2) 高齢者は、一般成人に比べて残気量が増え肺活量が低下している。

(3) 起座呼吸は、心不全でよくみられる呼吸状態で、起座位または半座位で呼吸困難が増強する。

(4) 口すぼめ呼吸は、慢性閉塞性肺疾患の患者でよくみられる呼吸である。

(5) チェーンストークス呼吸は、脳血管障害や心不全など重症の疾患時にみられる。

ポイント解説　　　　　　　　　　　　　　📖 下－ P.72〜73

(1) ✕　正常な高齢者の１分間の**呼吸数は15〜20回**である。１分間に25回以上を頻呼吸といい、**9回以下を徐呼吸**という。

(2) ◯　高齢者は、１回の換気量は一般成人と比べて違いはないが、**残気量が増えて、肺活量が低下している。**

(3) ✕　**心不全**に特徴的な**起座呼吸**は、臥位(がい)では呼吸困難が増強し、**起座位または半座位になると軽減する**ものである。

(4) ◯　**口すぼめ呼吸**は、慢性気管支炎や肺気腫などの慢性閉塞性肺疾患（COPD）の患者にみられるもので、口をすぼめて息を吐くと気管支内の圧力が高くなって、気管支の閉塞を防ぐことができる。

(5) ◯　**チェーンストークス呼吸**は、小さい呼吸から徐々に大きな呼吸となった後、しだいに小さくなり一時的に呼吸停止となるような呼吸を、30秒から２分くらいの周期で繰り返すものである。ほかには、死の直前にみられる下顎(かがく)呼吸、糖尿病性ケトアシドーシスや尿毒症で特徴的なクスマウル呼吸（異常に深大な呼吸が規則正しく続く）、髄膜炎や脳腫瘍などでみられるビオー呼吸（不規則な周期で無呼吸から急に４、５回の呼吸を行い、再び無呼吸になる）がある。

正解　(2)(4)(5)

検査値（1）

問題 24 高齢者の検査について、正しいものを３つ選べ。

(1) 高齢者の検査値は個人差が大きいので、その背景を理解することが必要である。

(2) 身長測定は、骨粗鬆症の早期発見の手がかりとなる。

(3) 高齢者の生命予後を左右するものとしては、低体重よりも肥満のほうが問題である。

(4) 高齢者は総たんぱくが正常下限値を下回ることは問題だが、正常上限値を上回ることは問題にならない。

(5) 血清アルブミンは、高齢者の栄養評価に最もよい指標の１つである。

ポイント解説　　　　　　　　　　　　📖 下− P.74〜79

(1) ◯　高齢者の場合、**ライフスタイルや ADL によって検査値が左右される**ことがあり、その背景を理解する必要がある。

(2) ◯　**身長の短縮**は脊椎の圧迫骨折や円背などで認められ、特に女性で著しい。

(3) ✕　高齢者の健康状態を把握するうえで、**体重の変化**の観察は重要である。６か月で２〜３kg 以上の体重減少、または６か月で３％以上の体重減少がある場合には、生命予後を悪くする可能性がある**低栄養**が疑われる。高齢者では、一般に肥満と判断される BMI 25以上であっても、すべて対応が必要だとはいえない。また、BMI 18.5未満でなくても低栄養であることが多い。記述は逆である。

(4) ✕　**総たんぱく**（TP）は、アルブミンとグロブリンからなる。正常下限値を下回ると低たんぱく血症を呈し、病態としては低栄養や吸収障害、疾患としてはネフローゼ症候群や悪性腫瘍、糖尿病などがある。また、高すぎる場合も問題となり、高たんぱく血症を呈する病態として、脱水、多発性骨髄腫、感染症、自己免疫性疾患などがある。

(5) ◯　**血清アルブミン**（Alb）は、**栄養不良や多くの疾患で低下**する。高齢者の**長期にわたる**栄養状態をみるのに有用である。

正解　(1)(2)(5)

検査値⑵

問題 25 検査値について、正しいものを 3 つ選べ。

(1) AST（GOT）、ALT（GPT）は、肝・胆道疾患の指標となる検査であり、肝障害で上昇する。

(2) AST（GOT）は、肝臓の疾患だけでなく、心臓や筋肉などの疾患や、溶血性疾患でも上昇する。

(3) γ-GTP は、腎臓の疾患によって上昇する。

(4) 血清クレアチニン、血中尿素窒素の低下は、腎機能の低下を反映する。

(5) 寝たきりの高齢者などで筋肉量が低下している場合には、血清クレアチニンは低値を示す。

ポイント解説　　　　　　　　　　　　　　　　　📖 下- P.74～79

(1) ◯　AST（GOT）、ALT（GPT）は、肝障害で**上昇**する。

(2) ◯　従って、AST（GOT）、ALT（GPT）の両方が高い場合は肝臓や胆道の疾患が疑われるが、AST（GOT）のみが高い場合は心臓や筋肉の疾患や溶血性疾患が疑われる。

(3) ✕　γ-GTP は、**肝・胆道疾患**の指標であり、**脂肪肝やアルコール性肝炎**などで**上昇**する。

(4) ✕　**血清クレアチニン**（Cr）、**血中尿素窒素**（BUN）の**上昇**は、腎機能の低下を反映する。BUN は腎機能低下のほか、脱水、高たんぱく食、消化管出血、悪性腫瘍や高熱などの消耗性疾患の場合も高くなる。BUN とクレアチニンとの比率（BUN/Cr 比）は、脱水の診断の指標として重要であり、10以上の場合には脱水の可能性がある。

(5) ◯　クレアチニンは、筋肉内のクレアチンの異化の過程で生じ、腎臓からのみ排泄される。**筋肉量が低下**すると、クレアチニンの産生も低下し、血清クレアチニンは**低値**となる。このため、高齢者では血清クレアチニンが正常でも、腎機能が低下している場合があるので、注意を要する。

正　解　(1)(2)(5)

検査値(3)

問題 26　検査値について、正しいものを３つ選べ。

(1) 赤血球数、ヘモグロビン、ヘマトクリットは、貧血の判定に用いられる。

(2) 白血球数は、炎症や白血病で減少する。

(3) HbA1c の値は、直前の食事摂取の内容によって大きく影響される。

(4) non-HDL コレステロール値は、総コレステロール値から HDL コレステロール値を引いたものである。

(5) 尿酸値が高いと、痛風、尿路結石、腎障害などを引き起こす。

ポイント解説　　　　　　　　　　　　　　　　　　📖 下－ P.74〜79

(1) ○　**赤血球数**（RBC）、**ヘモグロビン**（Hb）、**ヘマトクリット**（Ht）は、**貧血**の判定に用いられる。例えば、赤血球数が正常で、ヘモグロビンとヘマトクリットが低値の場合は、**鉄欠乏性貧血**の可能性がある。

(2) ✕　**白血球数**（WBC）は、**炎症**や**白血病**などでは**増加**、**再生不良性貧血**では**減少**する。また、**細菌感染**では**高値**、**ウイルス感染**では**低値**となる。白血球は、肺炎等の感染症で**高値**を示すので、高齢者にとって重要な検査である。

(3) ✕　HbA1c の値は、**過去１〜２か月の平均的な血糖レベル**を反映し、直前の食事摂取の内容には影響されない。HbA1c（ヘモグロビン・エーワンシー）は、糖化ヘモグロビンともいわれ、**空腹時血糖**や**食後血糖**とともに、**糖尿病**の診断に用いられる検査である。

(4) ○　**LDL コレステロール値**は測定精度が低いため、最近では代わりに non-HDL **コレステロール値**が用いられることがある。LDL コレステロール（悪玉）は**高値**の場合が問題となり、HDL コレステロール（善玉）は**低値**の場合が問題となり、**脂質異常症**と診断される。**中性脂肪**が**高値**の場合も脂質異常症である。

(5) ○　**尿酸値**は、**遺伝的素因**に加え、**肥満**、**飲酒**、**プリン体の多い食事**などが原因で高くなる（高尿酸血症）。

正 解　(1)(4)(5)

検査値⑷

問題 27　検査値について、正しいものを３つ選べ。

⑴　C反応性たんぱく質（CRP）は、感染症などの炎症の程度を反映し、炎症があると低値になる。

⑵　電解質は、脱水や水分過多、腎機能障害、降圧薬や利尿薬などの投与によって、異常値となることがある。

⑶　心電図は、高齢者に多い心臓疾患などの診断に有用である。

⑷　胸部X線検査は、呼吸器疾患の診断には有用であるが、呼吸器以外の疾患の診断に用いられることはない。

⑸　尿検査は、糖尿病や腎臓病、尿路感染症の診断に有用である。

ポイント解説　　　　　　　　　　　　　　　　　　📖 下－ P.74〜79

⑴　✕　**C反応性たんぱく質**（CRP）は、感染症などの炎症の程度を反映し、炎症があると**高値**になる。感染症、悪性腫瘍、膠原病などで高値を示す。白血球数は発症直後から上昇するのに対し、CRPの上昇がみられるのは発症から12時間後以降になるため、炎症の初期には白血球数との乖離がみられる。

⑵　◯　記述のとおりである。**電解質**のうち、ナトリウム（Na）、カリウム（K）、クロール（Cl：塩素）の濃度を知ることは、特に重要である。

⑶　◯　**心電図**は、不整脈や狭心症、心筋梗塞などの循環器系の疾患の診断に有用である。**ホルター心電図（24時間心電図）**は、小型の機器を装着して普段の生活を送りながら24時間の心電図を記録するもので、短時間の心電図検査ではわからない狭心症や不整脈を発見するのに役立つ。

⑷　✕　**胸部X線検査**は、**呼吸器疾患**（肺炎、結核、慢性閉塞性肺疾患、肺がんなど）だけでなく、**心疾患**（心不全による心拡大、胸水の貯留など）の診断にも有用である。

⑸　◯　**尿検査**は、**糖尿病**や**腎臓病**のスクリーニング検査として重要だが、高齢者では**尿路感染症**の診断としても重要である。また、**便潜血検査**は、主に**大腸がん**の早期発見のために行われるが、痔などの出血でも陽性になる。

正解　⑵⑶⑸

42

近年の健康増進施策

問題 28 次の中から正しいものを3つ選べ。

(1) フレイルには、身体的フレイルだけでなく、心理的・認知的フレイル、社会的フレイルもある。

(2) サルコペニアの簡便な評価法である指輪っかテストでは、ふくらはぎを自分の両手の人差し指と親指で作る輪っかで囲んだとき、隙間ができる人が最も死亡率が低い。

(3) 2024年度から始まる健康日本21（第三次）では、健康増進の総合的な推進を図るため、「健康寿命の延伸と健康格差の縮小」「個人の行動と健康状態の改善」など、4つの具体的な目標が掲げられている。

(4) 健康日本21（第三次）の「生活習慣病の発症予防と重症化予防の徹底」では、がん・循環器疾患・糖尿病の3大疾患について目標が示されている。

(5) 疾病全体に占める、がん、心疾患、脳血管疾患、糖尿病などの生活習慣病の割合は増加している。

ポイント解説　　　　　　　　　　　　　　📖 下－ P.82〜90

(1) **○**　記述のように**フレイル**は**多面的**である。フレイルは、①健康と要介護の**中間の時期**であり、②適切な介入により機能を戻すことができる**可逆性**があり、③**多面的**であることが特徴である。

(2) **✕**　隙間ができる人は、**サルコペニア**の危険度が高く、**死亡率も高い**。サルコペニアは、筋肉量の減少、筋力低下（握力）、身体能力低下（歩行速度）により診断される。サルコペニアはフレイルの最たる要因であり、要介護の入り口だといえる。

(3) **○**　記述の目標のほかに、「社会環境の質の向上」「ライフコースアプローチを踏まえた健康づくり」がある。

(4) **✕**　記述の3疾患に加えて、**慢性閉塞性肺疾患（COPD）**について、**認知度の向上**と**死亡率の減少**が目標となっている。

(5) **○**　がん、心疾患、脳血管疾患は、わが国の死因別死亡率の上位を占める。

正解　(1) (3) (5)

高齢者の疾患の特徴等

問題 29 次の中から正しいものを3つ選べ。

(1) 高齢者の「食べる力」の維持のためには、社会性、精神心理面、認知機能、経済的問題などもかかわってくる。

(2) 高齢者は、多臓器疾患や複数の老年症候群を併せもつケースが多い。

(3) 高齢者は、慢性の疾患をもつことが多く、その症状は定型的である。

(4) 高齢者は、多剤併用の人が多く、薬の有害作用が出やすい。

(5) 高齢者のQOLや予後が、社会的要因によって影響されることはない。

ポイント解説　　　　　　　　　　　　　📖 下− P.90〜96

(1) ○　高齢者の「食べる力」は、口腔・嚥下機能、多剤併用、栄養摂取状態のほか、社会性、精神心理面、認知機能、経済的問題などの影響も受ける。

(2) ○　高齢者は全体的に身体機能が低下しているために、**多臓器におよぶ疾患や複数の老年症候群**を、**同時に併せもつ**ことが多い。

(3) ✕　慢性の疾患をもつことが多いというのは正しいが、**症状は非定型的**である。診断の基準となる典型的な症状や徴候がはっきりしないことが多い。

(4) ○　**薬の有害作用（副作用）**は、使用する**薬剤の数にほぼ比例して増加**する。6剤以上の併用が特に有害作用の発生増加に関連しているという報告もある。

(5) ✕　疾患をもつ高齢者のQOL（生活の質）は、**療養環境に大きく影響される**。その予後も、**家庭や地域社会の対応のしかた**によって左右される。

正解　(1) (2) (4)

脳・神経の疾患⑴　脳卒中

問題 30　高齢者の脳卒中について、正しいものを 3 つ選べ。

⑴　アテローム血栓性脳梗塞は、動脈硬化により脳の動脈が狭くなり、そこに血栓が詰まることで起こる。

⑵　ラクナ梗塞は、脳の太い血管が詰まって起こるものである。

⑶　心原性脳塞栓症は、心臓などでできた血栓が流れてきて、脳の血管を塞ぐことで起こる。

⑷　脳の表面の大きな血管にできた動脈 瘤 が破れて、くも膜の下に出血するものを、脳出血という。

⑸　脳卒中の慢性期の治療は、運動や言語訓練などのリハビリテーションが主となる。

ポイント解説　　　　　　　　　　　　　　　📖 下− P.97〜102

⑴　**○**　**脳卒中**は、脳の血管が詰まったり、破れたりすることにより、意識障害、麻痺、失語などの症状が起こる。**血管が詰まる**ものを脳梗塞といい、**アテローム血栓性脳梗塞**、**ラクナ梗塞**、**心原性脳塞栓症**がある。

⑵　**✕**　**ラクナ梗塞**は、脳の**細い**血管が詰まって起こる。

⑶　**○**　**心原性脳塞栓症**（脳塞栓）は、**心房細動**などによって**心臓で形成された血栓**が、脳に流れてきて血管を塞ぐことで起こる。

⑷　**✕**　選択肢の記述は、**くも膜下出血**のものである。くも膜下出血は、激しい頭痛が特徴である。**脳出血**は、脳の中の**細かい血管**が破れて出血するものである。脳出血とくも膜下出血は、脳の**血管が破れる**タイプの脳卒中である。

⑸　**○**　脳卒中の治療は、**急性期**と**慢性期**に分かれる。急性期は**手術**や**薬物治療**、慢性期は運動や言語訓練などの**リハビリテーション**が中心となる。予防や再発予防のために、**高血圧**、**糖尿病**、**脂質異常症**、**肥満**などの**生活習慣病の管理**が重要である。

正解　⑴⑶⑸

脳・神経の疾患(2) 認知症・筋萎縮性側索硬化症等

問題 31 次の中から正しいものを3つ選べ。

(1) レビー小体型認知症の特徴的な症状として、リアルな幻視がある。

(2) 筋萎縮性側索硬化症は、全身の骨格筋が徐々に萎縮して、運動や歩行などの生活機能低下、嚥下障害、言語障害などを生じる疾患である。

(3) 筋萎縮性側索硬化症では、初期から眼球運動の低下が生じる。

(4) 脊髄小脳変性症では、パーキンソン病症状とともに進行性の非対称性失行がみられる。

(5) 多系統萎縮症は、脊髄小脳変性症の病型の1つである。

ポイント解説　　　　　　　　　　📖 下－ P.103～106、P.111～113

(1) ○ **レビー小体型認知症**の初発症状は、レム睡眠行動障害、うつ、嗅覚の低下などである。さらに、**リアルな幻視**、立ちくらみ、血圧の変動、失神、便秘、パーキンソン症状などの症状がある。

(2) ○ **筋萎縮性側索硬化症（ALS）**は、**全身の骨格筋が萎縮**する疾患である。症状は進行性で、数年で四肢の麻痺、摂食障害、呼吸麻痺などにより、自立が難しくなる。介護保険の**特定疾病**に指定されている。

(3) ✕ 筋萎縮性側索硬化症では、**眼球運動や肛門括約筋、知覚神経、知能、意識は末期までよく保たれる**。

(4) ✕ **脊髄小脳変性症**は、**言語障害、上肢がふるえる、歩行がふらつく**などの小脳性運動失調を主症状とする。**特定疾病**に指定されている。記述の症状は、大脳皮質基底核変性症にみられるものである。

(5) ○ 脊髄小脳変性症には、遺伝性のものと孤発性のもの（遺伝しないもの）があり、孤発性のものは**多系統萎縮症**と**皮質性小脳萎縮症**に分けられる。多系統萎縮症は**特定疾病**に指定されている。

正解 (1) (2) (5)

脳・神経の疾患⑶　パーキンソン病等

問題 32　次の中から正しいものを3つ選べ。

⑴　パーキンソン病の主な症状は、筋固縮、無動、姿勢・歩行障害の3つである。

⑵　パーキンソン病の治療の基本は薬物療法である。

⑶　進行性核上性麻痺（まひ）の特徴は、初期からよく転ぶことである。

⑷　大脳皮質基底核変性症では、上肢や下肢に左右対称性の失行がみられる。

⑸　早老症は、高齢者に多くみられる疾患が若年時から発症しやすいので、介護保険の特定疾病に指定されている。

ポイント解説　　　　　　　　　　　📖 下－ P.107〜111、P.113〜114

⑴　✕　**パーキンソン病**は、**安静時振戦、筋固縮、無動、姿勢・歩行障害**を**4大運動症状**とする神経変性疾患である。初発症状の60〜70％は振戦（手足のふるえ）である。**進行性核上性麻痺、大脳皮質基底核変性症**とともに、パーキンソン病関連疾患として**特定疾病**に指定されている。また、難病対策の特定医療費助成制度の対象疾患の1つでもある。**50〜60歳代**で発病することが」多く、15〜20年の経過で自立困難となる。

⑵　○　パーキンソン病の治療の基本は**薬物療法**であり、ドパミン神経伝達を改善させる薬を用いる。薬物療法は初期の数年間は有効だが、徐々に薬の有効時間が短縮する。

⑶　○　**進行性核上性麻痺**では、体幹の筋固縮や眼球運動障害のため、転倒や誤嚥（ごえん）が起こりやすい。

⑷　✕　**大脳皮質基底核変性症**では、固縮・無動などのパーキンソン病様の症状とともに、進行性の**非対称性失行**がみられるのが特徴である。

⑸　○　**早老症**は、染色体や遺伝子の異常により、老化現象が身体全体、あるいは特定の臓器に、年齢に比べて早く発現する病態である。介護保険の**特定疾病**に指定されている。

正解　⑵⑶⑸

骨・関節の疾患⑴

> **問題 33** 高齢者の骨・関節の疾患について、正しいものを2つ選べ。
> ⑴ 変形性膝関節症は、高齢、女性、膝の外傷や手術歴がある場合などに発症しやすい。
> ⑵ 変形性膝関節症では、膝に負担をかけることになるため、運動療法は行わない。
> ⑶ 関節リウマチでは、多発性の関節腫脹や疼痛が、左右非対称に出現する。
> ⑷ 関節リウマチは、朝の起床時に、指の関節のこわばりが1時間以上続くのが特徴である。
> ⑸ 関節リウマチでは、関節以外に症状が出ることはない。

ポイント解説 📖 下－ P.114〜118

⑴ **○** **変形性関節症**の中で、最も頻度が高い関節は**膝**である。記述のほかに、**肥満**や**O脚・X脚**も発症リスクになる。一般的な症状は、関節の**痛みとこわばり**である。「両側の膝関節または股関節に著しい変形を伴う変形性関節症」として、**特定疾病**に指定されている。

⑵ **✕** 筋力強化や減量のために、ストレッチや水中運動などの**運動療法が行われる**。ただし、過度な運動は厳禁である。

⑶ **✕** **関節リウマチ**は、原因不明の全身における免疫異常である。多発性の関節腫脹や疼痛が、**左右対称**に出現する。初めは、手指、手関節、肘などが多く、膝、股、肩関節などに拡大する。手指では**第二関節**が腫れる。中高年の**女性**に多い。**特定疾病**の1つである。

⑷ **○** 記述のとおりである。関節リウマチの治療には、**薬物療法**、**手術**、**リハビリテーション**が行われる。

⑸ **✕** 関節リウマチでは、関節症状以外にも全身性の症状があり、**発熱**、**体重減少**、**易疲労感**、**リンパ節腫脹**、**貧血**が起きる。また、**皮下の硬い結節**、**皮膚潰瘍**、**網状の紅斑（リベドー）**、**間質性肺炎**、**胸膜炎**、**心膜の炎症**などがみられることもある。

正 解 ⑴⑷

骨・関節の疾患(2)

問題 34 高齢者の骨・関節の疾患について、正しいものを3つ選べ。
(1) 脊柱管狭窄症では、間欠性跛行が特徴的である。
(2) 後縦靱帯骨化症は、中高年の女性に多い。
(3) 骨粗鬆症は、初期の段階から骨の脆弱箇所に痛みが出る。
(4) 骨粗鬆症の予防には、食事、運動、日光浴が大切である。
(5) 大腿骨頸部骨折は、寝たきりの主要な原因となる。

ポイント解説　　　　　　　　　　　　　📖 下－ P.118～123

(1) ○　**脊柱管狭窄症**は、主に腰部において脊柱管・神経根管・椎間孔における狭窄が起こり神経が圧迫されるために発症する。閉塞性動脈硬化症による間欠性跛行と違い、**座位や前屈位で症状は軽快する**。**特定疾病**に指定されている。

(2) ✕　**後縦靱帯骨化症**は、脊椎の後縦靱帯の異常骨化で脊柱管が狭くなり、神経が圧迫されて神経障害が起こる病気で、40歳以上の**男性に多い**。**特定疾病**に指定されている。首を後ろに強く反らす動作で、症状が悪化することがある。

(3) ✕　**骨粗鬆症**は、骨が弱くなり、**骨折の危険性**が増大する疾患である。基本的には**無症状**のため、骨折して初めて気づくことが多い。骨折しやすい部位は、脊椎、大腿骨近位部（大腿骨頸部）、橈骨遠位部、肋骨などである。閉経後の**女性に多い**。**骨折を伴う骨粗鬆症**は**特定疾病**に指定されている。

(4) ○　食事では、**カルシウム**と、カルシウムの吸収を助ける**ビタミンD**、**ビタミンK**を摂取するようにする。適度な**運動**や**日光浴**も、骨を強くしたり、カルシウムの吸収を促進したりする。

(5) ○　**大腿骨頸部骨折**は高齢者に多い骨折で、往々にして寝たきりの原因となり、廃用症候群や認知症の引き金となる。骨粗鬆症の予防と治療、転倒予防の対策が重要である。また、股関節を保護する**ヒッププロテクター**は、転倒した際の大腿骨頸部骨折のリスクを軽減するとされている。

正解　(1)(4)(5)

循環器の疾患(1)

問題 35 高齢者の循環器の疾患について、正しいものを３つ選べ。

(1) 心筋梗塞とは、冠動脈の狭窄により、心筋が必要とする酸素需要に対して供給が不足する病態をいう。

(2) 狭心症の中で、冠動脈が攣縮して起こるものを、労作性狭心症という。

(3) 狭心症の発作には、ニトロ製剤を舌下投与する。

(4) 不安定狭心症は、心筋梗塞への移行の危険性が高い。

(5) 脂質異常症や高血圧、糖尿病などは、心筋梗塞や狭心症の危険因子である。

ポイント解説　　　　　　　　　　　　📖 下− P.123〜125

(1) ✕ **心筋梗塞**は、冠動脈の動脈硬化病変の**粥腫（アテローム）**が破綻して血管を閉塞し、その結果心筋が壊死して、心臓のポンプ機能が低下する病態である。長く続く**前胸部の痛み・しめつけ感**が典型的症状で、**左肩**から頸部の鈍痛、呼吸困難、意識障害などが出ることもある。選択肢の記述は、**狭心症**の病態である。

(2) ✕ **労作性狭心症**は、運動時の心拍数の増加とともに起こるものである。冠動脈が攣縮して起こるものは**異型狭心症**といい、労作の有無にかかわらず、夜間・未明・睡眠中に起こることが多い。狭心症の発作は**前胸部の圧迫感**が典型的であるが、発作が起こっていないときは心電図の異常が認められないことが多い。

(3) 〇 労作性狭心症、異型狭心症のいずれも、発作には**ニトロ製剤**を舌下投与する。

(4) 〇 **不安定狭心症**は、狭心症の発作の頻度が増加してきたもの（増悪型）、軽労作時や安静時にも発作が起こるようになったもの（安静型）であり、**心筋梗塞への移行**の危険性が高く、速やかな治療が必要である。

(5) 〇 このほか、**喫煙習慣**や**肥満**なども、心筋梗塞や狭心症などの**冠動脈疾患の危険因子**に挙げられる。

正解 (3)(4)(5)

循環器の疾患(2)

問題 36 高齢者の循環器の疾患について、正しいものを3つ選べ。

(1) 高血圧症の大半は、原因がはっきりしている二次性高血圧症である。

(2) 本態性高血圧症では、塩分のとりすぎや肥満など、生活習慣の改善に努める。

(3) 心不全により呼吸困難を起こしたときには、仰臥位(ぎょうがい)をとらせる。

(4) 高齢者では、生理的に不整脈の頻度が増加する。

(5) 閉塞性動脈硬化症の自覚症状に、間欠性跛行(はこう)がある。

ポイント解説
📖 下ー P.125〜130

(1) **✕ 高血圧症**は、何らかの原因がはっきりしていて起こるもの(**二次性高血圧症**)と、直接の原因がはっきりしないもの(**本態性高血圧症**)に分けられ、大半は直接の原因がはっきりしない。高齢者には高血圧症の患者数が多く、脳卒中や冠動脈疾患の原因となっている。

(2) **〇 本態性高血圧症**では**生活習慣の改善**が第一だが、それでも不十分な場合には、**薬剤**を服用する。

(3) **✕ 心不全**により呼吸困難になったときには、体を起こして座った**起座位**にすると、自覚症状、血行動態の改善が得られる。

(4) **〇 不整脈**は、若齢者にも存在する疾患だが、高齢者では頻度が増す。すべての不整脈が治療の対象となるわけではないが、心不全症状や意識障害を伴う場合は、速やかな治療が必要となる。不整脈の一種である**心房細動**では、**脳塞栓**の原因となる血栓が心臓内に形成されやすくなる。

(5) **〇 閉塞性動脈硬化症(ASO)**は、動脈硬化が原因で血管が狭窄(きょうさく)、閉塞して、十分な血液が末梢へ送られなくなる病態である。**間欠性跛行**とは、歩行時に下肢が痛み、立ち止まって休むと痛みが軽減する症状である。進行すると、安静時の疼痛(とうつう)、下肢の壊死(えし)に至る。**特定疾病**に指定されている。

正解 (2)(4)(5)

消化器の疾患

問題 37 高齢者の消化器の疾患について、正しいものを2つ選べ。

(1) 胃潰瘍の一般的な症状は、空腹時や夜間に起こる上腹部の痛みである。

(2) ヘリコバクター・ピロリ菌に感染していると胃がんのリスクが高まるが、胃潰瘍や十二指腸潰瘍には影響しない。

(3) 胆嚢結石があっても無症状のことがあるが、食事により胆汁の分泌が増えると、みぞおちに痛みが出現することがある。

(4) 慢性肝炎の原因としては、アルコール性肝炎が最も多い。

(5) 持続性・反復性の血性下痢、粘血便は、潰瘍性大腸炎に特徴的である。

ポイント解説

📖 下－P.130〜134

(1) ✕ **胃潰瘍**の一般的な症状は、**食後**に起こる上腹部の痛みである。ただし、高齢者では、腹痛などの症状が乏しいことが多い。空腹時や夜間に上腹部痛が起こるのは**十二指腸潰瘍**のほうである。

(2) ✕ **ヘリコバクター・ピロリ菌**に感染していると、胃潰瘍や十二指腸潰瘍も**治りにくかったり**、**再発しやすくなったりする**。胃・十二指腸潰瘍の原因には、ピロリ菌のほか、**非ステロイド性消炎鎮痛剤**などがある。

(3) ◯ **疝痛発作**と呼ばれるものである。また、**胆嚢結石**が胆嚢の出口にはまり込んで、胆汁の流れが悪くなったときに、**胆嚢炎**を発症することがある。胆嚢結石、胆嚢炎では、手術で胆嚢を摘出することもある。

(4) ✕ **慢性肝炎**の原因としては、**ウイルス性肝炎（B型肝炎・C型肝炎）**が最も多い。慢性肝炎が持続すると、肝臓が線維化して**肝硬変**となり、**肝不全や肝臓がん（肝細胞がん）**になることがある。

(5) ◯ **潰瘍性大腸炎**は、大腸粘膜に炎症が生じる原因不明の難病であり、症状の寛解と増悪を繰り返しながら経過する。食事と服薬状況の管理が重要である。

正解 (3)(5)

腎臓・尿路の疾患

問題 38 高齢者の腎臓・尿路の疾患について、正しいものを3つ選べ。

(1) 糖尿病に合併して、慢性腎不全を起こすことがある。

(2) 慢性腎不全では、多尿と乏尿のどちらも起こりうる。

(3) 人工透析療法は、患者の負担が重いので、慢性腎不全では行わない。

(4) 慢性腎不全の患者の食事は、低カロリー食とする。

(5) 前立腺肥大症は、排尿障害がなければ、治療を必要としない。

ポイント解説　　　　　　　　　　　　　　　　📖 下－P.135〜138

(1) ○ **糖尿病の合併症**に**糖尿病性腎症**があり、慢性腎不全の大きな原因の1つになっている。糖尿病性腎症は、糖尿病性神経障害、糖尿病性網膜症とともに**特定疾病**に指定されている。

(2) ○ **慢性腎不全**の症状としては、全身倦怠感、浮腫、動悸、頭痛などがある。尿に関しては、腎機能の障害の程度に応じて、**多尿**と**乏尿**のどちらも起こる。

(3) ✕ 腎不全が進行すれば、**人工透析療法**を検討する。人工透析療法は、患者や家族にとって負担感が大きいので、①食事療法、②高血圧の管理、③電解質の管理（ナトリウム、カリウムなど）によって病気の進行を抑え、その開始をいかに遅らせるかがポイントとなる。

(4) ✕ 慢性腎不全の患者の食事は、たんぱく質、水分、食塩、カリウム（果物・生野菜・海藻類などに多く含まれる）を制限するが、**カロリーは維持したまま**にする。また、**高血圧の管理**も重要である。

(5) ○ **前立腺肥大症**では、日常生活に支障が出るほどの排尿障害がある場合は服薬や手術による治療を行うが、多くの場合、経過観察でよい。

正解 (1)(2)(5)

〔介護保険法の特定疾病〕①がん末期　②関節リウマチ　③筋萎縮性側索硬化症　④後縦靱帯骨化症　⑤骨折を伴う骨粗鬆症　⑥初老期における認知症　⑦進行性核上性麻痺、大脳皮質基底核変性症およびパーキンソン病　⑧脊髄小脳変性症　⑨脊柱管狭窄症　⑩早老症　⑪多系統萎縮症　⑫糖尿病性神経障害、糖尿病性腎症および糖尿病性網膜症　⑬脳血管疾患　⑭閉塞性動脈硬化症　⑮慢性閉塞性肺疾患　⑯両側の膝関節または股関節に著しい変形を伴う変形性関節症

がん

問題 39　がんについて、正しいものを２つ選べ。

(1)　臓器別に頻度をみると、肺がんの割合は減っているが、胃がんの増加がめだつ。

(2)　高齢者は若齢者に比べて、がんによる痛みの訴えが多い。

(3)　がんの治療には、手術療法、化学療法、放射線療法がある。

(4)　終末期には、延命のため、積極的治療を行う。

(5)　今後は、在宅での終末期医療の必要性が高まるものと考えられる。

ポイント解説　　　　　　　　　　　　　　📖 下－ P.138〜140

(1)　**✕**　1980年代からの推移をみると、**胃がん**の割合が減り、**肺がん**や**大腸がん**が増える傾向にある。**がん末期**は**特定疾病**に指定されている。

(2)　**✕**　高齢者は若齢者に比べて、**がんによる痛みの訴えが少ない**といわれている。

(3)　**○**　治療法は基本的に若齢者と変わらないが、がんの進行度や身体機能、本人の希望などを考慮して、積極的治療を控え、**緩和医療**を選択することもある。

(4)　**✕**　終末期には、延命よりもむしろ苦痛を取り除き、QOL（生活の質）をできるだけ高める緩和医療が中心となる。

(5)　**○**　医療制度改革により、今後は一般病院での長期入院は減り、在宅や施設で最期を看取るケースが増えていくものと考えられる。患者のニーズに合った医療・ケアを、在宅でいかに提供できるかが重要である。

正解　(3) (5)

代謝異常による疾患(1)　糖尿病

問題 40　高齢者の糖尿病について、正しいものを2つ選べ。

(1)　糖尿病は、インスリンの作用不足により引き起こされる、慢性の低血糖状態をいう。

(2)　糖尿病には、1型糖尿病と2型糖尿病があり、高齢者では1型糖尿病が多い。

(3)　糖尿病の合併症として大きなものに、神経障害、網膜症、腎症がある。

(4)　糖尿病の管理は、食事、運動、薬物療法の三本柱が大切である。

(5)　糖尿病の薬物療法で低血糖を起こすことはない。

ポイント解説　　　　　　　　　　　　　　　　　📖 下－ P.141〜143

(1)　✕　**糖尿病**は、体内の**インスリンの作用不足**により引き起こされる、慢性の**高血糖状態**をいう。糖尿病の典型的な症状には、口渇、多飲、多尿などがあるが、高齢者では、これらの症状が乏しいことが多い。

(2)　✕　糖尿病には、インスリンが絶対的に欠乏している**1型糖尿病**と、インスリン抵抗性が増大するなどしてインスリンの相対的な不足が生じている**2型糖尿病**、その他の合併症に伴う糖尿病がある。高齢者では、**2型糖尿病が多い**。

(3)　〇　糖尿病では、さまざまな**合併症**が起こる。3大合併症として、**細小血管症**である**糖尿病性神経障害**、**糖尿病性網膜症**、**糖尿病性腎症**があり、糖尿病そのものは特定疾病ではないが、3大合併症はいずれも**特定疾病**に指定されている。また、**大血管症**として、狭心症、心筋梗塞、脳梗塞などの動脈硬化性疾患がある。

(4)　〇　標準体重と身体活動度から摂取カロリーを制限する**食事療法**、**運動療法**でコントロールが不可能な場合、**薬物療法**が行われる。

(5)　✕　薬物療法（**血糖降下剤**の内服、**インスリン注射**）で血糖が下がりすぎた場合は、**低血糖**になる。高齢者では低血糖の症状が出にくかったり、非特異的であったりするため、神経疾患と間違えられることがある。

正解　(3)(4)

代謝異常による疾患(2) 脂質異常症等

問題 41 次の中から正しいものを3つ選べ。

(1) 血液中の中性脂肪が基準値より多くても、コレステロール値が正常であれば、脂質異常症とはいえない。

(2) 脂質異常症は、放置すると心筋梗塞や脳梗塞などの原因となる。

(3) 運動療法には、HDL コレステロールを増やし、中性脂肪を低下させる効果がある。

(4) 高 LDL コレステロール血症の食事療法では、糖質やアルコールの摂取を制限する。

(5) 低ナトリウム血症や熱中症は、再発しやすい。

ポイント解説 📖 下－ P.143～147

(1) ✕ 次のいずれか1つでも該当すれば**脂質異常症**となる。

・**LDL（悪玉）コレステロールが多い**…高 LDL コレステロール血症

・**中性脂肪（トリグリセライド）が多い**…高中性脂肪血症

・**HDL（善玉）コレステロールが少ない**…低 HDL コレステロール血症

(2) ◯ **脂質異常症**には、特定の症状はないが、**放置すると心筋梗塞や脳梗塞などの原因となる**ので、**定期的な診療**と**内服治療が必要**である。

(3) ◯ **運動療法**では、「楽～ややきつい」と感じる程度の運動を、毎日30分以上続けることが推奨される。

(4) ✕ 主に糖質・アルコールを制限するのは、**高中性脂肪血症**の場合である。**高 LDL コレステロール血症**では、コレステロールや飽和脂肪酸などの**脂質制限**を行う。

(5) ◯ **低ナトリウム血症**では、定期的に電解質のチェックを行い、発汗が多いときは水分と一緒に塩分も補給する。**熱中症**では、水分・塩分・糖分の十分な摂取、冷房の適切な使用を促す。高齢者は暑さを自覚しにくいため、温度計や湿度計を活用して環境を確認する。

正 解 (2) (3) (5)

呼吸器の疾患

問題 42 高齢者の呼吸器の疾患について、正しいものを2つ選べ。

(1) 慢性閉塞性肺疾患には、肺気腫や慢性気管支炎のほか、急性の気管支喘息も含まれる。

(2) 慢性閉塞性肺疾患をもつ高齢者は、急激な呼吸不全を起こすことがある。

(3) 慢性閉塞性肺疾患で、在宅酸素療法は行わない。

(4) 高齢者では、肺炎の症状がはっきり現れないことがある。

(5) 高齢者の肺結核は、最近では珍しく、死に至ることはない。

ポイント解説　　　　　　　　　　　　　　　　　📖 下－ P.148〜152

(1) **✕** **慢性閉塞性肺疾患（COPD）**は、閉塞性換気障害を示す呼吸器疾患のうち、**肺気腫**と**慢性気管支炎**を含めた概念である。気管支喘息も閉塞性肺疾患ではあるが、慢性閉塞性肺疾患からは、急性、可逆性の気道閉塞を主徴とする気管支喘息は除外される。慢性閉塞性肺疾患は**特定疾病**である。

(2) **◯** 高齢者には、慢性閉塞性肺疾患が多く、気道感染、肺炎、右心不全を契機に急激に呼吸不全をきたす。肺気腫や慢性気管支炎などがある場合は、日頃から**感染の予防**に注意が必要である。また、**禁煙**も徹底する。増悪を避けるために、インフルエンザおよび肺炎球菌ワクチンの接種が勧められる。

(3) **✕** 慢性閉塞性肺疾患の治療では、気管支拡張薬や吸入ステロイド薬などの薬物療法や、呼吸リハビリテーションが行われるが、低酸素血症が進行した場合は**在宅酸素療法（HOT）**が導入される。

(4) **◯** **肺炎**では、咳、痰、発熱などの症状を訴えることが多いが、高齢者では不顕性の場合もあるので、注意が必要である。

(5) **✕** 高齢者にとって、**肺結核は死亡率の高い疾病**である。治療によりいったん治癒しても、高齢者は免疫力が低下するため、再発することがある。定期的に**胸部レントゲン検査**を行うことが望ましい。

正 解 (2)(4)

皮膚の疾患(1)

> **問題 43** 皮膚の疾患について、正しいものを２つ選べ。
> (1) 疥癬（かいせん）は、白癬菌（はくせん）の感染によって起こる。
> (2) 疥癬の集団発生は、めったにない。
> (3) 疥癬では、腋窩（えきか）、外陰部、手、手首などに、赤いぼつぼつとした発疹（ほっしん）が現れる。
> (4) 疥癬の治療では、内服治療は行わない。
> (5) 薬剤の体内投与により薬疹が生じた場合は、早期に医師に相談し、原因薬剤の服用中止などの対策をとる。

ポイント解説　　　　　　　　　　　　　　📖 下－ P.153〜156

(1) ✕　**疥癬**は、**ヒゼンダニ**が皮膚表面の角層に寄生して起こる伝染性の皮膚疾患である。寄生するヒゼンダニの数の違いで、角化型疥癬（ノルウェー疥癬）と通常の疥癬に分けられる。**白癬菌**は、カビの一種で、**白癬**（足にできるものは俗に水虫といわれる）を起こす菌である。

(2) ✕　疥癬は、施設や病院で**集団発生**が起こることがある。特に、ヒゼンダニの数が多い**ノルウェー疥癬**は感染力が強いため、一定期間は個室管理が必要である。通常の疥癬では、個室隔離までの対応は必要とされない。

(3) 〇　通常、**激しいかゆみのある発疹**が現れる。手や手首にできる**疥癬トンネル**と呼ばれる発疹が特徴的である。

(4) ✕　疥癬の治療では、**内服治療**も行われている。**外用治療**とかゆみに対する治療が必要なこともある。

(5) 〇　**薬疹**は薬剤へのアレルギーによる発疹で、異物に対する生体からの警告である。どんな薬剤でも薬疹の可能性があり、長期間服用している薬剤によっても発症することがある。

正 解　(3) (5)

※ 褥瘡（じょくそう）については、108〜110ページ参照。

皮膚の疾患⑵

問題 44　皮膚の疾患について、正しいものを２つ選べ。
⑴　足白癬は家族内で感染することが多い。
⑵　皮膚カンジダ症は、カンジダの保菌者に接触・感染することによって起こる。
⑶　皮膚表面の皮脂が減少する高齢者は、空気の乾燥する冬に皮脂欠乏症になりやすい。
⑷　皮膚掻痒症（そうよう）はさまざまな原因で起こるが、必ず皮膚の発疹（ほっしん）を伴うから、発疹の治療を優先する。
⑸　幼児・小児期に水痘（水ぼうそう）にかかったことのない高齢者は、帯状疱疹（ほうしん）にかかりやすい。

ポイント解説　　　　　　　　　　　　　　📖 下－ P.156〜159

⑴　○　**白癬**は足だけでなく、股や体幹にできることもある。**足白癬（水虫）**は家族内で感染することが多いから、スリッパや風呂場の足ふきマットなどは共用しないほうがよい。白癬になると皮膚のバリア機能が失われ、**細菌感染**しやすくなるため、糖尿病の人は注意が必要である。

⑵　✕　カビの仲間であるカンジダは、通常、**皮膚や粘膜に常在**している。おむつの中などの湿った環境を好み、免疫不全などの要因が加わると、増殖して**皮膚カンジダ症**になる。

⑶　○　**皮脂欠乏症**を予防するためには、**スキンケア**を適切に行う。長時間の入浴や石けんで過度に洗うことは避けるようにし、保湿剤を外用する。冬に悪化しやすい皮膚疾患には、**脂漏性湿疹**もある。

⑷　✕　**皮膚掻痒症**については、皮膚に発疹がなくてもかゆがることがある。その場合には、肝臓や腎臓などの疾患によることもあるから、注意が必要である。

⑸　✕　水痘に１回目にかかったときにできたウイルス免疫が低下すると、２回目には**帯状疱疹**として発症する。通常は体の半身に痛みを伴う水疱（水ぶくれ）が帯状にできる。早期に治療を始めると、帯状疱疹後神経痛などの後遺症が少なくてすむ。

正解 ⑴⑶

59

目の疾患

問題 45 高齢者の目の疾患について、正しいものを３つ選べ。

(1) 過剰にまぶしさを感じたり、夜間視力が低下したり、近くが見えにくくなったりするのは、白内障の初期症状である。

(2) 白内障では、抗白内障点眼薬とマルチビタミンの服用によって視覚の回復が可能である。

(3) 緑内障の主症状は、視野の中に暗点が生じたり、視野が狭くなったりすることである。

(4) 緑内障では、眼内を循環する房水の流れが阻害されることで、多くの場合、眼圧が上昇する。

(5) 加齢黄斑変性症は、水晶体が老化により黄色く濁ることで視覚障害が起こる病態である。

ポイント解説 📖 下－ P.159〜163

(1) 〇 **白内障**では、記述の初期症状が進行すると、単眼複視や高度の視力低下が生じる。

(2) ✕ 白内障の早期には記述の治療が進行予防に効果的だが、**視覚回復には手術を行う**。手術では、局所麻酔を行い、水晶体の超音波乳化吸引、眼内レンズ挿入を行う。

(3) 〇 **緑内障**は、日本での中途失明原因の第１位となっている。記述の症状が片側の場合には症状が自覚されないことも多く、進行するまで放置されることもある。

(4) 〇 **緑内障の診断**には、**眼圧測定**や**眼底検査**、**視野検査**を行う。ただし、眼圧が正常な正常眼圧緑内障もある。

(5) ✕ **加齢黄斑変性症**は、網膜の中心にある黄斑という黄色をした部位が障害されることによって発症する難治性の疾患である。

正解 (1)(3)(4)

耳鼻の疾患

問題 46 高齢者の耳鼻の疾患について、正しいものを3つ選べ。

(1) 耳垢塞栓（じこうそくせん）は治療が困難なため、補聴器を装着して対応する。

(2) 加齢性難聴では、低い音が特に聞こえにくくなる。

(3) 突発性難聴は、できるだけ早く治療を行うと予後がよい。

(4) メニエール病や椎骨脳底動脈循環不全は、めまいやふらつきの原因となる疾患である。

(5) 高齢者のめまいやふらつきは、脳卒中、視覚が低下する眼疾患、脱水、薬の副作用が原因となって起こることがある。

ポイント解説　　　　　　　　　　　　　　📖 下－ P.163～167

(1) **✕** **耳垢塞栓**（栓塞）は高齢者に多い難聴であり、詰まっている耳垢を除去すれば速やかに改善する。**難聴**は、外耳・中耳（がいじ・ちゅうじ）の異常が原因の**伝音性難聴**と、内耳（ないじ）・神経・脳の異常が原因の**感音性難聴**と、両者が混じった**混合性難聴**がある。耳垢塞栓（栓塞）は**伝音性難聴**に分類される。

(2) **✕** **加齢性難聴**は、両側性（両耳）でゆっくり進行し、**高音**が聞こえにくくなる。**感音性難聴**に分類され、根本的治療法がないため、**補聴器**を装着するか人工内耳手術を行う。高齢者の難聴は、コミュニケーション不足、社会的孤立、抑うつに陥りやすく、**認知症の誘因**にもなる。大声で話すのではなく、高齢者の近くに寄って、口の動きを見せながらゆっくりと話すとよい。

(3) **○** **突発性難聴**や**急性中耳炎**は、**早期に治療**を開始しないと予後が悪くなる。この2つの難聴は、一側性（片耳）で発症することが多い。

(4) **○** **めまい・ふらつき**の原因には、良性発作性頭位めまい症、メニエール病、椎骨脳底動脈循環不全、起立性低血圧、前庭神経炎などがある。めまい・ふらつきは、耳・脳・全身の疾患によってバランスを保つ機能に障害が起きたときに生じる。

(5) **○** めまい・ふらつきには重大な疾患が隠れていることもある。急に強いめまいが起きたり、めまいが続いたりする場合は、すぐに受診する。高齢者の場合、めまいやふらつきによって転倒・骨折する可能性もある。

正解 (3)(4)(5)

急変時の対応

問題 47 急変時の対応について、正しいものを2つ選べ。

(1) 高齢者の心筋梗塞は、必ず痛みを伴う。

(2) 気道の異物を取り除くための背部叩打法では、対象者を前屈みにして頭を胸の位置より低くし、肩甲骨の間を頭の方向に強くたたく。

(3) 洗剤や漂白剤を誤って飲み込んだ場合は、直ちに吐かせる。

(4) 一次救命処置は、意識のない人や心肺停止の人を見つけたとき、居合わせた人が、救急隊や医師に引き継ぐまでに行う応急手当である。

(5) 一次救命処置における胸骨圧迫は、硬い台の上に水平に仰向けに寝かせ、毎分50回の速さで行う。

ポイント解説　　　　　　　　　　　　　　　　📖 下－ P.170～178

(1) ✕　高齢者の疾患は、**非定型的症状**を呈することや、自覚症状や症状の訴えがないことがある。無痛性心筋梗塞、無症候性狭心症、無痛性骨折、無熱性肺炎などもあり得る。

(2) 〇　気道異物除去の方法には、**腹部突き上げ法（ハイムリック法）**もある。これは、対象者の後ろに立って両腕を対象者の両脇から腹部に回し、こぶしで胸骨とへその間を上向きに強く圧迫する方法である。

(3) ✕　**洗剤や漂白剤**は酸性やアルカリ性が強い場合があり、吐かせると気管に入って窒息や肺炎を起こしたり、粘膜の損傷がひどくなったりするため**無理に吐かせてはならない**。すぐに医療機関にかかる。

(4) 〇　**一次救命処置**では、意識レベルの確認、救急要請とAED（自動体外式除細動器）の手配、呼吸の確認、胸骨圧迫、人工呼吸、AEDの使用という手順を踏む。

(5) ✕　**胸骨圧迫**は、**毎分100～120回**の速さで、胸が5cmくらい沈み込むように行う。なお、人工呼吸をする技術や意思がない場合は、胸骨圧迫のみを行う。胸骨圧迫（と人工呼吸）とAEDの使用を繰り返し、意識や呼吸が回復してもAEDの電源は切らず、電極パッドは付けたままにしておく。

正解 (2)(4)

高齢者に起こりやすい急変(1)

問題 48 高齢者に起こりやすい急変について、正しいものを3つ選べ。
(1) 左上腹部痛は胆石症や胆嚢炎、右下腹部痛は虫垂炎の可能性がある。
(2) 激しい腹痛と繰り返す嘔吐がある場合は、イレウス（腸閉塞）の可能性がある。
(3) 片麻痺やろれつが回らないなどの症状がある場合は、脳血管障害の疑いがあるため、救急要請を行う。
(4) 脳血管障害の徴候がみられたら、発症時刻を確認することも重要である。
(5) 血液中の酸素が不足すると、ツルゴールの低下が起こる。

ポイント解説　　　　　　　　　　📖 下ー P.178〜183

(1) **✕** **右上腹部痛**は胆石症・胆嚢炎、**右下腹部痛**は虫垂炎の可能性がある。また、**上腹部痛**は急性胃炎・胃潰瘍・十二指腸潰瘍、**右側または左側の腰背部痛で下腹部に向けて痛み**がある場合は尿管結石の可能性がある。便秘は**左下腹部痛**を伴うことも多い。

(2) **○** 開腹手術を受けた場合は、腸管の癒着による**イレウス（腸閉塞）**を起こしやすい。腸捻転、脱腸、便秘、大腸がんなどもイレウスの原因となる。

(3) **○** **脳血管障害**（脳卒中）の症状を表す **FAST** という略号が呼びかけられている。**顔の麻痺**（Face）、**腕の麻痺**（Arm）、**言葉の障害**（Speech）のうち1つでも症状があれば脳血管障害が疑われるため、**発症時刻**（Time）を確認して救急要請をする。

(4) **○** 脳血管障害は発症からの経過時間によって、治療方法が異なるためである。

(5) **✕** **ツルゴールの低下**は、手の甲の皮膚をつまみ上げた後すぐには元に戻らない現象で、**脱水**のときにみられる。血液中の酸素が不足した場合は、皮膚や粘膜が青紫色になる**チアノーゼ**がみられる。

正解 (2)(3)(4)

高齢者に起こりやすい急変⑵

> **問題 49** 高齢者における急性症状とその原因の組み合わせとして、正しいものを3つ選べ。
>
> (1) 胸　痛 ——— 狭心症、急性心筋梗塞、解離性大動脈瘤 など
> (2) 黄　疸 ——— 腎不全、尿路結石など
> (3) 発　熱 ——— 感染症、体温調節異常、膠原病など
> (4) 吐　血 ——— 痔核、大腸憩室炎、大腸がんなど
> (5) 嘔　吐 ——— 胃・十二指腸潰瘍、虫垂炎、イレウス（腸閉塞）など

ポイント解説　　　　　　　　　　　　　　　　　📖 下－ P.174〜186

(1) ○　**胸痛**の原因は、多岐にわたる。**狭心症**では30分以内、**急性心筋梗塞**では30分以上痛みが続くが、高齢者ではどちらも痛みがないことがある。**解離性大動脈瘤**は、胸骨中央に突然激しい痛みを生じ、咳や深呼吸でも増強する。ほかに肺血栓栓塞症、肺梗塞、自然気胸、心膜炎、心不全、心筋炎、帯状疱疹、肋骨骨折などで、胸痛を訴えることがある。

(2) ✕　**黄疸**は、**胆嚢炎**、**胆石症**、**肝炎**などが原因で起こる。腎不全や尿路結石は、黄疸の原因にならない。

(3) ○　**発熱**では、**いつ**、**どこで出たのか**、また、**どのような症状があったか**が重要である。痙攣、呼吸困難、咽頭痛、鼻汁、咳、排尿痛、腰痛、下痢、食欲不振、頭痛、意識障害、関節痛などの症状に注意する。

(4) ✕　痔核、大腸憩室炎、大腸がんなどは**下血**を起こす。胃がん、胃潰瘍、十二指腸潰瘍などで**吐血**を起こす。下血は、**上部消化管**（食道、胃、十二指腸など）から出血している場合（胃潰瘍など）にもみられ、この場合は鮮血便ではなく**黒い便（タール便）**となる。

(5) ○　**嘔吐**は、**胃・十二指腸潰瘍**、**虫垂炎**などの腹部疾患のほか、脳血管障害や脳腫瘍、心筋梗塞、食中毒などでも起こる。嘔吐した場合は、窒息を防ぐため、**側臥位**にして、口腔内の吐物を取り除く。体を横向きにして、上の脚を曲げ、下になった脚を伸ばして寝かせると、吐物の誤嚥が防げる。嘔吐による脱水症や電解質異常にも気をつける。

正解　(1)(3)(5)

高齢者に起こりやすい感染症(1)

問題 50 高齢者の感染症について、正しいものを2つ選べ。

(1) 病原微生物への接触が、必ず感染症を引き起こすわけではない。

(2) 高齢者に多い呼吸器感染症は、肺炎、気管支炎、膿胸などであり、肺結核はほとんどみられなくなった。

(3) 高齢者が突発的に呼吸困難を起こした場合、誤嚥性肺炎は考えなくてもよい。

(4) 高齢者の肺炎では、せん妄や傾眠傾向などの精神神経症状が前面に出る場合がある。

(5) 高齢者の肺炎では、症状の急変は少ない。

ポイント解説　📖 下－ P.187〜188

(1) ○　病原微生物によって何らかの症状が生じた状態を**発症**というが、病原微生物に接触しても発症しないこともある。病原微生物が、体表や定まった場所に付着したまま明らかな症状がない状態であるか、体内で発症しない状態にあることを**定着・保菌**という。

(2) ✕　**肺結核**は、肺炎、気管支炎、膿胸などとともに、高齢者に多い**呼吸器感染症**として知られる。結核菌が排出されている場合は、地域ごとに指定された治療施設に入院することが、法律によって定められている。

(3) ✕　**誤嚥性肺炎**は、誤嚥により食べ物や飲み物の一部が気道に入り、さらに肺に至って残留し、そこにバクテリアが繁殖して、発症する。高齢者が突発的に**呼吸困難**を起こしたときに、まず疑うべき疾患の1つである。

(4) ○　**肺炎**の主な症状は咳、痰、発熱などがあるが、高齢者の場合は**非特異的な症状**が現れることもある。

(5) ✕　高齢者の肺炎は、**症状の変化が激しく、死に至ることが多い**。肺炎は日本人の死因の上位であり、肺炎による死者の多くは高齢者である。

正解 (1)(4)

高齢者に起こりやすい感染症⑵

問題 51 高齢者の感染症について、正しいものを3つ選べ。

(1) 尿路感染症の主症状には、頻尿、排尿時痛、発熱、尿閉などがある。

(2) 尿路感染症の場合は水分摂取を控える。

(3) ノロウイルス感染症は、夏季に多い感染性胃腸炎である。

(4) 疥癬はヒゼンダニが皮膚に寄生することで起こる皮膚病で、強いかゆみを伴う。

(5) 疥癬の感染拡大を防ぐためには、接触感染予防策を徹底する。

ポイント解説　　　　　　　　　📖 下－ P.137〜138、P.153、P.188〜189

(1) ○　ほかに、残尿感、血尿、尿失禁、腰痛、下腹部不快感が生じることもある。**尿路感染症**とは、腎盂、尿管、膀胱、尿道などの尿路（尿の通り道）に起こる感染症の総称であり、膀胱炎、腎盂炎などがある。高齢者に多い感染症である。

(2) ✕　尿路感染症の場合は、十分に**水分を摂取しなければならない**。水分摂取、陰部の清潔保持、抗生物質により改善することが多い。

(3) ✕　**ノロウイルス感染症**は、**冬季**に多い感染性胃腸炎である。主な症状は、吐き気、嘔吐、腹痛、下痢である。感染力が強いため、高齢者介護施設において集団感染を引き起こす可能性がある。

(4) ○　**疥癬**は、皮膚に紅斑、丘疹、鱗屑が現れ、**強いかゆみ**を伴う。通常の疥癬と角化型疥癬（ノルウェー疥癬）があり、角化型疥癬は特に感染力が強い。

(5) ○　疥癬は、**接触感染**する感染症である。高齢者介護施設において集団感染を引き起こす可能性がある。

正 解　(1) (4) (5)

感染症の予防⑴

問題 52　感染症の予防について、正しいものを3つ選べ。

(1)　あらゆる人の血液、体液、分泌物、排泄物、創傷のある皮膚、粘膜には感染性があるとするのが、感染経路別予防策の基盤となる考え方である。

(2)　感染症の標準予防策としては、手指衛生、個人防護具、咳エチケットなどがある。

(3)　嘔吐物や排泄物による手指の汚染が考えられる場合には、流水と石けんによる手洗いを行う。

(4)　手袋をしてケアを行った場合は、手袋をはずせば手指衛生の必要はない。

(5)　インフルエンザや結核は、高齢者介護施設の入所者や職員に感染が起こる可能性がある。

ポイント解説　　　　　　　　　　　　　　　📖 下ー P.189〜191

(1)　**✕**　これは、**標準予防策**（スタンダード・プリコーション）の基盤となる考え方である。感染症をもつ利用者には、標準予防策に加えて**感染経路別予防策**（接触感染、飛沫感染、空気感染など）を実施する。

(2)　**○**　標準予防策には、流水と石けんによる**手洗い**、アルコール製剤などによる**手指消毒**、手袋・マスク・ガウン・エプロン・ゴーグルなど**個人防護具**の着用などがある。

(3)　**○**　目に見える汚れが手に付着している場合も同様である。

(4)　**✕**　手袋をしてケアを行っても、手袋をはずした後は必ず**手指衛生を行う**。また、使用後の手袋はポケットにしまわず廃棄する。汚染した手袋をしたままで他のケアを続けたり、別の利用者のケアをしたりしない。

(5)　**○**　**インフルエンザ**、**ノロウイルス感染症**、**腸管出血性大腸菌感染症**（**O157など**）、**疥癬**、**結核**などは、入所者・職員にも感染が起こり、媒介者となり得る感染症であり、集団感染を起こす可能性がある。

正解　(2)(3)(5)

感染症の予防(2)

問題 53 感染症の予防について、正しいものを３つ選べ。

(1) 接触感染である麻疹（はしか）や水痘では、汚染物との接触が予測される場面では、手袋やガウン・エプロンを着用する。

(2) インフルエンザなどの飛沫感染では、患者の２ｍ以内でケアを行う場合には、介護者はマスクを着用する。

(3) 空気感染の予防策は、個室管理で行うのが原則である。

(4) 嘔吐物で汚染した場所やその周辺は、嘔吐物を拭き取って処理した後、アルコールで消毒する。

(5) 麻疹、風疹、Ｂ型肝炎は、ワクチンで予防可能な感染症である。

ポイント解説　　　　　　　　　　　　　　　📖 下－ P.191～193

(1) **✕** **接触感染の感染経路別予防策**として、**個人防護具を着用**するというのは正しいが、**麻疹や水痘、結核などは空気感染**である。接触感染する感染症には、ノロウイルス、腸管出血性大腸菌、疥癬、多剤耐性菌などがある（ノロウイルスの嘔吐物などの処理時は飛沫感染もある）。

(2) **◯** 咳・くしゃみ・会話などで飛散した飛沫粒子は１ｍ程度の距離に落ちるので、ケアする人は**マスクを着用**し、患者がくしゃみや咳をしているときはマスク着用の協力を求める。**飛沫感染**する感染症には、インフルエンザ、流行性耳下腺炎、風疹などがある。

(3) **◯** **空気感染**である結核、麻疹、水痘などのケアにあたる職員は、**高性能マスクを着用**し、患者にもマスク着用の協力を求める（結核は専門医療機関へ入院して治療）。また、個室管理を原則とし、同居家族への感染を防ぐ。

(4) **✕** 嘔吐物は処理後ビニール袋に入れて廃棄し、汚染した場所とその周辺はアルコールではなく、**次亜塩素酸ナトリウムで消毒**する。

(5) **◯** ワクチンで予防可能な感染症には、**麻疹、風疹、水痘、流行性耳下腺炎、Ｂ型肝炎**などがある。高齢者介護施設の職員は、入職時に、これらの既往歴や予防接種歴、抗体価を確認し、抗体のない職員には予防接種を勧める。

正解 (2) (3) (5)

感染症の予防(3)

問題 54 感染症の予防について、正しいものを３つ選べ。

(1) インフルエンザの予防には、ワクチンの接種が有効である。

(2) 高齢者への肺炎球菌ワクチンは、接種後５年以上経過しないと再接種できない。

(3) ノロウイルスは下痢などの症状がなくなったら、ふん便にウイルスが排出されることはない。

(4) ノロウイルス感染症では、積極的に下痢止め薬を服用するとよい。

(5) 高齢者介護施設での感染対策では、感染源を「持ち込まない」「拡げない」「持ち出さない」ことが重要である。

ポイント解説 📖 下－ P.194～196

(1) 〇 **インフルエンザワクチンの接種**は、施設入所者や慢性閉塞性肺疾患（COPD）の患者には、特に推奨されている。ワクチンの接種には医療保険は適用されないが、その重要性から、一部の自治体では接種に対する補助が行われている。

(2) 〇 **肺炎球菌ワクチン**は、肺炎球菌による感染症に有効なワクチンである。５年以内に再接種すると、注射した部位が硬くなる、痛むなどの症状が出ることがある。2014（平成26）年10月より、65歳以上を対象に定期接種が行われている。

(3) ✕ **下痢などの症状がなくなっても、ウイルスの排出はしばらく続く。**患者のふん便や嘔吐物を処理するときには、**使い捨てのガウン（エプロン）、マスク、手袋**を着用し、次亜塩素酸ナトリウムで消毒する。

(4) ✕ **下痢止め薬**は、ウイルスの排出を阻害し、**回復を遅らせることがある**ので使用しないことが望ましい。下痢をしている場合は、脱水症状を起こさないように、**水分補給を心がける。**

(5) 〇 「持ち込まない」ためには、職員のみならず、出入りする委託業者、面会者、ボランティア、実習生、入所予定者、施設に併設する通所サービス利用者などに対する対策が必要である。

正解 (1)(2)(5)

認知症の定義と原因疾患(1)

問題 55 認知症について、正しいものを 3 つ選べ。

(1) 認知テストで認知機能が低下していれば、すべて認知症と診断される。

(2) アルツハイマー型認知症と血管性認知症が、認知症の大部分を占めている。

(3) 認知症の初期には IADL の低下がみられるが、進行すると ADL の低下が起こってくる。

(4) 認知症患者のほとんどには、「病識低下」や「社会脳の障害」は認められない。

(5) 若年性認知症には、老年期の認知症に比べて前頭側頭型の割合が高く、進行が比較的速いという特徴がある。

ポイント解説　　　　　　　　　　　　　　　　　　　📖 下－ P.208〜211

(1) **✕**　認知症の定義は、介護保険法第 5 条の 2 第 1 項に規定されているが、米国精神医学会の診断マニュアル（DSM-5）では、より具体的に「**独居生活を営むには手助けが必要なレベルにまで認知機能が低下した状態**」としている。認知テストの点数で決まるわけではない。

(2) **○**　最近の全国調査では、**アルツハイマー型認知症67.6％**、**血管性認知症19.5％**、レビー小体型認知症（認知症を伴うパーキンソン病を含む）4.3％、前頭側頭型認知症1.0％となっている。

(3) **○**　認知症は認知障害によって生活障害を引き起こすものである。初期には IADL（手段的日常生活動作）の低下がみられ、進行すると整容・排泄などの ADL（日常生活動作）の低下が起こる。

(4) **✕**　認知症の一般的特徴は「**病識低下（自分の認知障害への自覚の乏しさ）**」であり、また対人関係を良好に築く「**社会的認知（社会脳）**」の障害である。

(5) **○**　**前頭側頭型認知症**は若年に発症することが多いので、認知症全体に占める割合が1.0％に対して、若年性認知症に限った調査結果では9.4％を占めている。65歳未満で発症する若年性認知症では、経済的問題や就業など若年者特有の問題を抱えていることが多い。

正解　(2)(3)(5)

認知症の定義と原因疾患⑵

問題 56 認知症と区別すべき状態について、正しいものを３つ選べ。

(1) 軽度認知障害は認知症予備軍としてとらえられ、遅かれ早かれ認知症に移行する。

(2) とっさに思い出せなくても、手掛かりになるものがあると思い出すことができるのは、加齢に伴う良性健忘であり、認知症の健忘ではない。

(3) せん妄は、認知症の行動・心理症状の１つである。

(4) うつ状態は健忘を伴うが、多くは適切な治療で軽快するため、認知症と間違えないようにする。

(5) 認知症に高頻度にみられるアパシーは、外面的にはうつと似ているが、内面的には正反対である。

ポイント解説 📖 下－ P.213〜218

(1) ✕ **軽度認知障害（MCI）**は、認知機能のいずれかが低下していて、健常と認知症の中間の状態である。この状態では、身体活動を増やす、人との交流を増やすなど**ライフスタイルの改善**によって、**認知症への移行を遅延・回避する**ことができる。

(2) ○ **認知症の悪性健忘**では、**記憶の再生や再認ができない**。エピソード（出来事）記憶でも全体を忘れてしまう。

(3) ✕ 認知症にはせん妄がしばしば合併するが、**せん妄は意識障害**であり、**認知症とは区別される**。せん妄には意識障害を引き起こす原因・誘因があり、治療や対応によりせん妄は消失する。

(4) ○ ただし、レビー小体型認知症や血管性認知症では、うつが初期症状のことがあり、鑑別診断が必要である。

(5) ○ **アパシー**（意欲や自発性の低下）の人は、「何もしたくない」状態が続いても、本人はつらくも困ってもいない。それに反して、うつでは、本人はつらくて困っているという違いがある。

正解 (2)(4)(5)

認知症の診断と評価

問題 57 認知症の診断と評価について、正しいものを3つ選べ。

(1) 専門医は、外来初診時の会話から、取り繕いなどの特徴で認知症かどうか、ある程度判断できる。

(2) 認知症の鑑別は、一般的にはMRIやCTなどの形態画像で行う。

(3) 質問式の評価を行うHDS-Rは、学歴の影響を受けやすく、高学歴では認知症であっても満点近い高得点となることがある。

(4) HDS-Rでは、原因疾患による認知機能の特徴の差異は現れない。

(5) 行動観察から認知症の重度評価を行う観察式の評価では、CDRなどが使われる。

ポイント解説　　　　　　　　　　　　　　📖 下－ P.218〜223

(1) 〇　例えば、最近のニュースについて尋ねられて答えられないときに、変な文脈で**言い繕いをする**とか、家族が困っているのに本人は「**困ることはありません**」と答えるなどの場合は、認知症が疑われる。

(2) 〇　**認知症の鑑別**は、症状に基づいてMRIやCTなどの**形態画像**や、脳血流SPECTなどの**機能画像**を用いて行うが、一般的には**形態画像で十分**である。

(3) ✕　学歴の影響を受けやすいとされるのは、**MMSE**（mini-mental state examination）である。**HDS-R**（改訂長谷川式認知症スケール）は、10分程度で検査でき、MMSEとともに、治療効果や経過をみることにも使われる。

(4) ✕　検査項目によって**認知機能の特徴が現れ、原因疾患が推定できる**こともある。

(5) 〇　**観察式の評価**には、ほかに、FASTなどがある。

正解　(1) (2) (5)

アルツハイマー型認知症

問題 58 アルツハイマー型認知症について、正しいものを２つ選べ。

(1) アルツハイマー型認知症は、神経変性疾患であるアルツハイマー病を原因疾患として起こるが、アルツハイマー病の原因は不明である。

(2) 初期症状は健忘であり、近時のエピソード記憶から失われていく。

(3) 患者の日常は、陰気で緘黙（かんもく）、動きが鈍く反応に時間がかかる。

(4) 社会脳機能の障害により、病識に乏しくなり、取り繕いがめだつ。

(5) ドネペジルやガランタミンなどの治療薬により、治癒が期待できる。

ポイント解説　　　　　　　　　　　　　　　　📖 下－ P.223〜225

(1) **✕**　**アルツハイマー病の原因**は、近年、**アミロイドβたんぱくとタウたんぱくの脳の神経細胞への異常蓄積による**という説が有力である。異常蓄積は認知症発症の20年ほど前から始まり、５年間ほどの軽度認知障害を経て、アルツハイマー型認知症を発症する。なお、アミロイドβたんぱくの蓄積に直接働きかける治療薬「レカネマブ」が、2023年９月に薬事承認された。軽度認知症、認知症の初期段階での効果が認められている。

(2) **〇**　**エピソード記憶が失われて時間軸が消失する**と、自我を支える基盤が崩れて**見当識障害**が生じる。進行すると**注意障害**、**遂行機能障害**、**失認**、**失行**などが加わる。

(3) **✕**　記述は血管性認知症にみられる特徴である。アルツハイマー型認知症では、**陽気で多弁**、**即答し**、**動きも速い**という特徴がある。質問に答える際に、同伴の家族のほうを振り向いて確認を求める**振り向き徴候**や**取り繕い**も、アルツハイマー型認知症の特徴である。

(4) **〇**　**対人関係がうまく行えなくなり**、**介護を拒否し**、**うつや自己防衛のための BPSD**（行動・心理症状）を引き起こす。

(5) **✕**　**アルツハイマー病の治療薬**は、認知症の進行を遅らせる効果は認められるが、**治癒は困難**である。治療薬として現在、ドネペジル、ガランタミン、リバスチグミン、メマンチンが認可されている。

正解　(2)(4)

血管性認知症

問題 59 血管性認知症について、正しいものを３つ選べ。

(1) 脳梗塞や脳出血による大脳白質虚血によって、徐々に進行する。

(2) 血管性認知症にアルツハイマー病の病変が加わることはほとんどない。

(3) 血管性認知症では、「まだら認知症」の状態がみられる。

(4) 血管性認知症では、片麻痺や言語障害などの神経症状を伴うことがある。

(5) 脳循環改善薬の服用で完治することができる。

ポイント解説　　　　　　　　　　　　📖 下－ P.226〜227

(1) ○　以前は、脳卒中の発作のたびに階段状に悪化するとされていたが、近年は階段状に進行する例はほとんどなく、アルツハイマー病と同様に**徐々に進行することが多い**。

(2) ✕　健常者でもアルツハイマー病の脳病変は70歳代で５割に、80歳代で７割にあるので、**加齢に伴ってアルツハイマー病の脳病変が加わる**。

(3) ○　障害された脳の部位によって症状が異なるので、記憶障害が重度のわりには判断力や理解力は保たれているというように、「**まだら認知症**」の状態が特徴的である。

(4) ○　**大脳基底核に病変がある**とパーキンソン症状などの**運動障害**を伴い、**脳の左半球の障害**では**右片麻痺や言語障害**を伴う。

(5) ✕　すでに生じた**脳梗塞は元に戻らない**が、再発予防として抗血小板薬や脳循環改善薬を用いる。廃用症候群の予防のための生活指導やリハビリテーションで、認知機能の維持・改善も可能である。

正解 (1)(3)(4)

その他の疾患による認知症

問題 60 認知症について、正しいものを３つ選べ。

(1) レビー小体型認知症は、αシヌクレインというたんぱく質が、脳や末梢神経に異常沈着することで発症する。

(2) レビー小体型認知症では、目の前の物の名前を言うことができない意味記憶障害が特徴的である。

(3) 前頭葉が障害されるタイプの前頭側頭型認知症では、行動を抑制できない、すぐ怒るなどの独特の行動障害を起こし、介護は大変である。

(4) ドネペジルなどのアセチルコリンを増やす薬剤は、前頭側頭型認知症の進行を遅らせる効果がある。

(5) 正常圧水頭症による認知障害は、手術による治療が可能である。

ポイント解説　　　　　　　　　　　　　　📖 下－ P.227～232

(1) ○　**レビー小体型認知症**では、αシヌクレインの沈着が脳幹部から末梢自律神経系にまで及ぶことから、**認知障害に加えて運動障害、症状の変動、便秘や立ちくらみ**などが生じる。

(2) ✕　記述の障害は、**前頭側頭型認知症**のうちの**側頭葉が障害される**タイプ（意味性認知症）にみられる特徴である。**レビー小体型認知症**では、**リアルな幻視、レム睡眠中の行動障害、繰り返す転倒や失神**などが特徴的な症状である。

(3) ○　記述の**行動障害型前頭側頭型認知症**では、他人の気持ちを理解できなくなり、社会のルールを守れなくなる。悪いという自覚なしに行う万引きが問題となる。

(4) ✕　アセチルコリンを増やすドネペジル、ガランタミン、リバスチグミンは、前頭側頭型認知症の脱抑制や易怒性など**興奮性 BPSD を悪化させる。**

(5) ○　**正常圧水頭症**や**慢性硬膜下血腫**による認知障害は、手術による回復が可能である。**甲状腺機能低下症**や**ビタミン B$_{12}$欠乏**などによる認知障害も原因疾患の治療で治癒が可能である。

正解 (1)(3)(5)

認知症状（中核症状）とBPSD、生活障害

問題 61 認知症について、正しいものを3つ選べ。

(1) 認知症状（中核症状）には、記憶障害、見当識障害、遂行機能障害などがあるが、病識の欠如や社会脳の障害による症状も、これに含まれる。

(2) BPSDは、環境調整や適切な医療・ケアでよくなる可能性が高い。

(3) 幻覚や妄想は、BPSDのうち、気分障害に分類される。

(4) 認知症の進行過程は、初期（軽度）、中期（中等度）、進行期（重度）、終末期に分けられる。

(5) BPSDは、認知症が進行し、終末期に向かうほど重症化する。

ポイント解説　　　　　　　　　　　　📖 下－ P.232～236

(1) ○ **認知症状**とは、**脳の障害に直接起因する症状**であり、**病識のなさや社会的認知（社会脳）の障害による症状も含まれる。**

(2) ○ BPSD（**認知症の行動・心理症状**）は、生い立ち・職歴などの**個人因子**や、住環境やケアの状況などの**環境因子**の影響を受ける場合がある。なお、認知症の症状として、認知症状（中核症状）とBPSDに加えて、**生活障害**があるという考え方もある。

(3) ✕ BPSDには、**知覚認識障害・思考内容障害・気分障害・行動障害**がある。**幻覚**は知覚認識障害、**妄想**は思考内容障害に分類される。気分障害には**うつ**などが、行動障害には**徘徊や暴言・暴行**などが分類される。

(4) ○ 例えばアルツハイマー型認知症の場合は、**初期（軽度）**には金銭管理や買い物、服薬管理などのIADLの障害がみられ、**中期（中等度）**以降はADLの障害が加わる。**進行期（重度）**には、言葉が減ってコミュニケーションが難しくなり、排尿コントロールもできなくなる。**終末期**には、寝たきりになり、嚥下が困難になる。

(5) ✕ BPSDの内容や頻度は、認知症の進行とともに変化する。認知症が進行すると運動機能が低下していくため、**終末期**にはBPSDは**減少する**。

正解 (1)(2)(4)

認知症の治療

問題 62 認知症の治療について、正しいものを３つ選べ。

(1) ドネペジル等のアセチルコリンを増やす治療薬は、アルツハイマー型認知症やレビー小体型認知症の治療に使用される。

(2) アセチルコリンが増える効果で、覚醒レベルや学習機能が上がることによって、介護が大変になるという例も少なからずある。

(3) グルタミン酸受容体に働く治療薬であるメマンチンは、神経細胞を興奮させる働きがあり、めまい、頭痛、高血圧などの副作用に注意する。

(4) BPSD に対して漢方薬が使われることがある。

(5) 回想法は、非薬物療法の１つであり、直近２〜３日の出来事を思い出す練習をして認知機能の向上をめざすものである。

ポイント解説　　　　　　　　　　　　　　📖 下－ P.237〜240

(1) ◯ **アセチルコリンを増やす薬剤**には、ドネペジル、ガランタミン、リバスチグミンがある。リバスチグミンは貼付剤である。３種類とも胃腸障害、徐脈、気管支喘息などの副作用の可能性がある。

(2) ◯ 不活発で無気力だった患者が、**治療の効果**で意欲が向上し、言葉数も増え、意思表示ができるようになると、適切な行動ができないこともあって、家族介護者にとっては**介護負担が増えるケースもある**。

(3) ✕ **メマンチン**は、興奮性アミノ酸であるグルタミン酸が結合する受容体に働きかけて、**神経の興奮を穏やかにする**。行動障害型前頭側頭型認知症などの興奮性 BPSD には有効である。副作用については正しい。

(4) ◯ **抑肝散**という**漢方薬**が、興奮性 BPSD に対して使われることがある。

(5) ✕ **回想法**は、古い道具や写真などを題材に、若かったときのことを思い出して会話することで、自信を取り戻すことをめざすものである。

正解 (1)(2)(4)

認知症のケア(1)

問題 63 認知症のケアについて、正しいものを３つ選べ。

(1) 認知症の人の失敗を指摘して注意することは、病識の低下を防ぎ、BPSD の予防につながる。

(2) 認知症ケアは、疾患にともなう症状を消失させ介護者を助けるためのものである。

(3) パーソン・センタード・ケアでは、認知症の人の行動は、その人の心の表れでありその人なりの考えで行動しているととらえ、原因を探して適切なケアを行う。

(4) 認知症ケアマッピングは、認知症の人の状態を評価してケアの質を改善していくための手法である。

(5) パーソン・センタード・ケアに通じるケアの技法に、ユマニチュードやバリデーションがある。

ポイント解説　　　　　　　　　　　　　　　📖 下－ P.241〜248

(1) **✕**　認知症の進行につれて病識が低下するので、周囲が指摘する失敗を本人は失敗だと認識していない。**失敗を指摘**して「しっかりして」などと注意するのは、**BPSD の発現につながる**。

(2) **✕**　**認知症ケアの対象**は「認知症の症状」ではなく「**人**」であり、「**認知症という困難を抱えて生きる一人の人間**」である。

(3) **〇**　**パーソン・センタード・ケア**では、「その人らしさ」をケアの中心に据え、本人の意向に沿って尊厳を傷つけないようにすることが大切だとする。

(4) **〇**　**認知症ケアマッピング**では、認知症の人の状態を一定時間観察して、よい状態とよくない状態を点数化して評価者（マッパー）が評価し、介護者と評価者が議論してケアを改善していく。

(5) **〇**　**ユマニチュード**は、「人間らしさ」を尊重し支えるケアであり、見る・話す・触れる・立つを４本の柱とするケアの技法である。**バリデーション**は、認知症の人とのコミュニケーション技法である。

正解　(3)(4)(5)

認知症のケア(2)

問題 64 認知症のケアについて、正しいものを 3 つ選べ。

(1) 中・重度の認知症高齢者が多い施設ケアでは、本人が上手にできない
ことは介護の専門職が手早く行うので、問題が起きることは少ない。

(2) 認知症のアセスメントでは、原因疾患のほか、個人史・性格や、社会
心理学的なアセスメントが必要である。

(3) 認知症の中核症状と行動・心理症状は治らない病気であるから、家族
には、それを受け入れて共生する覚悟が必要である。

(4) 認知症の行動・心理症状の多くは対人関係のなかで生じるので、介護
者側が変われば発現を防ぐことができる。

(5) 認知症の人を介護する家族への支援として、認知症カフェや家族会が
ある。

ポイント解説 📖 下ー P.248～253

(1) ✕ 時間をかければ本人ができることまで介護者が行うのは、認知症
の人の能力を奪うことになる。**「待つケア」**は、**「自立支援のケア」**である。

(2) 〇 **認知症のアセスメント**では、原因疾患や健康状態だけではなく、
生い立ち・学歴・職歴・趣味などの個人史、元来の性格や物事への対処
のしかた、介護者や周囲の人をどのように認識しているのかといった、
さまざまな視点からのアセスメントが必要である。

(3) ✕ 認知症の中核症状（認知症状）は進行性のものであり、受け入れ
て共生する態度が必要であるが、**行動・心理症状（BPSD）**は、**適切な
医療とケアで大部分が改善する。**

(4) 〇 対人関係を改善するためには、本人か介護者側が変わらなければ
ならないが、認知症の人は変わる能力を失っているので、**介護者側が変
わらなければならない。**

(5) 〇 **認知症カフェ**は、認知症の人やその家族が、地域の人や専門家と
交流する場である。2019（令和元）年にとりまとめられた**認知症施策推
進大綱**においても普及が図られている。

正解 (2)(4)(5)

認知症の人を支える地域資源

問題 65　認知症施策について、正しいものを３つ選べ。

(1)　2019（令和元）年にとりまとめられた認知症施策推進大綱は、「共生」と「予防」を主軸として施策を推進していくものである。

(2)　認知症ケアパスとは、認知症と認定された人が携帯するカード型の身分証である。

(3)　かかりつけ医認知症対応力向上研修を受講した医師は、認知症サポート医の養成に講師役としてかかわる。

(4)　認知症初期集中支援チームは、認知症が疑われる人や認知症の人を訪問してアセスメントを行い、医療や介護につなげる支援をする。

(5)　認知症カフェは、認知症地域支援推進員等の活動によって運営される。

ポイント解説　　　　　　　　　　　　　　📖 下－ P.202〜203、P.254〜258

(1)　〇　**認知症施策推進大綱**における「予防」とは、「認知症にならない」という意味ではなく、「認知症になるのを遅らせる」「認知症になっても進行を緩やかにする」という意味である。

(2)　✕　**認知症ケアパス**とは、「認知症の容態に応じた**相談先や医療・介護サービスの流れ**をあらかじめ標準的に示したもの」であり、市町村に作成・普及が求められている。認知症医療やケアをどこで受けられるかを明示する「**資源マップ**」づくりとともに進められる。認知症施策推進大綱の目標の１つに、「市町村における認知症ケアパスの作成率100％」がある。

(3)　✕　**認知症サポート医**は認知症専門医であり、**かかりつけ医認知症対応力向上研修の講師を務める。**

(4)　〇　**認知症初期集中支援チーム**は、医師を含む保健師・介護福祉士・作業療法士・社会福祉士などの国家資格保有者であって、研修で行われる試験に合格した者で構成される。

(5)　〇　**認知症カフェ**は、認知症の人や家族の集いの場づくりとして、**認知症地域支援推進員**等の企画によって運営されることが想定されている。

正解　(1)(4)(5)

高齢者の精神障害

問題 66　高齢者の精神障害について、正しいものを3つ選べ。
(1)　老年期うつ病では、若年期のうつ病に比べて、気分の落ち込みの激しさがめだつ。
(2)　老年期うつ病の人の病前の性格の特徴には、厳格、良心的、真面目、完璧主義、執着傾向がある。
(3)　若年に統合失調症を発症して老年期を迎えた場合、老年期以降も症状が軽減することはない。
(4)　高齢者の妄想性障害では、現実の生活を反映した世俗的内容の妄想が多い。
(5)　脳の加齢性変化や身体疾患は、高齢者の精神疾患の発症の要因となる。

ポイント解説　　　　　　　　　　　　　　📖 下－ P.262〜268

(1)　**✕**　**老年期うつ病**では、**気分の落ち込みよりも、不安、緊張、焦燥**がめだつ。また、**心気的**（自分が病気だと思い込んで悩む）な訴えが多く、めまい、しびれ、排尿障害、便秘などの**自律神経症状**がめだつ。罪業妄想、貧困妄想、心気妄想をもち、自殺を図ることもある。

(2)　**○**　また、対人関係で攻撃性を表出できないという性格もある。

(3)　**✕**　若年に**統合失調症**を発症して老年期を迎えた場合、幻覚・妄想が持続することもあるが、加齢に伴って、**寛解**（症状の軽減）、**欠陥治癒**（心的エネルギーが低い状態での安定）、**認知症化**などの経過をたどる。怠薬により高齢になって再発することもある。

(4)　**○**　また、妄想の対象が、特定の身近な人物であることが多い。

(5)　**○**　高齢者の精神疾患の発症要因には、**病前の性格、心理社会的な要因、環境の変化**に加え、**脳の加齢性変化、身体疾患、薬物の影響**などがある。症状は**非定型的**である。ほかに、問題となる高齢者の精神障害には、**アルコール依存症やパーソナリティ障害**（脳器質疾患がないにもかかわらず性格の偏りがみられる）などがある。

正解　(2)(4)(5)

統合失調症の場合

問題 67 統合失調症の患者の介護について、正しいものを２つ選べ。

(1) 統合失調症の患者には、自分流の生活の仕方をかたくなに固持して、自分を保っているもろさがあるので、対応に気をつける。

(2) 患者の多くは、他者の存在に無関心であり、環境の変化や他者のまなざしによって影響を受けない。

(3) 治療薬の服用の必要性をどのように理解しているのかを把握し、服薬の継続を支援する。

(4) かかわりの初期の段階で、自分が精神の病気をもっているということをどのように受け止めているか、聞いておく。

(5) 幻聴や幻覚、妄想などの症状が示されたり、落ち着きなく動き回ったりしたときには、直ちに制止する。

ポイント解説　　　　　　　　　　　　　　　　　　　📖 下－ P.269～272

(1) ○ **統合失調症の患者**は、内的世界における自分と、環境に適応する自分との間の均衡の保ち方を体得し、生活している場合が多い。

(2) × 統合失調症の患者の生活の仕方は、**環境の変化や他人のまなざしに左右されやすい**。

(3) ○ 統合失調症の患者の多くは、**病識（自分が病気であるという自覚）が乏しい**。介護者は、患者本人が服薬の必要性をどのように理解しているのかを把握する必要がある。

(4) × 自分の病気をどのように受け止めているかという問題について、理解しておくことは必要だが、そのような問題については、**信頼を得たあとではじめて聞くことができる**。

(5) × 制止すると、さらに興奮することがあるので、**安全の保障**を最優先する。

正解　(1)(3)

双極性障害、神経症等の場合

> **問題 68** 次の中から正しいものを3つ選べ。
>
> (1) 双極性障害の躁状態にあるときは、ささいなことで大声を出したり、攻撃的になったりすることがある。
>
> (2) うつ病で注意しなければならないのは、病気の初期や回復期の自殺防止である。
>
> (3) 高齢者のアルコール依存症の原因には、若年期の習慣飲酒が発展したもののほか、孤独感、生きがいの喪失、心理的ストレスが挙げられる。
>
> (4) 神経症への対応としては、生活の場を整えたり、散歩したりすることなどは避ける。
>
> (5) 知的障害の場合には、人としての善悪を判断する力や言葉によるコミュニケーション能力は、期待しないほうがよい。

ポイント解説　　　　　　　　　　　　　　📖 下－ P.272〜277

(1) ○　**双極性障害（気分障害）**は、以前は躁うつ病と呼ばれていたものである。**躁状態**のときは、感情が高揚して多弁、多動、誇大妄想などがみられ、その対応に困ることが多い。まずは十分に**睡眠**がとれるように工夫し、過度の反応の理由について理解に努める。

(2) ○　高齢者のうつ病では**自殺**に至ることも多い。病気が最も重いときではなく、**初期**や**回復期**のほうが自殺の危険性が高いとされる。

(3) ○　**アルコール依存症**では、高齢になって、社会的・家庭的孤独を紛らわすために飲酒を始める場合が多い。立ち直りのための支援は、酒を飲んでいないときを選んで行うとよい。

(4) ✕　環境を快適に整えたり、ゆったりとした気持ちで散歩したり、趣味の場をつくったりすることは、**神経症（ノイローゼ）**の症状改善に有効である。神経症は、生活の中で生じた不安が契機となっていることが多い。マイペースの生活を認め、訴えに耳を傾けることも重要である。

(5) ✕　**知的障害**の場合には、善悪を判断する力や言葉によるコミュニケーションの能力を高められるように、理解できる言葉や伝え方を選んで対応することが重要である。

正解　(1)(2)(3)

リハビリテーションの基礎知識

> **問題 69** リハビリテーションについて、正しいものを３つ選べ。
>
> (1) リハビリテーションは、身体機能の回復訓練のことで、身体機能の回復を最終的な目標とする。
>
> (2) 介護保険の創設時に、リハビリテーション前置主義が提唱された。
>
> (3) 介護保険制度下のリハビリテーションは、維持的リハビリテーションであることが多い。
>
> (4) 維持的リハビリテーションでは、機能障害の回復を目的とした治療的なリハビリテーションが主に行われる。
>
> (5) 機能障害そのものの治療に限界がある場合は、代償的アプローチも活用する。

ポイント解説　　　　　　　　　　　　　　　📖 下− P.280〜285

(1) **✕** **リハビリテーション**は、機能回復訓練と理解されることが多いが、語源的には「re（再び）-habilitate（能力をもたせる）」である。全人間的復権や生活の再建が最終目標であり、身体的機能の回復だけでなく、精神面も含めて QOL（生活の質）を高めることをめざす。

(2) **〇** **リハビリテーション前置主義**は、①医療保険のリハビリテーション医療サービスを実施し、要介護状態を軽減したうえで介護保険に移行し、②介護保険では要介護度の改善・維持に必要なリハビリテーション医療サービスを他のサービスに優先して利用する、というものである。

(3) **〇** リハビリテーションは、**予防的リハビリテーション**、**治療的リハビリテーション**（急性期・回復期）、**維持的リハビリテーション**に分けられる。治療的リハビリテーションは**医療保険**で、維持的リハビリテーションは主に**介護保険**で行われる。

(4) **✕** 維持的リハビリテーションで治療的なリハビリテーションを行うことは少なく、体力や機能の維持・改善、介護負担の軽減など、**自立生活を支援すること**を主な目的としたリハビリテーションを行う。

(5) **〇** 麻痺等の機能障害の治癒に限界があるときは、**代償的アプローチ**として、残存機能の活用、補助具の活用、環境の整備を行う。

正解 (2)(3)(5)

基本動作、日常生活動作、手段的日常生活動作

問題 70 基本動作等について、正しいものを3つ選べ。

(1) 日常生活の中で、寝た位置から起き上がり、立ち上がって歩くまでの動作を、基本動作という。

(2) 人間が独立して生活するために行う基本的な、しかも毎日繰り返される身体的動作群を、手段的日常生活動作という。

(3) 手段的日常生活動作としては、炊事、洗濯、掃除、買い物、金銭管理、交通機関の利用などがある。

(4) ケアにあたっては、利用者の残存能力を活用し、可能な限り自立できるよう援助する。

(5) 自助具や福祉用具の使用は、自立の妨げになる。

ポイント解説　　　　　　　　　　　　　📖 下－ P.286〜287

(1) ◯　**基本動作**は、寝返り、起き上がり、座位、立ち上がり、立位、歩行に分類される。ケアにおいては、この基本動作能力をいかに維持向上させていくかが、重要となる。

(2) ✕　記述は、**日常生活動作（ADL）**の内容である。**手段的日常生活動作（IADL）**とは、日常生活に必要な身体動作にとどまらず、選択肢(3)に挙げたような**社会生活を営むうえで必要な行為**をいう。

(3) ◯　このほか、車の運転、電話の使用、服薬、家屋管理なども挙げられ、最近では趣味的活動も含めるようになっている。

(4) ◯　**介助は最低限にとどめ**、できる限り本人の努力で行ってもらうように援助する。

(5) ✕　自立援助では、**自助具**や**福祉用具**などを積極的に活用する。これらの使用によって、動作の確実性や安全性が向上する。

正解　(1) (3) (4)

日常生活動作

問題 71 日常生活動作として、正しいものを３つ選べ。

(1) 立ち上がり

(2) 起居移動

(3) 炊　事

(4) 排　泄

(5) 入　浴

ポイント解説　　　　　　　　　　　　　　　📖 下ー P.286〜287

　日常生活動作（ADL：Activities of Daily Living）とは、「ひとりの人間が独立して生活するために行う基本的な、しかも各人ともに共通に毎日繰り返される一連の身体的動作群」を指す。最も一般的な日常生活動作としては、**食事、排泄、更衣（着替え）、整容、入浴、起居移動**の６つがあり、高齢者の身体活動の能力や障害の程度をはかるうえで、重要な指標の１つとなっている。また、基本動作がある程度可能であれば、環境の整備と訓練や介助によって、日常生活動作の自立も可能であり、それをめざすことによって、要介護者等の QOL を高めるとともに、介護負担を軽減することもできる。

　従って、選択肢(2)(4)(5)が正しい。(1)の立ち上がりは**基本動作**、(3)の炊事は**手段的日常生活動作**（IADL：Instrumental Activities of Daily Living）に分類される。

正解　(2)(4)(5)

廃用症候群

問題 72 拘縮や筋萎縮の予防について、正しいものを2つ選べ。

(1) 拘縮などの廃用症候群は、予防が可能である。

(2) できるだけ良肢位を保持するようにする。

(3) 同じ姿勢を長時間続けることは、本人が楽であれば、安静、疲労回復の面からも好ましい。

(4) 関節可動域訓練は、他動運動で行う。

(5) 一定の日常生活動作を行うだけでは、筋萎縮の予防にはならない。

ポイント解説　　　　　　　　　　　　　　　　📖 下－ P.288〜290

　拘縮とは、関節を構成する組織や周囲の組織が、伸縮性を失って短縮してしまい、正常に関節が動かなくなる状態をいう。拘縮を予防するには、**良肢位の保持、体位変換、関節可動域訓練**などが重要である。

(1)　**○**　**廃用症候群**は、適切なリハビリテーションやケアが行われなかったことにより二次的に併発するものであり、**予防が可能**である。

(2)　**○**　**良肢位**とは、できるだけ関節拘縮をつくらないような予防的な姿勢、または、たとえ関節が動かなくなったとしても、日常生活動作に影響する障害が最も少ない肢位をいう。

(3)　**✕**　たとえそれが良肢位であっても、同じ姿勢を長時間続ければ、拘縮や褥瘡につながる。2時間ごとに**体位変換**を行う必要がある。

(4)　**✕**　**関節可動域訓練**には、大きく分けて、関節を自分で動かす**自動的訓練**と介護者が他動的に動かす**他動的訓練**がある。麻痺があっても自分で動かせる人や関節リウマチなどの場合には、なるべく**自動運動**で行い、できない部分だけ介助するとよい。

(5)　**✕**　**日常生活動作**（ADL）を中心に一定の活動量を保つことで、筋萎縮を予防することができる。また、**趣味やレクリエーション**を積極的に行うことは、日常生活動作も活発にし、**筋萎縮の予防、筋力維持**につながる。

正解　(1)(2)

ケアにおいて問題となる障害や症状

問題 73 障害とその随伴症状について、次の組み合わせの中で正しいものを3つ選べ。

(1) 失　行 ——————— 服が上手に着られない。

(2) 半側空間無視 —— 髭剃りなど、特に左側が雑になりやすい。

(3) 言葉の障害 ——— 失語症は、左片麻痺に合併することが多い。

(4) 痙　縮 ——————— 筋肉の緊張が異常に高まる。

(5) 感覚障害 ——————— 日常生活動作にあまり大きな影響はない。

ポイント解説　　　　　　　　　　　　　　　　　　下－ P.290〜294

(1) **○　失行**とは、四肢の運動が可能であり、理解も良好であるが、目的に沿った運動や動作が困難な状態のことである。記述の症状を、着衣失行という。失行は、失認や失語症、注意障害などとともに、脳の病変によってもたらされる**高次脳機能障害**の一種である。

(2) **○　半側空間無視**は失認の一種であり、左側に起こることが多い。**失認**とは、意識障害や感覚障害がないにもかかわらず、残存する感覚（視覚、聴覚、触覚など）を介しても、対象物を認知できない状態のことである。

(3) **✕　言葉の障害**には、主に**構音障害**（ろれつが回らない状態）と失語症がある。**失語症は、脳血管障害による右片麻痺に合併することが多い**。言語の中枢は、脳の左半球にあるからである。失語症では、言葉を話したり、聞いて理解したり、読み書きしたりする能力が障害される。

(4) **○　痙縮**とは、筋肉の緊張が異常に高まった状態のことで、四肢の突っ張り感やこわばり感を自覚する。日常生活動作や介護、リハビリテーションに支障をきたす。

(5) **✕　感覚障害**は、日常生活動作や歩行などを困難にしたり、転倒などの事故を起こす原因にもなりやすい。重度の感覚障害では、やけど、褥瘡などが生じても気づかず、感染症などを合併しやすいので注意を要する。

正解　(1) (2) (4)

日常生活自立度とリハビリテーション

問題 74 日常生活自立度とリハビリテーションについて、正しいものを3つ選べ。

(1) 在宅の要介護者等に対しては、毎日の生活の中で無理なく継続できて効果的なリハビリテーションを工夫する。

(2) 障害高齢者の日常生活自立度は、4つのランクに分けられ、ランクJは寝たきりの状態である。

(3) 1日中ベッドで過ごす寝たきりの状態では、リハビリテーションにできることはほとんどない。

(4) 屋内での生活はおおむね自立しているが、介助なしには外出しない人に対しては、通所リハビリテーションを活用して外出の機会を確保するのもよい。

(5) ランクBでは、基本動作を行う能力の維持・向上のためのプログラムが重要である。

ポイント解説　　　　　　　　　　　　　　　　📖 下－ P.297～300

(1) **○** **機能レベル**に合わせた適切なリハビリテーションの工夫が必要である。

(2) **×** **障害高齢者の日常生活自立度**は、**寝たきり度**とも呼ばれる。**ランクJ** は「何らかの障害を有するが、日常生活はほぼ自立しており独力で外出する」状態である。ランクJ、ランクA、ランクB、ランクCの順に、日常生活自立度は低くなる。

(3) **×** 記述の**ランクC**の状態では、排泄（はいせつ）・食事・着替えなどについて介護が必要である。この場合には、**合併症の予防**、**介護負担の軽減**に重点をおいたリハビリテーションを行う。

(4) **○** 記述の**ランクA**の人の場合、機能低下を防ぐために、必要な筋力を維持・向上させる運動を継続させ、外出の機会を確保する。

(5) **○** **ランクB**は、日中もベッド上の生活が主体で、何らかの介助が必要な状態である。起き上がり、座位の保持、車いすへの移乗などのためのプログラムが必要である。

正解 (1)(4)(5)

リハビリテーション資源の活用

問題 75 リハビリテーション資源の活用について、正しいものを3つ選べ。

(1) 在宅での生活が困難な場合は、施設でのリハビリテーションやケアを活用する。

(2) 通所リハビリテーションや介護予防通所リハビリテーションは、介護老人保健施設、指定介護老人福祉施設などで行われる。

(3) 介護保険による訪問リハビリテーションや介護予防訪問リハビリテーションは、医師または看護師が、利用者の居宅を訪問して行う。

(4) 障害のある人の生活の自立や介護負担の軽減には、福祉用具の利用や住宅改修が不可欠で、福祉用具には、介護保険法と障害者総合支援法に基づくサービスがある。

(5) 要介護者等が、移送サービスを利用して自由に外出できる環境をつくることは、リハビリテーションの見地からも重要である。

ポイント解説　　　　　　　　　　　　　📖 下－ P.301～306

(1) **○**　**維持的リハビリテーション**を入所して提供できる施設としては、**介護老人保健施設**と**介護医療院**などがある。

(2) **✕**　**通所リハビリテーションや介護予防通所リハビリテーション**は、**介護老人保健施設**、**介護医療院**、**病院**、**診療所**で行われるが、指定介護老人福祉施設では行われない。

(3) **✕**　**訪問リハビリテーションや介護予防訪問リハビリテーション**とは、居宅において療養している要介護者等に対し、ADL の自立や介護の重度化予防を目標とした訓練を行うことで、**理学療法士**、**作業療法士**または**言語聴覚士**が、利用者の居宅を訪問して行う。

(4) **○**　介護保険法が優先されるが、車いすなど個別の身体状況への対応が必要な場合は、**障害者総合支援法**における補装具として給付される。

(5) **○**　要介護者等の QOL（生活の質）を高めるために、**社会福祉協議会によるサービス**のほか、民間の交通業者が行っている**移送サービス**などを、積極的に活用する。

正解 (1)(4)(5)

ターミナルケア(1)

問題 76 ターミナルケアについて、正しいものを2つ選べ。

(1) 終末期（ターミナル期）とは、原因疾患にかかわらず、死が間近に迫った6か月間のことをいう。

(2) 地域包括ケアシステムでは、自宅で終末期を過ごすことを想定して、医療と介護の連携を図ることをめざしている。

(3) 利用者の終末期を支援するには、医療だけでなく、食事・排泄・睡眠など「生活を支える視点」が必要である。

(4) ターミナル期の身体機能の衰えを図示すると、がんの場合は直線的な「傾き」を示し、所々に急激に身体機能を悪化させる「くぼみ」がみられる。

(5) 終末期における医療の役割は、利用者の死に至る「軌道」を家族や介護職等に指し示すことにある。

ポイント解説　　　　　　　　　　　　　　　　📖 下－ P.310〜321

(1) **✕** 原因疾患によって、死までにたどる経過はかなり異なり、**終末期の期間や経過を明確にすることは難しい**。個々のケースについて、医師による判断が必要である。

(2) **✕** **地域包括ケアシステム**では、自宅だけでなく、認知症対応型グループホームや老人ホームなどの「自宅に代わる地域の住まい」、介護保険施設も「終の棲家」として想定している。

(3) **〇** 終末期の利用者の生活は、医療だけでは支えることはできない。日々の生活が成り立つように支える、**食事・排泄・睡眠・移動・清潔・喜びという6つの視点から利用者をとらえる**ことが必要である。

(4) **✕** 記述の傾向は、**慢性の内臓疾患をもつ人の終末期にみられる傾向**である。**がんの場合**は、終末期にあっても身体機能の低下は死の直前まであまりみられず、**直前になって急激に低下する**。老衰や脳血管障害、認知症の場合は、身体機能がかなり低下した状態で終末期を迎え、徐々に死に至る。

(5) **〇** **医師**は、予想される臨床経過や生じ得る合併症や急性増悪、機能予後や生命予後等の「**軌道**」を家族や介護職に示し、**医療と介護の連携を図る**。

正解 (3) (5)

ターミナルケア⑵

> **問題 77** ターミナルケアについて、正しいものを２つ選べ。
> (1) ターミナルケアでは、身体機能の衰えに対応した生活を支える視点からの介護を行う。
> (2) 本人のリビングウィルの確認は、医師が終末期と判断したときに行うのが原則である。
> (3) アドバンス・ケア・プランニング（ACP）では、話し合いで決定した医療・ケアの方針を、途中で変更してはならない。
> (4) チェーンストークス呼吸や下顎呼吸は、臨死期の特徴的な呼吸である。
> (5) グリーフケアとは、死後、遺体に対して行うケアのことである。

ポイント解説　　　　　　　　　　　　　　　　📖 下－ P.322～333

(1) ○　食事の工夫、便秘への対応、睡眠や移動、清潔についての援助、誤嚥性肺炎の予防、褥瘡の予防など、**終末期の生活を支えるケア**を行う。

(2) ✕　本人がどのように死を迎えたいかという**リビングウィルの確認**は、本人の意識が清明で認知機能が正常であるときに行う。急な増悪で意識障害に陥ってしまうこともあり、**あらかじめ聴取しておく**ことが必要である。

(3) ✕　**アドバンス・ケア・プランニング**（ACP）は、人生の最終段階の医療・ケアについて、**本人が家族等**や**医療・介護従事者のチーム**と話し合うプロセスのことである。医療やケアについての本人の意思は、さまざまな状況に応じて変化するものであるため、**繰り返し話し合う**ことが必要である。そして、そのつど**文書**にまとめておく。なお、「家族等」には、法的な意味での親族だけでなく、親しい友人なども含む。

(4) ○　**チェーンストークス呼吸**は、小さな呼吸→大きな呼吸→無呼吸を繰り返すものである。**下顎呼吸**は、顎だけを動かす弱々しい呼吸で、呼吸が止まるのが間近いことを示す呼吸である。

(5) ✕　死後、体液や排泄物が漏れ出ないようにする処置や、外見を整えるケアは、**エンゼルケア**と呼ばれる。**グリーフケア**（悲嘆へのケア）は、身近な人を亡くした人が感じる**悲嘆への対応**である。

正 解　(1)(4)

ターミナルケア(3)

問題 78　ターミナルケアと死亡診断について、正しいものを2つ選べ。

(1)　終末期の患者には、「がんばれ、がんばれ」と励まし続けることが大切である。

(2)　精神面からみたターミナルケアでは、患者や家族とともに苦しみを分かち合うことが必要である。

(3)　在宅での看取りにおいて、患者の呼吸停止を確認したら、直ちに119番通報を行う。

(4)　死亡診断書は死に関する公文書で、これを発行できるのは医師と看護師だけである。

(5)　遺体の処置は、原則として医師の死亡診断が終わった後でなければできない。

ポイント解説　　　　　　　　　　　　　　　　　📖 下－P.328～333

(1)　✗　励ましに応えようとしても応えられないのが普通だから、患者や家族が「これまでよくがんばった」という気持ちになれるように仕向けることが大切である。

(2)　○　スピリチュアルペイン（精神的苦痛）に対しては、「苦しみをともに分かち合えば、その苦しみは半分になる」という姿勢が重要である。

(3)　✗　患者の呼吸停止を確認したら、**主治医へ連絡**する。連絡を受けた医師は、死亡診断のために往診に赴く。119番通報を行うと、検死を行うために警察が介入する事態を招くことになる。

(4)　✗　**死亡診断**や**死亡診断書の発行**は、歯科医師を含む**医師だけ**に許された医療行為である。死亡診断書は、火葬許可・戸籍抹消・保険請求など、死に関する手続きに不可欠の公文書である。

(5)　○　一定の条件を満たしていれば、看護師が点滴の抜去や遺体の清拭などを行うことができるが、原則として**医師の死亡診断が終わるまでは現状の保存が義務づけられている。**

正解　(2) (5)

高齢者の服薬⑴

問題 79　高齢者の服薬について、正しいものを３つ選べ。

(1)　高齢者は、薬の吸収、分布、代謝、排泄（はいせつ）において、加齢による影響を受ける。

(2)　腎機能が低下していると、薬の作用が弱められる。

(3)　介護支援専門員は、利用者・家族、介護職から服薬状況や生活上の問題を聞き取り、医師や薬剤師に伝える役割を担う。

(4)　薬の副作用として、下痢や便秘、発疹（ほっしん）、胃痛、頭痛、吐き気、咳（せき）の症状が出ることがある。

(5)　薬剤の相互作用においては、医師の処方による薬剤に注意を払えばよい。

ポイント解説　　　　　　　　　　　　　　📖 下－ P.336〜342

(1)　**〇**　特に**代謝**、**排泄**の能力が低下するため、**薬の作用が増大**したり、思わぬ有害事象が起こったりすることがある。**代謝**とは、薬が肝臓の酵素の働きで、作用のない、体外に出しやすい形に変えられることである。

(2)　**✕**　腎機能が低下していると、薬の**排泄**が遅くなるため、薬の作用が**増強されやすい**。薬は主に**尿**として排泄されるが、便、汗、涙、唾液などから排泄されるものもある。

(3)　**〇**　また、**介護支援専門員**は、医師・薬剤師から薬の情報や問題解決に必要な事項を聞き取り、利用者・家族、介護職に伝える。

(4)　**〇**　このほかに**眠気**、**口渇**の症状も多くみられる**副作用**である。薬を使用していつもと違う症状がみられた場合は、医療職に連絡する。

(5)　**✕**　**薬剤の相互作用**とは、複数の薬剤を服用することにより、それぞれの薬剤では現れない作用が現れたり、薬剤の作用が増強または減弱したりすることである。医師の処方による薬剤だけでなく、**一般用医薬品**でも相互作用が引き起こされることがある。また、薬剤と**健康食品**、**一般食品**などでも、取り合わせによっては相互作用により薬効に影響が出ることがある。

正解　(1) (3) (4)

高齢者の服薬(2)

> **問題 80** 高齢者の服薬について、正しいものを3つ選べ。
> (1) 納豆やクロレラ、緑色野菜は、ワルファリンの抗凝血作用を増強させる。
> (2) グレープフルーツジュースとカルシウム拮抗薬を一緒に飲むと、降圧作用が強く出すぎることがある。
> (3) 身体機能や認知機能の低下によって、薬の正しい服用が困難になることがある。
> (4) 視覚や聴覚が低下している利用者の場合、自己管理が難しいので、家族や介護者に対して薬の説明をし、薬の管理をしてもらう。
> (5) 片麻痺や関節リウマチなどにより、手指が動かしにくく薬を落とすことが多い場合は、トレーの上で服薬の作業をする習慣をつけるとよい。

ポイント解説

📖 下－ P.341〜346

(1) **✕** **納豆**、**クロレラ**、**緑色野菜**に含まれるビタミンKは、**ワルファリンの抗凝血作用を減弱させる**ため、ワルファリン服用中はこれらの食品を控える。

(2) **○** 食品と薬剤の相互作用はほかに、**牛乳**と角化症治療薬で薬の作用が増強することがある。また、**アルコール**と一緒に薬を飲むと、一般的に薬の作用が増強する。

(3) **○** **身体機能の低下**により、薬をシートから取り出せない、小さな錠剤をつまめない、嚥下能力が低下して薬を飲み込めないなどの問題が起きる。また、**認知機能の低下**により、服薬量や服薬時間を守れなくなったり、薬を飲むことを忘れてしまったりする。

(4) **✕** 家族や介護者に説明をするだけでなく、**利用者本人に説明**を行い、薬を自分で管理できるような手助けや工夫が大切である。写真付きの大きい文字で書かれた**お薬説明書**や、**お薬カレンダー**を活用するなどの工夫が考えられる。

(5) **○** 服薬作業中に薬を落してしまう場合は、**トレーの上で作業を行う**と、落としても拾いやすい。そのほか薬使用時の工夫として、**PTP包装から錠剤を取り出すための自助具**、**湿布用自助具**、**点眼補助具**、**吸入補助具**などを利用することも考えられる。 **正解** (2)(3)(5)

高齢者の服薬⑶

問題 81　高齢者の服薬について、正しいものを３つ選べ。

(1)　粉薬が飲みにくい場合は、オブラートに包み、スプーンに乗せ、水をつけてゼリー状にすると服用しやすくなる。

(2)　薬は、できるだけ上半身を起こし、十分な量の水で服用する。

(3)　医師や薬剤師に依頼して薬を一包化すると、薬の管理が行いやすくなり、手が不自由でも薬を袋から取り出しやすくなる。

(4)　嚥下（えんげ）困難な人に対しては、錠剤を粉砕して与えることが推奨される。

(5)　薬の服用時間の「食間」とは、食事中に服用することである。

ポイント解説　　　　　　　　　　　　　　　　📖 下− P.347〜349

(1)　**○**　ただし、**苦味健胃薬**などはオブラートに包むと効果がなくなってしまうので注意する。

(2)　**○**　寝たきりの場合は**セミファーラー位**（上半身を30度起こした状態）にして、後頭部に枕を置く。通常は100mL 程度の**水またはぬるま湯**で服用する。寝たままだったり、少量の水で服用したりした場合、薬が食道にとどまって**潰瘍**を引き起こすことがある。水でむせる場合は**服薬補助ゼリー**を活用したり、食事中に服用してもよい薬は粥（かゆ）などと一緒に服用したりすることもある。

(3)　**○**　薬の**一包化（ワンドーズパッケージ）**は、服用するタイミングが同じ薬を１つの袋にまとめたものである。飲む薬や量の間違いが予防でき、錠剤を PTP 包装から取り出す手間が省ける。

(4)　**✕**　製剤学的な特性により、**粉砕すると効果が得られない薬もある**ので、専門的な判断が必要となる。嚥下困難な場合は、小さい錠剤やゼリー剤、**OD 錠**（口腔内崩壊錠（こうくう））、坐剤など、他の剤形への変更も考えられる。作用時間の長い薬に変更して服薬回数を減らす方法もある。

(5)　**✕**　**食間**とは、**食事と食事の間**（食事の**2時間後**が目安）に服用することである。**食前**は食事の１時間〜30分前、**食後**は食事後の30分以内である。ほかに**食直前**、**食直後**という場合もある。**頓服**は症状が出たときに適宜使用することである。

正解　(1) (2) (3)

薬の服用

問題 82 薬の服用について、正しいものを３つ選べ。
(1) 体調や生活のリズムに変化があった場合でも、薬は必ずきちんと飲む。
(2) 薬を飲み忘れた場合の対処は、事前に医師や薬剤師に確認しておく。
(3) 薬は冷蔵庫に保管するのが原則である。
(4) 病院で処方される薬は、処方された日数が使用期限と考える。
(5) お薬手帳を使うことによって、薬の重複のリスクが減ったり、副作用が出たときのチェックが容易になったりする。

ポイント解説　　　　　　　　　　　　　📖 下－ P.348～355

(1) ✕　**発熱**や**脱水**などの体調変化がある場合、服用している薬の作用に影響が出ることがある。また、**経口血糖降下薬**は、食事をせずに飲むと**低血糖症状**を引き起こす可能性がある。体調や生活のリズムに変化があった場合の対応は、**薬によって異なる**。

(2) ◯　**飲み忘れ**に気づいたときは、原則としてすぐに服用するが、次の服用時間が近いときは、次の分から飲む。２回分を一度に飲むことはしない。飲み忘れた場合の対処は、あらかじめ確認しておくとよい。

(3) ✕　冷蔵庫に保管するように指示されている薬以外は、冷蔵庫に入れる必要はない。薬剤を保管する際は、**高温、湿気、光（直射日光）を避ける**。

(4) ◯　飲み忘れて残った薬を、後日同じ症状が出たからといって服用してはならない。また他人に譲ってはならない。

(5) ◯　**お薬手帳**には、処方された薬の情報のほか、既往歴、副作用歴、アレルギー、使っている一般用医薬品などを記入する。１冊にまとめることで、**薬の重複**や**飲み合わせ**のチェックができる。また、処方された薬の名称、効能・効果、用法・用量、副作用が書かれ、薬の写真画像が印刷された**お薬説明書（薬剤情報提供書）**も有用である。

正解　(2)(4)(5)

高齢者の栄養と食生活

問題 83 高齢者の栄養と食生活について、正しいものを3つ選べ。

(1) 高齢者にとって「食べること」は、単なる栄養補給にとどまらず、社会参加やQOLの維持・向上にもつながるという意義がある。

(2) 栄養のアセスメントでは、もっぱら食事内容に関する問題点の確認をする。

(3) 体重は栄養状態を判断する重要な指標であり、定期的に測定するとよい。

(4) BMIが18.5未満で、一般的に低体重（やせ）と判定される。

(5) 高齢者は水分摂取量が不足しやすく、口渇の自覚症状が顕著である。

ポイント解説　　　　　　　　　　　　　📖 下－P.358〜362

(1) 〇 「食べること」は、買い物・食事づくり・後片づけという一連の生活行為を伴う。食べることを通して、食事にかかわる生活機能の回復や社会参加への意欲の向上を図る支援が大切である。

(2) ✕ 高齢者の栄養問題は、さまざまな要因が考えられる。食事の内容だけでなく、食事の状況、食事の環境、生活パターン、経済面などを含めた**総合的なアセスメント**が必要である。

(3) 〇 **体重は月に1回程度を目安に測定する。体重減少率**も低栄養の指標となる。さらに上腕周囲長・下腿周囲長も指標として挙げられる。

(4) 〇 BMIは〔体重kg÷（身長m×身長m）〕で算出する。一般的には、**18.5以上25.0未満を標準**とする。

(5) ✕ 食事摂取量が減少している場合は、**水分摂取量も不足**している可能性がある。しかし高齢者は**口渇が自覚されにくい**ため、**脱水**に陥りやすい。

正解 (1)(3)(4)

食事支援の工夫

問題 84 高齢者の食事支援について、正しいものを３つ選べ。

(1) 高齢期には、メタボリックシンドローム予防の食事摂取から、フレイル予防の食事摂取への転換が重要になる。

(2) 他の人と一緒に食事をすることは、食事摂取の妨げになるため、避けるようにする。

(3) 低栄養の高齢者にとって、おやつを食べることは好ましくない。

(4) 摂食・嚥下（えんげ）機能の障害が軽度の場合は一口大の軟食、中度の場合はペースト状、重度の場合はゼリー状などのように、レベルに合わせた食形態を選択する。

(5) 血清アルブミンは、たんぱく質の栄養状態をみるのに適している。

ポイント解説　　　　　　　　　　　　　　📖 下－ P.362～369

(1) **○　フレイル（虚弱）** は、**健康な状態と要介護状態の中間** とされ、要介護状態や身体機能障害に陥りやすい状態をいう。フレイルの予防のためには、良好な栄養状態を維持しなければならない。個人差はあるが、中年期の生活習慣病対策から、高齢期、特に後期高齢者は、フレイル予防へのシフトチェンジが必要になる。

(2) **✕　** 家族や友人とともに楽しく食事をすることは食欲増進につながる。食事の内容だけでなく、食事環境を整えることも重要である。

(3) **✕　** 食事だけで十分な栄養を摂取できない場合は、**おやつ（間食）** で補う方法もある。プリンやヨーグルト、果物、まんじゅうなどで、**エネルギーやたんぱく質** を補うことができる。同時に水分補給も行うとよい。

(4) **○　** 摂食・嚥下機能に障害がある場合、軽度・中度・重度などの段階に合わせた調理が必要である。水分にとろみをつける場合も、とろみが強すぎると、かえって嚥下が困難になることもある。

(5) **○　血清アルブミン** は、たんぱく質の栄養状態をみるのに適し、高齢者の栄養評価では重視される指標である。

正解　(1)(4)(5)

栄養摂取の課題

問題 85 高齢者の栄養摂取の課題について、正しいものを3つ選べ。

(1) 高齢者の低栄養は、たんぱく質とビタミンの摂取不足が主な原因である。

(2) 高齢者の低栄養には、社会的要因や精神・心理的要因が関与することは少ない。

(3) 高齢者の味覚は、疾患や薬物の影響を受けることがある。

(4) 認知症高齢者の食事支援においては、食事摂取の促しと安全への配慮が主な目的となる。

(5) 高齢者の残存歯数と咀嚼能力には関連がある。

ポイント解説　　　　　　　　　　　　　　📖 下－ P.368〜372

(1) ✕　高齢者の低栄養は、**PEM**（protein energy malnutrition）と呼ばれるもので、**たんぱく質**と**エネルギー**が欠乏して起こる。**低栄養**は筋肉量の減少を引き起こし、そのために基礎代謝や消費エネルギーが低下することで食欲が低下し、さらなる低栄養につながるという負の循環を招く。これが進行するとフレイル、そして要介護となる危険性がある。

(2) ✕　高齢者の低栄養には、義歯や歯の欠損などによる口腔の問題、嚥下障害、薬物の副作用などの**疾病要因**、味覚障害や食欲低下などの**加齢の関与**などもあるが、介護力不足・独居・貧困などの**社会的要因**、認知機能障害・うつなどの**精神・心理的要因**も関与する。

(3) ◯　加齢に伴って塩味・甘味の感受性は鈍化するが、**疾患や薬物の影響**によって味覚に変化が出ることもある。薬の副作用により、唾液分泌が低下すると味覚が低下・変化し、食欲の低下につながることがある。高齢者の身体のさまざまな変化が、食生活に影響を与える。

(4) ◯　認知症高齢者の食事支援の内容は、**声かけ・見守り・ボディタッチ**などの本人への働きかけとともに、**食事環境**への働きかけも必要である。

(5) ◯　残存歯数が21本以上あれば、咀嚼能力は維持される。

正解　(3)(4)(5)

栄養・食生活の対策

問題 86 栄養・食生活の対策について、正しいものを３つ選べ。

(1) 高齢者の単身または夫婦のみの世帯では、「食の質的低下」が起こることがある。

(2) 高齢者は、加工食品やレトルト食品の摂取をできるだけ避けることが必要である。

(3) 高齢者の「口から食べる楽しみ」を支援するために、経口維持や経口移行が重視されている。

(4) 栄養ケア・マネジメントは、PDCA サイクルを基盤として行われる。

(5) 現在、高齢者に対する食事指導は、生活習慣病の予防のために、カロリーや栄養素の摂取を制限することを中心に行われている。

ポイント解説　　　　　📖下－ P.372〜375

(1) **○**　心身機能や調理能力の低下によって「食の質的低下」が引き起こされ、低栄養状態となることがある。地域のサロンなどへ出かけて**共食**を行ったり、**中食**を利用したり、**配食サービス**を活用するなどの対応が求められる。

(2) **✕**　独居や高齢者夫婦のみの世帯で、調理が面倒なときや献立が単調になる場合などは、**加工食品**、**レトルト食品**、**冷凍食品**、**缶詰**、**できあいの惣菜**を活用して栄養を補給することも勧められる。

(3) **○**　介護報酬でも**経口維持加算**や**経口移行加算**によって、高齢者の「口から食べる楽しみ」を支援する取り組みが重視されている。

(4) **○**　**計画の策定** (Plan) →**実行** (Do) →**評価** (Check) →**改善** (Action) が繰り返し行われる。

(5) **✕**　かつては「食べる楽しみ」を制限する指導が行われていたが、現在では低栄養の対策として、「食べること」を支援する対策が行われている。また、従来は食事の「指導」であったものが、双方向的コミュニケーションを重視する「相談」へと変化している。

正解　(1) (3) (4)

食事の介護⑴

問題 87 食事の介護について、正しいものを３つ選べ。

(1) 食事は、生命を維持するために不可欠であると同時に、その人らしい生活を維持するためにも重要なものである。

(2) 摂食・嚥下障害は、摂食・嚥下のプロセスのうち、口腔期および咽頭期において起こる。

(3) 歯の欠損や入れ歯は、咀嚼力の低下を招く。

(4) 誤嚥は、嚥下反射が低下することにより起こる。

(5) 誤嚥を避けるために、食事は座位より臥位でとったほうがよい。

ポイント解説 📖 下－ P.385〜388

(1) **〇** 食事は、生命維持に不可欠な基本的（生理的）欲求を満たすものであるとともに、より高次の**身体的**、**心理的**、**社会的欲求**を満たすものでもある。

(2) **✕** **摂食・嚥下のプロセス**は、先行（認知）期、準備期、口腔期、咽頭期、食道期という５つの過程に分けられる。摂食・嚥下障害は、これら**すべての過程**で起こり得る。なお、**先行（認知）期**は食物を口に入れる前の時期、**準備期**は咀嚼して食塊を作る時期、**口腔期**は食塊を喉（咽頭）に送り込む時期、**咽頭期**は咽頭に送り込まれた食塊を嚥下反射により食道の方向に送り込む時期、**食道期**は食道に入った食塊を蠕動運動により胃に送る時期である。

(3) **〇** 高齢者に多くみられる歯の欠損や入れ歯は、**咀嚼力の低下**を招き、食品の選択や調理方法を制約する。このため食生活が単調になり、食欲を低下させることにもつながる。

(4) **〇** 食物が口に入り咽頭に押し出されると、喉頭蓋が下に倒れて気道が閉じられ、食物は食道に入る。この一連の働きを支配する神経の働きを**嚥下反射**という。

(5) **✕** 食欲を増進させ、誤嚥を避けるために、臥位より**座位**が望ましい。姿勢は、**頭部を前屈させ**、**あごは引く**。寝たままでの食事は、けっして楽しいものではなく、心理的にも座位が望ましい。

正解 (1) (3) (4)

食事の介護⑵

問題 88　食事の介護について、正しいものを2つ選べ。
(1)　食物摂取の過程は、食欲、摂食、咀嚼（そしゃく）、嚥下（えんげ）、消化・吸収、排泄（はいせつ）という流れをたどる。
(2)　味覚・嗅覚・視覚のうち、味覚の衰えが食欲不振の原因となる。
(3)　嚥下困難は、誤嚥性肺炎（ごえん）や窒息の危険をもたらす。
(4)　嚥下困難があるときの食事は、固いものは避け、液状のものにする。
(5)　食事のアセスメントは、医療職・リハビリテーション職・管理栄養士によって行われ、介護職はその情報をもとに食事介助をする。

ポイント解説　　　　　　　　　　　　　　　📖 下ー P.385〜388

(1)　○　高齢者の場合、これらの過程において、さまざまな支障が生じることが多い。

(2)　✕　食欲は、**味覚**、**嗅覚**、**視覚**の結合によって起こるから、嗅覚や視覚の低下も食欲不振の原因になる。そのほか、**薬の影響**、**食事時間**、**食事の雰囲気**などが食欲不振を招くこともある。

(3)　○　誤嚥によって食べ物や飲み物が気道に入り、**誤嚥性肺炎**や**窒息**を起こすことがある。

(4)　✕　液状のものは、誤嚥（むせ）を起こしやすい。むしろ**とろみのあるもの**、**プリン状・ゼリー状・マッシュ状のもの**などがよい。逆に、スポンジ状のもの（高野豆腐等）や練り製品などには注意する必要がある。

(5)　✕　食事のアセスメントでは、**介護職**による**介護過程で行われるアセスメント内容（情報収集、課題把握）**も重要である。介護職は、これらを他の職種や他の介護職に伝えていく。食事のアセスメントでは、利用者の身体機能、精神機能、嗜好（しこう）・習慣・食生活状況、食に関する意欲、食に関する知識・技術に加えて、家族介護者の状態、食事に関連する手段・環境についても把握する。

正解　(1)(3)

排泄障害

問題 89　排泄障害について、正しいものを2つ選べ。

(1)　高齢者は、排泄障害を起こしやすい。

(2)　排泄障害は、高齢者の心理状態にも大きな影響を及ぼす。

(3)　尿は、膀胱でつくられる。

(4)　高齢者では、排尿困難や尿閉が多く、尿失禁は少ない。

(5)　高齢者では、1日1回の排便があれば、便の状態は気にしなくてよい。

ポイント解説　　　　　　　　　　　　　　　📖 下－ P.389～392

(1)　○　高齢者は加齢に伴い、**尿失禁**、**頻尿**、**排尿困難**、**尿閉**、**便失禁**、**便秘**、**下痢**などの排泄障害を起こしやすくなる。

(2)　○　排泄障害では、身体的苦痛だけでなく、羞恥心や、介護者に対する気がねなど、さまざまな**精神的な苦痛**を伴う。

(3)　×　体内にたまった老廃物は、血管を通して腎臓に集められ、血液が濾過されて尿となる。尿は**腎臓でつくられ**、**膀胱へ送られる**のである。膀胱内の尿が一定量（250～300ml）に達すると尿意を催し、膀胱括約筋が緩んで、排尿される。

(4)　×　高齢者の排尿障害は、神経因性の排尿困難や尿閉もあるが、腹圧性・切迫性・溢流性・機能性などの**尿失禁が多い**。

(5)　×　排便では、回数とともに便の性状も考慮する。毎日便通があっても、**硬く乾燥した便で排便が困難**な場合は、便秘とみなし、適切に対応する。

正解　(1)(2)

尿失禁

問題 90 尿失禁とその原因の組み合わせとして、正しいものを３つ選べ。
(1) 腹圧性尿失禁 ——— 前立腺肥大
(2) 機能性尿失禁 ——— 身体障害・認知症
(3) 反射性尿失禁 ——— 脊髄損傷
(4) 切迫性尿失禁 ——— 脳血管障害
(5) 溢流(いつりゅう)性尿失禁 ——— 急性膀胱(ぼうこう)炎

ポイント解説　　　　　　　　　　　　📖 下－ P.12、P.389～392

尿失禁は、高齢者や障害者によくみられる排尿障害である。尿失禁にはいろいろな種類があるが、原因により次のように分けられる。

① **腹圧性尿失禁**
　女性は男性に比べて尿道が短いので、中高年になると、**笑い**や**咳(せき)**、**くしゃみ**で腹圧がかかったときに、失禁しやすくなる。

② **切迫性尿失禁**
　膀胱括約筋の弛緩(しかん)や排尿神経の鈍化により我慢ができなくなり、トイレに行くのが間に合わずに失禁する。**脳血管障害**が原因でも起こる。

③ **反射性尿失禁**
　脊髄損傷があると、本人の意思とは関係なく尿が出なかったり、反対に反射的に出てしまうことがある。

④ **溢流性尿失禁**
　前立腺肥大等のために、たまった尿が排出されないような場合に、尿がだらだらと漏れてくる。

⑤ **機能性尿失禁**
　排尿機構に器質的な問題がない人で、**身体障害**や**認知症**により、排泄(はい せつ)動作が適切にできなくなったため、失禁が起こる。

従って、選択肢(2)(3)(4)は正しい。(1)の腹圧性尿失禁は、笑いや咳によって起こる。(5)の溢流性尿失禁は、前立腺肥大等によって起こる。

正解　(2)(3)(4)

便秘、下痢

問題 91　便秘や下痢について、正しいものを3つ選べ。

(1)　習慣性便秘に悩む高齢者は、多い。

(2)　便秘の予防には、繊維の多い食物は避ける。

(3)　1日に数回、排便があっても、有形便ならば、下痢とはいえない。

(4)　下痢のときは、水分を控える。

(5)　歯の欠損は、下痢の原因になる。

ポイント解説　　　　　　　　　　　📖 下- P.389〜392

(1)　**○**　老化に伴い、便の排出力は弱くなる。また、**水分の不足**、**食事内容**、**歯の欠損**、**運動不足**などが、便秘の原因となっていることも多い。便の回数や性状に注意を払うことが、重要である。

(2)　**✕**　便秘の予防のためには、**繊維質に富んだ食品**をとるように心がける。嚥下食（えんげ）で便秘や脱水を起こす場合があるので、繊維質を含んだもの、水分を含んだものなど、嚥下食の適切な選択を行う。

(3)　**○**　**下痢**とは、**水様便が排出されること**をいう。1日に数回、排便があっても、正常な性状の便ならば、正常な便通である。

(4)　**✕**　下痢では、体内の水分が失われるので、**水分の補給**を怠らないようにする。

(5)　**○**　咀嚼（そしゃく）が不十分なことによって消化不良を起こし、下痢の原因となる。特に脂肪の不消化はよくみられ、脂肪便になることがある。

正解　(1)(3)(5)

排泄の介護

問題 92 排泄の介護について、正しいものを３つ選べ。

(1) 排尿（排便）日誌は、排泄の時刻、量、失禁の有無などを記録するもので、排泄の状態を理解するのに役立つ。

(2) 利用者の自立度や排泄障害の状況に応じて、適切な排泄場所と排泄用具を選択する必要がある。

(3) 生活習慣を変えることや食事内容を変えることでは、排便のリズムをコントロールできない。

(4) 排泄の介護を行う家族介護者は心理的な負担が大きいため、家族介護者が受ける影響については心理的影響に絞って配慮する。

(5) 排泄の介護では、移動・移乗、姿勢の保持、衣服の着脱、排泄時間、排泄内容と頻度、排泄用具、清潔行為などについて検討する。

ポイント解説　　　　　　　　　　　　　　📖 下－ P.389〜392

(1) **○** **排尿（排便）日誌**は、介護支援専門員によるアセスメントにも用いられる。

(2) **○** 排泄はできるだけトイレで行えるよう支援するが、利用者の状態に応じて、ポータブルトイレ、おむつ、尿便器など、適切な**排泄場所**と**排泄用具**を選択する。

(3) **✕** 日中の**活動状況**や**食事内容**によって、排便のリズムをコントロールすることができる（日中の活動を活発にすることで腸の蠕動運動が盛んになり、排便が促される）。また、排尿のコントロールにおいては、飲水状況、食事時間、食事量などを把握することが必要である。

(4) **✕** 排泄の介護を行う家族介護者には、腰痛・睡眠不足・慢性疲労などの**身体的影響**、負担感・不快感などの**心理的影響**、排泄用具の費用などの**経済的影響**、外出困難などの**社会的影響**が出るので、それぞれに配慮が必要である。

(5) **○** これらは、利用者の心身の状況の変化を観察しながら変更していく。排泄は利用者の自立心や自尊心に深く関わるものであり、支援にはいっそうの配慮が必要なことを理解しなければならない。

正解　(1)(2)(5)

褥瘡への対応(1)

問題 93　褥瘡（じょくそう）への対応について、正しいものを３つ選べ。

(1)　褥瘡は、主に体重による圧迫が、腰や背中などの突出部に持続的に加わることによって発生し、１〜２日でつくられてしまうこともある。

(2)　褥瘡の発生には、全身的要因、局所的要因、社会的要因が関係している。

(3)　褥瘡は、麻痺（まひ）などのため自分で寝返りができない人にできやすいので、予防には体位変換が重要である。

(4)　褥瘡を予防するためには、入浴や清拭は禁物である。

(5)　失禁がある場合は、布団が不潔にならないよう、ビニールのシーツで全面をおおう。

ポイント解説　　　　　　　　　📖 下− P.155〜156、P.393〜396

(1)　**○**　**褥瘡（床ずれ）** とは、圧迫や摩擦などの外力によって血流が途絶え、細胞や組織に障害を起こした状態で、皮膚に発赤（ほっせき）、ただれ、水疱（すいほう）、傷などができる。

(2)　**○**　**全身的要因** には、低栄養、やせ、浮腫、活動性の低下、薬剤など、**局所的要因** には、加齢による皮膚の脆弱化（ぜいじゃく）、皮膚の摩擦・ずれ、失禁による浸軟（しんなん）（湿潤した状態）や汚染など、**社会的要因** には、介護力不足、情報不足、経済力不足などがある。

(3)　**○**　褥瘡は、認知症などのため自分で動こうとしない人、やせている人、尿や便の失禁のある人、栄養状態が悪く末期状態にある人などにもできやすい。褥瘡の予防には、**体位変換** を頻繁に行い（原則として２時間ごとに、体圧分散マットレスを使用する場合は４時間ごとに）、除圧するとともに、発生の原因となるものを取り除くことが重要である。

(4)　**×**　**入浴** は、皮膚を清潔にし、血液の循環をよくするので、褥瘡の予防に効果的である。身体の状態によっては **清拭** を行う。

(5)　**×**　ビニールやゴムは、皮膚を湿潤させ、**褥瘡発生の原因** となる。失禁シーツなどはできるだけ **通気性のよいものを選び**、ビニール類を使用するときは、腰の部分に限定する。

正解　(1)(2)(3)

褥瘡への対応⑵

問題 94 褥瘡（じょくそう）への対応について、正しいものを３つ選べ。

(1) 褥瘡は治療に時間がかかり、身体的・精神的なダメージを受けやすい
疾患なので、予防することが重要である。

(2) 側臥位（そくがい）の場合には、仙骨部（せんこつ）に褥瘡ができやすい。

(3) エアーマットは、体圧を分散させる効果がある。

(4) 車いすでも座位を保てる場合は、褥瘡は発生しない。

(5) 褥瘡の予防や管理は、本人ではなく介護者にゆだねられることが多い
ので、家族介護者への支援が必要となる。

ポイント解説　　　　　　　　　📖 下− P.155〜156、P.393〜396

(1) ○　褥瘡の発生要因と利用者の状況を比較してアセスメントすること
で、褥瘡の発生のリスクを予測して**予防する**。褥瘡を発生させないとい
う視点が重要である。褥瘡対応は、看護・介護・栄養の多方面からの対
策が必要であり、すでに発生している者だけでなく、リスクのある者の
予防にも、**多職種が連携して**対応することが求められる。

(2) ✕　褥瘡は骨が隆起している部位、体圧がかかる部位にできやすい。
姿勢によってできやすい部位は異なり、**仰臥位**では**仙骨部**、後頭部、肩
甲骨部（こうこつ）、踵骨部（しょうこつ）など、**側臥位**では**大転子部**（だいてんし）、耳介部など、腹臥位では
膝関節部、趾尖部（しせん）など、ファーラー位や座位では臀部（でん）、肩甲骨部などで
ある。

(3) ○　**エアーマット**は、電動式で膨張と収縮を繰り返して**体圧を分散**さ
せる。

(4) ✕　座位でも、臀部、肩甲骨部などに褥瘡が発生する可能性がある。
いすや車いすに敷くクッションや、姿勢を整えるパッドなどの予防用具
がある。

(5) ○　家族介護者に対して褥瘡対応の知識や技術を指導したり、必要な
サービスや用具を導入したりするなどの支援を行う。

正 解　(1)(3)(5)

褥瘡への対応(3)

問題 95 褥瘡(じょくそう)への対応について、正しいものを2つ選べ。

(1) 褥瘡が発赤の状態のときは、発赤(ほっせき)部分のマッサージにより、血液循環を促すことが望ましい。

(2) 褥瘡にはできるだけ介護職が対応するが、潰瘍状態になったら医師に連絡し、手当てをしてもらう。

(3) 褥瘡部は、細菌が感染しやすくなるので、創部の保護、清潔維持によりこれを防ぐ。

(4) 褥瘡の治療は、皮膚の保護が第一なので、刺激を避けるため創部の手当ては消毒にとどめ、軟膏(なんこう)の使用はできるだけ避ける。

(5) 低栄養は褥瘡を進行させる原因となるので、高たんぱく、高カロリー、高ビタミンとする。

ポイント解説　　　　　　　　　　📖 下ー P.155〜156、P.393〜396

(1) **✕** 血液循環のための**マッサージ**は、**発赤部分でなく、その周囲**に施す。褥瘡は、発赤の状態で発見し、適切な介護により進行をくいとめることが大切である。

(2) **✕** **発赤を発見した段階**で、医師や看護師など医療職種と連携をとって、褥瘡の進行を阻止する。なお、真皮を越える深さの褥瘡がある場合には、介護保険の訪問看護において特別管理加算の対象となる。

(3) **〇** まれに、傷口からの感染が死をもたらすこともあるので、**細菌の感染を防ぐ**ことが重要である。

(4) **✕** 褥瘡の性状によっては、**軟膏の塗布**が有効である。医師と相談し、適切な治療を施す。

(5) **〇** **低栄養**が褥瘡の発生や進行を促進するのに加えて、褥瘡の傷口からは、分泌液や滲出(しんしゅつ)液などとして、たんぱく質などの栄養分が失われるので、その分の**栄養補給**を心がける。また、褥瘡は活動性の低下に、身体組織の耐久性の低下が加わることが発生の要因となるので、**活動性を上げる**ことも必要である。

正解 (3)(5)

睡眠の介護

問題 96 不眠への対応について、正しいものを 3 つ選べ。

(1) 高齢になると夜は早く眠るが、眠りは浅く、中途覚醒や早朝覚醒が多くなる傾向がある。

(2) 高齢者の不眠の原因の 1 つは、日中の活動不足である。

(3) 入浴による疲労は、不眠の原因になる。

(4) 就寝前には、コーヒー、お茶など、精神の興奮を誘う飲み物を控える。

(5) 睡眠薬の使用が不眠の原因になることはない。

ポイント解説　　　　　　　　　　　　　📖 下－ P.397〜399

(1) ○　**睡眠リズム**には**個人差**があり、若齢者と変わらない人もいるが、一般的に記述のような特徴がある。不眠の訴えと睡眠の実態とが一致しないこともあるが、本人が不眠を訴えている場合は、その**苦痛を取り除くように**援助することが必要である。不眠には、**入眠困難**、**中途覚醒**、**早朝覚醒**、**熟眠障害**（眠りが浅く、すっきりと目覚められない）などの種類がある。

(2) ○　**日中の適度な運動**は、**不眠の改善**に効果がある。このほか、不眠の原因として、昼間の居眠りや夜間頻尿による覚醒、疼痛やかゆみ、夜間の不安感の増強、薬剤の副作用、疾患に基づく不眠等が挙げられる。さまざまな要因があるので、不眠の改善のためには**生活全体を見直す**ことが必要である。

(3) ✕　**入浴**は、適度な疲労感を与え、就眠を誘う効果がある。入浴できない場合は、足浴をするだけでも、不眠を解消する効果が期待できる。

(4) ○　**コーヒー**、**お茶**などに含まれるカフェインには、覚醒作用があるので、就寝前の摂取は避けたほうがよい。**アルコール**は眠りが浅くなり、中途覚醒が多くなるので、寝酒も好ましくない。

(5) ✕　**睡眠薬の乱用**は、日中の活動性を低下させたり、薬への耐性をもたらし、不眠の原因となることがある。また、高齢者の場合は**虚脱**や**歩行障害**などの副作用が現れやすく、**転倒**や**骨折**などを引き起こすこともあるので、十分な観察を行う。

正解　(1) (2) (4)

清潔の介護(1) 入浴の援助

問題 97 入浴の援助について、正しいものを３つ選べ。

(1) 入浴は、身体を清潔にし、爽快感をもたらす一方で、高齢者の身体には負担となるおそれもある。

(2) 湯の温度は、42℃くらいがよい。

(3) 入浴時は手足をよく動かし、入浴後は十分に水気をふき取る。

(4) 高齢者の場合、入浴後の水分補給は特に必要ない。

(5) 入浴の介助は、最も労力を要する仕事の１つである。

ポイント解説　　　　　　　　　　　　📖 下－ P.400〜402

(1) ○　**入浴**は全身の血液循環への影響が大きく、高齢者の身体には負担となる場合もある。入浴の援助においては、事前のアセスメントや、サービス提供当日のバイタルチェックが欠かせない。

(2) ✕　湯は**40℃くらいに**調整する。また、急激な環境変化による血圧の上昇などを抑えるため、冬期は居室や脱衣場、浴室の温度を高くしておくなど、入浴前には入念な準備を行う。

(3) ○　入浴中は、浮力などによって体の動きもよくなるので、**水中で手足をよく動かす**とよい。また、入浴後は水気を十分にふき取って、風邪の予防に努める。

(4) ✕　入浴後は、発汗のため**脱水**を起こしやすい。脱水の予防には、**十分な水分の補給**を要する。

(5) ○　入浴は、身体に障害のある高齢者の日常生活動作（ADL）の中で最も自立度の低いもので、**介助の労力**を要し、介助者の腰痛を引き起こす原因にもなっている。

正 解　(1)(3)(5)

清潔の介護⑵　清拭等の援助

> **問題 98**　清拭等の援助について、正しいものを２つ選べ。
>
> (1)　高齢者の清拭には、アルコールを使う。
> (2)　足浴は、下肢の皮膚を清潔に保ち、安眠にも効果がある。
> (3)　爪切りは入浴後に行うと、爪が柔らかくなっていて切りやすい。
> (4)　口腔内を清潔にするときは、入れ歯をつけたまま行う。
> (5)　毛髪は、短いほうが手入れがしやすいので、常に短めに切っておく。

ポイント解説　　　　　　　　　　　　　　　　　📖 下－ P.400〜402

(1)　✕　アルコールは、皮膚を乾燥させるので、高齢者には不向きである。**保護成分のある石けん**や**清拭剤**を選ぶ。また、清拭の後には乳液やクリームなどを塗って、皮膚に潤いを与える。清拭の際は居室の温度調整を行い、高齢者の体を冷やさないようにする。

(2)　〇　**手浴・足浴**は、清潔を保持し血液循環がよくなるだけでなく、心理的にも爽快感を与え、安眠にも効果がある。

(3)　〇　高齢者の爪は、厚いうえにもろく、切りにくい。また、爪切りはきちんと行わないと、感染や疼痛の原因になる。巻爪など、場合によっては、専門医などによる特別な処置が必要なこともある。

(4)　✕　毎食後や就寝前の**歯磨き**を励行し、**入れ歯（義歯）**も取り外して磨く。

(5)　✕　**髪形は、高齢者の好みを尊重して決める**。短いほうが手入れが簡単だからといって、勝手に切ったりしてはならない。

正 解　(2) (3)

口腔のケア(1)　口腔の機能

問題 99　口腔の機能について、正しいものを３つ選べ。

(1)　顎口腔系は、食物摂取という生命維持装置の大切な部分である。
(2)　口腔には、咀嚼、嚥下、消化、吸収という、４つの大きな機能がある。
(3)　歯は、食物をかみ砕き、唾液と混ぜて嚥下するためにある。
(4)　食事中に咳やむせが生じるのは、高齢者にはよくあることなので、特に気にする必要はない。
(5)　重度の歯科疾患が、心内膜炎や感染症を引き起こすことがある。

ポイント解説

📖 下－ P.403〜409

(1)　**○**　健康なときは、**摂食**、**咀嚼**から**嚥下**に至る行動は、反射的に行われているためにその大切さが実感できないが、顎口腔系は、生命を維持するために欠かせない食物摂取を行う部分である。

(2)　**×**　**口腔の４つの大きな機能**とは、**咀嚼**、**嚥下**、**発音**、**呼吸**である。消化と吸収は、主に胃や小腸などの消化器官で行われる。逆に、発音と呼吸は、口腔の重要な機能である。そのほか、口腔は、表情をつくり感情表現をしたり、感覚の鋭い口唇や口腔内で異物を認識したり、歯のかみ合わせで平衡感覚を保ち瞬発力を出したりする機能をもつ。

(3)　**○**　食物を味わったり、食感を楽しんだりするうえでも、歯は重要な役割を果たす。

(4)　**×**　食事中の**咳**や**むせ**は、**誤嚥**のサインと考えられる。また、気道の感覚が低下している場合は、誤嚥しても咳やむせが生じない（**不顕性誤嚥**）ので、食事中や食後に嗄声（声がかれる）や痰の増加がみられる場合にも注意が必要である。

(5)　**○**　むし歯や歯周疾患が重度になった場合に、口腔内の細菌が血液を介して他の臓器に移動して、心内膜炎や感染症を引き起こすことがある。また、糖尿病患者は、歯周疾患が悪化すると、糖尿病性腎症や心筋梗塞を起こしやすくなるなど、**歯科疾患と全身の健康状態には関連性がある**。

正解　(1) (3) (5)

口腔のケア⑵ 口腔ケアの基本

問題100 口腔ケアについて、正しいものを2つ選べ。

⑴ 高齢者は、歯と歯の隙間が大きくなって、むし歯や歯周病にかかりやすくなる。

⑵ 高齢者では、歯の咬合面のすり減りや、歯と歯肉の境界に楔状のへこみがみられ、激しい痛みがある。

⑶ 経管栄養を行っている場合、口腔内は比較的清潔に保たれるので、口腔清掃の必要性は低い。

⑷ 口腔ケアは、誤嚥性肺炎の予防に効果がある。

⑸ 歯磨きは、細かい作業なので、要介護者等では、すべて介護者が行うようにする。

ポイント解説　　　　　　　　　　　　　　　　📖 下－ P.403～409

⑴ ○　高齢者は、歯と歯の隙間に食物や歯垢が残って、**むし歯（齲蝕）**や**歯周病**にかかりやすくなる。加齢に伴う口腔の変化としては、**口腔粘膜の萎縮、歯槽骨の吸収、唾液分泌機能の低下、咀嚼筋の筋力低下**などがある。

⑵ ✕　高齢者では、記述のような症状がみられるが、**痛みがない**ことが多い。そのため、治療の必要性に気づかないことがある。

⑶ ✕　**経管栄養**を行っている場合、**唾液分泌量が減少**し、咀嚼による自浄作用がないため、**口腔内は非常に汚れやすい**。歯がない場合（**総義歯**）でも、同様のことが起こるので、積極的な口腔清掃が必要となる。

⑷ ○　**口腔ケア**は、口腔内の細菌を減少させるとともに、咳嗽反射を刺激し促進させるので、**誤嚥性肺炎の予防に有効**である。

⑸ ✕　**歯磨きは、リハビリテーションとしても有効**である。自力でできないところだけ、介護者が援助する。

正解　⑴⑷

口腔のケア(3)　口腔ケアの方法

問題101　口腔ケアの方法について、正しいものを2つ選べ。

(1)　消毒薬を使用した口腔清掃は、歯ブラシによるブラッシングよりも効果が高い。

(2)　歯ブラシが使用できない場合や口が開かない場合は、ガーゼや綿棒を使って行う。

(3)　口腔ケアは、原則として1日1回行う。

(4)　部分入れ歯や総入れ歯の手入れは、取り外して行う。

(5)　ターミナル期には、口腔ケアは不要である。

ポイント解説　　　　　　　　　　　　　　　　📖 下－ P.403〜409

(1)　**✕**　**歯ブラシによるブラッシング**のほうが、消毒薬を使用するよりも効果が高いので、可能な限り歯ブラシによる清掃を優先する。歯ブラシなどによる清掃を**機械的清掃法**といい、洗口剤などの薬剤による清掃を**化学的清掃法**という。

(2)　**○**　ただし、**ガーゼ**や**綿棒**では、歯間部や歯頸部の歯垢は、取り除くことができない。

(3)　**✕**　口腔ケアは、原則として、**毎食後行う**。どうしても1日1回しか行えない場合は、夕食後に行う。

(4)　**○**　**部分入れ歯**（局部床義歯）や**総入れ歯**（総義歯）など、取り外しのできる入れ歯の手入れは、外して行う。**ブリッジ（架工義歯）**は外せないので、自分の歯と同じように扱う。外した義歯を磨く際は、一般の歯磨き剤には研磨剤が入っていて義歯を傷つける可能性があるので、義歯専用のもの以外は使用しない。自分の歯がある場合も、自分の歯がない場合も、**義歯を外してから**口腔内の清掃を行う。

(5)　**✕**　**ターミナル期**でも、口腔ケアは必要である。ターミナル期は、痰を自力で出すことが困難になり、口腔内の乾燥が顕著になる。口腔内を清潔に保ち、乾燥を防ぐために、水で濡らして固く絞ったスポンジブラシや口腔ケア用ウエットティッシュなどでこまめに口腔内をぬぐう。

正 解　(2)(4)

保健医療サービス分野

第2章
介護サービス各論
（保健医療系サービス）

訪問看護の特徴

問題102　訪問看護の特徴について、正しいものを3つ選べ。
(1)　療養上の世話を行いながら、身体のアセスメントをし、医師の指示のもとに医療処置を行う。
(2)　要介護状態を引き起こしている病気や障害の悪化を防ぎ、より自立した健康的な生活を取り戻すための支援を行う。
(3)　利用者の家族は、介護をする人であり、ケアの対象としてとらえることは認められていない。
(4)　利用者およびその家族が適切な自己決定ができるよう情報を提供し、自己決定ができるよう根気強く支援する。
(5)　利用者あるいはその家族からの看護に関する相談に対して、1日24時間、常時対応することは、現行の制度では不可能である。

ポイント解説　　📖 上－ P.453〜454、P.459〜460、P.573〜575

　訪問看護とは、主治医が訪問看護が必要だと認めた在宅の要介護者を対象に、**看護師・准看護師・保健師・理学療法士・作業療法士・言語聴覚士**によって行われる**療養上の世話**または**必要な診療の補助**である。

(1)　〇　必要に応じて利用者の居宅における**療養上の世話と医療処置を組み合わせて**提供できることが、訪問看護の第一の特徴である。

(2)　〇　病気や障害があっても、その人らしい自立した生活ができるように、**予防的な視点をもってケアをする**ことは、利用者の QOL（生活の質）を高めることにつながる。

(3)　✕　**利用者の家族**を、単に介護する人としてとらえるのではなく、**ケアの対象としてとらえる**必要がある。

(4)　〇　**利用者らが選んだ、その人らしい尊厳ある生を支える**ことが、訪問看護の最も大切な役割である。

(5)　✕　**緊急時訪問看護加算**を算定する体制にある**訪問看護ステーション**では、**急変時に、いつでも医療的な対応を相談できる24時間ケア**のサービスを利用することができる。

正解　(1) (2) (4)

訪問看護の対象者

問題103 介護保険における訪問看護の対象者として、適切なものを2つ選べ。
(1) 急性期治療を必要とする人
(2) 脳血管障害の後遺症のため寝たきり状態にある人
(3) 末期がん患者
(4) 小規模多機能型居宅介護の利用者
(5) 介護老人福祉施設の入所者

ポイント解説 📖 上－ P.454～456、P.573～575

(1) ✕ 急性期治療は病院や診療所で行う。急性期であって医師から特別訪問看護指示書（特別指示書）が交付された場合の訪問看護は、**医療保険**の扱いとなる。介護保険の訪問看護を利用できるのは、**病状が安定期にある在宅療養者**である。

(2) ◯ 脳血管障害の後遺症だけでなく、**高齢化による衰弱のため寝たきり状態にある人**等も対象者となる。

(3) ✕ **末期がん患者**に対しても訪問看護は提供されるが、それに対する報酬は介護保険ではなく、**医療保険**の給付対象となる。多発性硬化症、ステージ3以上のパーキンソン病、スモン等の**神経難病の患者**等に対する訪問看護、**精神科訪問看護**も、同じく医療保険の給付対象となる。

(4) ◯ **小規模多機能型居宅介護**の利用者は、居宅介護サービス費の対象となるサービスのうち、**訪問看護・訪問リハビリテーション・居宅療養管理指導・福祉用具貸与**に限り利用することができる。

(5) ✕ 介護保険制度において、訪問看護は居宅サービスとして位置づけられている。介護老人福祉施設をはじめとする**施設サービスの利用者は、居宅サービスを利用することができない**。なお、介護老人福祉施設には看護職員が配置されている。

正解 (2)(4)

訪問看護の内容(1)

問題104　訪問看護の内容として、適切なものを３つ選べ。
(1)　療養上の世話
(2)　生活援助
(3)　診療の補助
(4)　リハビリテーション
(5)　居宅サービス計画の作成

ポイント解説　　　　　　　　　📖上－ P.456〜459、P.573〜575

訪問看護の内容は、大きく次の８項目に分けることができる。

① **病状の観察と情報収集**（身体状況だけでなく、心理・社会的な側面、生活環境等さまざまな角度から情報を収集し、アセスメントする）

② **療養上の世話**（利用者が残存能力を駆使しても自立できない生活上の機能を支援する）
　　ア　**清　潔**
　　イ　**排泄援助**
　　ウ　**移　動**
　　エ　**食事栄養援助**
　　オ　**衣服の交換**

③ **診療の補助**（服薬管理、浣腸・摘便、褥瘡の予防等）

④ **精神的支援**（病気や障害の受容、うつ的症状への対応等）

⑤ **リハビリテーション**（理学療法士等と連携して行い、日常の介助を残存能力の活用という視点からリハビリテーションに結びつける）

⑥ **家族支援**（介護負担の軽減、家族関係の調整等）

⑦ **療養指導**（介護方法、医療処置の方法等の指導）

⑧ **在宅での看取りの支援**（症状の緩和に努めながら、死までの過程を支援する）

　従って、訪問看護の内容として(1)(3)(4)は適切である。(2)の生活援助は、**訪問介護**の内容である。(5)の居宅サービス計画の作成は、**居宅介護支援**の内容である。

正解　(1)(3)(4)

訪問看護の内容⑵

問題105 訪問看護の内容について、正しいものを３つ選べ。

(1) 訪問看護の実施前に立てた訪問看護計画が、訪問時の病状観察や情報収集によって、変更されるようなことがあってはならない。

(2) 訪問看護師の行う清潔援助は、ケアを提供しながら、全身のアセスメントを同時に行い、病気の予防や発見につなげる必要がある。

(3) 訪問看護師は、自ら必要と判断する場合には、医師の指示がなくとも医療処置を行うことができる。

(4) リハビリテーションについては、理学療法士、作業療法士または言語聴覚士との相互の連携のもとに同行訪問をし、リハビリテーションのアセスメントに基づき統一した目標が決められる。

(5) 介護方法や医療処置の方法等を、指導用マニュアルを使ったり、実際に行って手本を示しながら、利用者あるいはその家族に指導する。

ポイント解説　　　　　　　　　　📖 上－ P.456〜459、P.573〜575

(1) ✕　訪問看護師の訪問時の病状観察や情報収集によって、**訪問看護計画が変更されることもある。**

(2) 〇　清潔援助は訪問介護でも行われるが、訪問看護においてはこのような視点が特に重視される。また、清潔援助では、**皮膚の清潔**のみならず、口腔内を清潔に保つために**マウスケア**を行う。

(3) ✕　訪問看護師は、**医師の指示により診療の補助を行う**こととされており、その場合の医療処置の内容についても、厳しい規定がある。

(4) 〇　訪問看護師が、訪問時に**リハビリテーション**を行うことが、リハビリテーションの継続につながる。なお、理学療法士、作業療法士、言語聴覚士による訪問看護は、その訪問が看護業務の一環としてのリハビリテーションを中心としたものである場合に、看護職員の代わりに訪問させるものという位置づけになっている。

(5) 〇　介護や医療処置を家族に押しつけるのではなく、**自立して介護や医療処置を行えるようにする**ために、療養指導は不可欠である。

正解　(2) (4) (5)

訪問看護と医師の指示

問題106　訪問看護と医師の指示について、正しいものを3つ選べ。

(1) 訪問看護を提供するためには、文書による医師の指示が必要である。

(2) 急性増悪のときには、特別訪問看護指示書が交付される。

(3) 医療処置に関する医師の指示は、訪問看護指示書で十分である場合が多い。

(4) 実施した訪問看護の結果について、医師に報告することが義務づけられている。

(5) 訪問看護指示書や訪問看護計画書、訪問看護報告書を、診療録や診療記録で代用することはできない。

ポイント解説　　　　　　　　　　　　📖上ー P.460〜463、P.573〜575

(1) ◯　訪問看護の提供を開始する際には、**主治医が作成した訪問看護指示書**が必要となる。

(2) ◯　**特別訪問看護指示書**（特別指示書）があるときには、**14日間に限り毎日、訪問看護を提供することができる**（気管カニューレを使用している患者や、真皮を越える褥瘡の状態にある患者は28日間）。ただし、この場合は、介護保険ではなく**医療保険**の適用になる。

(3) ✕　医療処置に関する医師の指示は、訪問看護指示書で十分であることもあるが、多くの場合、**より具体的で個別的な、そして時に応じた指示が必要**となる。従って、訪問看護指示書以外に医師からの医療処置管理協定書等を作成したり、訪問看護師が行う医療処置のプロトコール（規定）を作成し、医師と訪問看護師の間で共有する方法をとったりする。

(4) ◯　**看護師等**（准看護師を除く）は、提供した看護内容等を記載した**訪問看護報告書**を作成しなければならない。また、訪問看護事業者は、**主治医**に**訪問看護計画書**と**訪問看護報告書**を提出しなければならない。

(5) ✕　訪問看護事業所が医療機関である場合は、訪問看護指示書、訪問看護計画書、訪問看護報告書については、**診療録や診療記録で代用**することができるものとされている。

正解　(1)(2)(4)

訪問看護計画の作成

問題107 訪問看護計画の作成について、正しいものを３つ選べ。

(1) 訪問看護は、訪問看護計画に基づいて実施される。

(2) 訪問看護計画を作成するのは、訪問看護事業所の介護支援専門員である。

(3) 訪問看護計画は、アセスメントと看護診断に基づいて立案される。

(4) 初回訪問では、必要な情報を収集することに専念する。

(5) アセスメントにあたっては、疾病状況、身体的機能、精神心理的機能だけでなく、家族状況や経済状況、住環境等に関する情報も重要である。

ポイント解説 　　　　　　　　　　　📖 上－ P.460〜463、P.573〜575

(1) ○ **訪問看護計画**は、訪問看護の個別サービス計画であり、居宅サービス計画が作成されているときには、その内容に沿って作成されなければならない。

(2) ✕ 訪問看護計画を作成するのは、**訪問看護に従事する看護師等**（准看護師を除く）である。

(3) ○ **アセスメント**では、利用者の生活および健康に関する情報を系統的に収集し、**看護診断**では、収集した情報を分析・統合し、看護上の問題を明確にする。

(4) ✕ **初回訪問**では、**訪問看護の基盤となる信頼関係を築く**ことを主な目的とする。なお、初回訪問では、情報は必要最低限のものを収集することができればよいとされる。

(5) ○ ほかに、利用者の価値観、性格・行動パターン、訪問看護への期待なども、**アセスメントに必要な情報**となる。

正解 (1)(3)(5)

訪問看護の基準

問題108　訪問看護の基準について、正しいものを2つ選べ。

(1)　訪問看護を指定居宅サービス事業者として提供できるのは、訪問看護ステーションだけである。

(2)　訪問看護ステーションの管理者は、原則として看護師または保健師でなければならない。

(3)　訪問看護を提供できるのは、看護師と准看護師に限られる。

(4)　訪問看護ステーションには、理学療法士、作業療法士または言語聴覚士を、常勤換算で2.5人以上置くこととされている。

(5)　指定訪問看護事業者は、看護師等に、その同居の家族である利用者に対する指定訪問看護の提供をさせてはならない。

ポイント解説　　　　　　　　　　　　　📖 上－ P.463〜465、P.573〜575

　事業・施設の人員・設備・運営に関する基準は、都道府県・市町村の条例に委任されている。本書では、その基準となる厚生労働省令に沿って述べる。

(1)　✕　**訪問看護ステーション**だけでなく、**病院**や**診療所**も、指定居宅サービス事業者として訪問看護を提供することができる。

(2)　◯　**管理者**は、訪問看護ステーションの管理・運営を担い、**提供される訪問看護の質を担保する**意味でも重要な役割を担っている。

(3)　✕　訪問看護は、**看護師**、**准看護師**のほか、**保健師**、**理学療法士**（PT）、**作業療法士**（OT）、**言語聴覚士**（ST）が提供できる。

(4)　✕　訪問看護ステーションには、**理学療法士**、**作業療法士**または**言語聴覚士**を、**実情に応じて適当数置く**こととされている。常勤換算で2.5人以上（1人は常勤）置くこととされているのは、保健師、看護師、准看護師である。なお、病院・診療所については、指定訪問看護の提供にあたる看護職員を適当数置くものとされている。

(5)　◯　指定訪問介護についても、同様に**同居家族に対するサービス提供の禁止**の規定がある。

正解　(2)(5)

訪問看護の介護報酬⑴

問題109 訪問看護の介護報酬について、正しいものを２つ選べ。

⑴ 訪問看護費は、所要時間により３段階で算定される。

⑵ 所要時間は、現に要した時間ではなく、訪問看護計画に位置づけられた内容の看護を行うのに要する標準的な時間により算定される。

⑶ 病院・診療所が行う場合と指定訪問看護ステーションが行う場合とでは、介護報酬に違いはない。

⑷ 理学療法士、作業療法士または言語聴覚士が行う訪問看護は、20分以上を１回として、１回当たりの定額で算定される。

⑸ 介護予防訪問看護費は、介護給付の訪問看護費と同額である。

ポイント解説

⑴ **✕** 訪問看護費は、所要時間により、20分未満、30分未満、30分以上１時間未満、１時間以上１時間30分未満の**４段階**で算定される。

⑵ **〇** 所要時間は、実際にかかった時間ではなく、**訪問看護計画に位置づけられた**内容の看護を行うのに要する**標準的な時間**である。これは、訪問介護など所要時間によって介護報酬が算定されるサービスに共通のルールである。

⑶ **✕** 病院・診療所と訪問看護ステーションでは、**異なる介護報酬**が設定されている。訪問看護ステーションが行う場合のほうが高い。また、定期巡回・随時対応型訪問介護看護事業所と連携して行う訪問看護は、１か月当たりの包括報酬である。

⑷ **〇** 訪問看護ステーションのリハビリテーション専門職による訪問看護は、**１回当たりの定額で算定される**。

⑸ **✕** 訪問看護の介護報酬は、従来は要支援者も要介護者も同額だったが、2017年改正で**基本サービス費に差を設ける**ことになった。

正解 ⑵⑷

訪問看護の介護報酬⑵

問題110 訪問看護の介護報酬について、正しいものを３つ選べ。

⑴ 緊急時訪問看護加算は、訪問看護計画に位置づけられていない訪問看護を緊急に行った場合に、１回につき算定される。

⑵ 特別な管理が必要な利用者に対する計画的な管理については、特別管理加算が算定される。

⑶ 看護体制強化加算は、常勤の看護職員を５人以上配置している訪問看護ステーションに算定される。

⑷ 利用者が、事業所と同一敷地内または隣接する敷地内に所在する建物に居住する場合には減算が行われる。

⑸ ターミナルケア加算、特別地域訪問看護加算などは、支給限度基準額に含まれない。

ポイント解説

⑴ **✕** **緊急時訪問看護加算**は、利用者や家族からの連絡に24時間対応し、緊急時の訪問を行うことのできる体制を評価する体制加算であり、加算を算定する体制にあることを説明し、**同意を得た利用者を対象に１か月当たりで算定**される。

⑵ **〇** **特別管理加算**には管理する疾患によって（Ⅰ）と（Ⅱ）があり、１か月当たりで算定される。

⑶ **✕** **看護体制強化加算**は、緊急時訪問看護加算、特別管理加算、ターミナルケア加算を算定した利用者が一定以上であることが要件である（訪問看護ステーションの場合は、これに加え、訪問看護の提供にあたる従業者のうち保健師、看護師、准看護師の占める割合が一定以上）。

⑷ **〇** この**同一建物減算**は、訪問系のサービスに共通する減算であり、事業所と離れた場所に所在する有料老人ホーム等以外の集合住宅も、１か月当たりの利用者が20人以上あると適用される。同一・隣接敷地内の場合、１か月当たりの利用者が50人以上の建物だと減算幅が大きくなる。

⑸ **〇** **ターミナルケア加算**は、死亡日および死亡日前14日以内に２日以上ターミナルケアを行った場合に算定されるものである。この加算は介護予防訪問看護にはない。

正解 ⑵⑷⑸

訪問リハビリテーションの意義・内容

問題111 訪問リハビリテーションの意義・内容について、正しいものを3つ選べ。

(1) 訪問リハビリテーションは、訪問リハビリテーション事業所の理学療法士、作業療法士または言語聴覚士が、医師の指示のもとに実施する。

(2) 訪問リハビリテーション計画を作成するのは、診療を行った医師に限られる。

(3) 障害の評価にあたっては、利用者の状態が生活期（維持期）リハビリテーションの時期に該当するかどうかが、重要である。

(4) 要介護1・2の利用者の場合は、予防的リハビリテーションが主体となる。

(5) 要介護3・4・5の利用者では、介護負担軽減型リハビリテーションが主体となる。

ポイント解説　📖 上－ P.466〜471、P.473〜475、P.576〜578

(1) 〇　理学療法士（PT）、作業療法士（OT）、言語聴覚士（ST）は、**医師の指示のもと**でそれぞれ理学療法、作業療法、言語聴覚療法を行う。

(2) ✕　**訪問リハビリテーション計画を作成**するのは、利用者の診療を行った**医師**および**理学療法士、作業療法士、言語聴覚士**である。

(3) 〇　医学的管理下で提供されるリハビリテーションは、急性期・回復期・生活期（維持期）に分類されるが、訪問リハビリテーションでは**生活期（維持期）リハビリテーション**を行う。

(4) ✕　要介護1・2の利用者の場合は、ADL（日常生活動作）、IADL（手段的日常生活動作）において何らかの自立を図る**自立支援型リハビリテーション**が主体となる。要介護化の予防に重点を置く**予防的リハビリテーション**が主体となるのは、**要支援1・2**の場合である。

(5) 〇　**介護負担軽減型リハビリテーション**は、介助者の負担を軽減するリハビリテーションであり、ADLにおいて自立が困難な**要介護3・4・5**の利用者が対象となる。

正解 (1)(3)(5)

リハビリテーションの種類

問題112 リハビリテーションの種類について、正しいものを3つ選べ。

(1) 急性期リハビリテーションは、急性期病院で提供される。

(2) 回復期リハビリテーション病棟の入院期間は、疾患により60〜180日間とされる。

(3) 生活期（維持期）リハビリテーションは、急性期リハビリテーションや回復期リハビリテーションが終了し、在宅ケアや施設ケアに移行した患者に対して行われる。

(4) 生活期（維持期）リハビリテーションは、他のリハビリテーションと同じように、医療保険で対応されている。

(5) 訪問看護ステーションから理学療法士、作業療法士または言語聴覚士が訪問するサービスは、訪問リハビリテーションに該当する。

ポイント解説　　　　　　　　　　　　　📖 上－ P.468〜470、P.576〜578

(1) ◯ **急性期リハビリテーション**では、**疾患およびリスク管理**に重きを置き、廃用症候群の予防を中心に訓練を行う。入院期間は、発症から2週間、長くても1か月程度となっている。

(2) ◯ **回復期リハビリテーション**では、急性期リハビリテーションの後を受けて、疾患、リスク管理に留意しながら、ADL（日常生活動作）の改善を中心に、能動的で多彩な訓練を集中的に行う。

(3) ◯ **生活期（維持期）リハビリテーション**には、制度的に多種類のサービスが存在している。介護保険でも、居宅サービスの訪問看護、訪問リハビリテーション、通所リハビリテーション、短期入所によるリハビリテーションのほか、施設入所によるリハビリテーションなどがある。

(4) ✕ **急性期リハビリテーション**と**回復期リハビリテーション**は、**医療保険**で対応され、**生活期（維持期）リハビリテーション**は、主に**介護保険**で対応されている。

(5) ✕ 訪問看護ステーションから理学療法士（PT）、作業療法士（OT）または言語聴覚士（ST）が訪問するサービスは、**訪問看護**に分類される。

正解 (1)(2)(3)

訪問リハビリテーションの特徴

問題113 訪問リハビリテーションの特徴について、正しいものを３つ選べ。

(1) 廃用症候群を改善・予防するためには、日常生活を可能な限り活動的なものにすることが重要である。

(2) 基本動作能力、ADL、IADL は、実際の生活の場ではなく、医療機関や施設において維持・改善を図るのが効果的である。

(3) 本人に対するアプローチだけでなく、家族の介護負担の軽減に配慮することが必要である。

(4) 訪問介護に従事するスタッフに、自立支援のための技術指導を行うことは、訪問リハビリテーションの役割の１つである。

(5) 福祉用具の利用や住宅改修に関する助言は、訪問リハビリテーションの役割とはいえない。

ポイント解説 　　　　　　　　　　📖 上－ P.471〜473、P.576〜578

(1) **○** 具体的には、家庭内では就寝以外の臥床（がしょう）を少なくすること、すなわち**離床を促進する**ことである。次いで**屋外での活動を可能とする**ことであり、さらに**家庭外の何らかの活動に参加できるように支援する**ことが重要である。

(2) **✕** 医療機関や施設の中でできても、**実際の生活の場において、実用的な基本動作能力、ADL、IADL とならなければ、効果があったとはいえない**。

(3) **○** 介護者の**介助量の差**が、在宅生活の継続の鍵を握る場合も少なくない。

(4) **○** 利用者と接する機会が多い**訪問介護の従事者に、自立支援技術を伝える**ことは重要である。

(5) **✕** 理学療法士、作業療法士、言語聴覚士が訪問して、自立支援の立場から、**福祉用具の利用や住宅改修に関して適切な助言を行う**ことも、訪問リハビリテーションの重要な役割の１つである。

正解 (1)(3)(4)

訪問リハビリテーションの基準

問題114 訪問リハビリテーションの基準について、正しいものを3つ選べ。

(1) 訪問リハビリテーションを指定居宅サービス事業者として提供できるのは、介護老人保健施設のみである。

(2) 訪問リハビリテーション事業者は、事業所ごとに、1人以上の理学療法士、作業療法士または言語聴覚士を配置しなければならない。

(3) リハビリテーション会議を開催し、リハビリテーションに関する専門的な見地から検討した利用者の状況等に関する情報を、会議の構成員と共有するように努めなければならない。

(4) 訪問リハビリテーション計画は、事業所の管理者である医師が作成する。

(5) 理学療法士、作業療法士等は、訪問リハビリテーションを提供した際には、速やかに診療記録を作成するとともに、医師に報告する。

ポイント解説　　　　　　　　　📖 上− P.476〜477、P.576〜578

(1) ✕　**介護老人保健施設**だけでなく、**介護医療院**、**病院**、**診療所**も、指定居宅サービス事業者として訪問リハビリテーションを提供することができる。なお、病院、診療所には、**みなし指定**が適用される。2023年改正によって介護老人保健施設もみなし指定の対象となった。また、**サテライト型**訪問リハビリテーション事業所の設置も認められている。

(2) ○　ただし、**理学療法士（PT）**、**作業療法士（OT）**、**言語聴覚士（ST）** の配置については、常勤・非常勤の規定はない。

(3) ○　**リハビリテーション会議**は、利用者・家族の参加を基本としつつ、医師、理学療法士等のリハビリテーション専門職、介護支援専門員、居宅サービス担当者を構成員として行う。

(4) ✕　**訪問リハビリテーション計画**は、医師および理学療法士、作業療法士または言語聴覚士が**協働して作成する**。なお、事業所には1人以上の常勤の**医師**を配置しなければならない。

(5) ○　**診療記録**には、訪問リハビリテーション計画に従ったサービスの実施状況およびその評価が記載される。

　　　　　　　　　　　　　　　　　　　　　　　　正解 (2) (3) (5)

訪問リハビリテーションの介護報酬

問題115 訪問リハビリテーションの介護報酬について、正しいものを3つ選べ。

(1) 訪問リハビリテーション費は、1日単位で算定される。

(2) リハビリテーションの質を継続的に管理する体制を評価するリハビリテーションマネジメント加算の算定には、3か月に1回以上のリハビリテーション会議の開催が求められる。

(3) サービス提供体制強化加算は、理学療法士、作業療法士、言語聴覚士を2人以上配置する事業所に算定される。

(4) 退院・退所日または新規の要介護認定から3か月以内に、集中的にリハビリテーションを行った場合には、短期集中リハビリテーション実施加算が1日につき算定できる。

(5) 移行支援加算は、サービス利用終了者のうち、リハビリテーションの効果によって、通所介護等のサービスに移行できた者の占める割合が一定以上であることを評価する加算である。

ポイント解説

(1) **✕ 訪問リハビリテーションの基本サービス費**は、20分以上のサービス提供を1回として、**サービス提供回数に応じて算定**される。

(2) **○ リハビリテーションマネジメント加算**では、2020年改正で従来のリハビリテーション会議の開催が要件とされない加算（Ⅰ）が廃止され、リハビリテーション会議の実施、訪問リハビリテーション計画の見直し、介護支援専門員への情報提供など、高度な要件が定められている。

(3) **✕ 3年以上、7年以上の勤続年数**のあるリハビリテーション専門職を配置している事業所に、2段階で算定される。

(4) **○ 短期集中リハビリテーション実施加算**は、退院・退所日だけでなく、新規の要介護認定の認定日から3か月以内にも算定できる。

(5) **○ 移行支援加算**は、評価対象期間（前年）の次年度内に限り、1日につき算定される。2020年改正により、社会参加支援加算から名称が変更され、要件の見直しが行われた。

正解 (2)(4)(5)

居宅療養管理指導の意義

> **問題116** 居宅療養管理指導について、正しいものを2つ選べ。
> (1) 居宅療養管理指導は、通院が困難な利用者に対して行われる。
> (2) 病院の医師が患者の退院に際して病院で行う、居宅での療養上の注意事項についての指導は、居宅療養管理指導に含まれる。
> (3) 居宅療養管理指導によって、医学的問題をもつ要介護者の在宅生活が可能になる。
> (4) 医師が、訪問診療や居宅療養管理指導を行うために利用者の居宅を訪問するときに、利用者宅でサービス担当者会議を開くことは認められていない。
> (5) 要支援者に対しては、居宅療養管理指導が行われることはない。

ポイント解説　　　　　　　　　　📖 上－ P.478～479、P.579～580

(1) ○　**居宅療養管理指導**は、**通院が困難**な居宅要介護者に対して、**医師、歯科医師、薬剤師、歯科衛生士**（**保健師、看護師、准看護師**）、**管理栄養士**により行われる**療養上の管理および指導**である。

(2) ✕　居宅療養管理指導は、通院が困難な利用者に対して、**居宅を訪問**して行われるものである。

(3) ○　高齢者ケアにおける居宅療養管理指導は、疾病の急性期・慢性期を問わず、**疾病の予防**から、**診断・治療**、さらに**再発の予防**、**寝たきりによる合併症の早期発見**、最終的には**看取り**まで含めて、重要な役割を担っている。

(4) ✕　医学的問題を抱える利用者についてのサービス担当者会議には、医師の参加が重要である。医師は忙しい場合が多いので、このような機会をとらえてのサービス担当者会議の開催は、**主治医との連携にとって効果的**である。

(5) ✕　要支援者に対しては**介護予防居宅療養管理指導**があり、基準や介護報酬などは要介護者対象のものとほぼ同じである。

正解 (1)(3)

居宅療養管理指導の職種別業務内容

問題117 居宅療養管理指導の職種別業務内容について、正しいものを2つ選べ。

(1) 医師、歯科医師は、利用者や家族に居宅サービスを利用する上での留意点、介護方法等についての指導および助言を行うが、居宅サービス計画作成に必要な情報を居宅介護支援事業者に提供する義務はない。

(2) 薬剤師は、医師または歯科医師の指示に基づいて、薬学的な管理および指導を行う。

(3) 歯科衛生士は、歯科医師の指示および自ら策定した訪問指導計画に基づいて、口腔内の清掃、有床義歯の清掃に関する指導を行う。

(4) 管理栄養士は、医師の指示に基づいて、栄養指導を行う。

(5) 看護職員は、療養上の相談および支援を行う。

ポイント解説　　　　　　　　　　　　📖 上ー P.480、P.579〜580

(1) **✕** 居宅療養管理指導において、**医師、歯科医師**は、**居宅介護支援事業者**に、**居宅サービス計画作成等に必要な情報**を提供しなければならない。原則として**サービス担当者会議**に参加する必要があるが、参加が困難な場合には、**文書**等の交付による情報提供を行わなければならない。

(2) **○** なお、**薬局の薬剤師**の場合は、医師または歯科医師の指示に基づいて自ら策定した**薬学的管理指導計画**に基づいて行う。また、**薬剤師**も、**居宅介護支援事業者**に対して、**居宅サービス計画の作成等に必要な情報**を提供しなければならない。

(3) **✕** **訪問指導計画の策定**は、歯科衛生士ではなく、**歯科医師**が行う。他の記述は正しい。なお、この内容の居宅療養管理指導は、**歯科衛生士**だけでなく、**保健師**、**看護師**、**准看護師**も行うことができる。

(4) **○** **管理栄養士**は、特別食を必要とする利用者や低栄養状態にある者に対して、栄養指導を行う。

(5) **✕** 2017年度まで行われていた**看護職員**による療養上の相談および支援は、算定実績がきわめて少ないことから**廃止された**。

正解 (2)(4)

居宅療養管理指導の基準

> **問題118** 居宅療養管理指導の基準について、正しいものを3つ選べ。
> (1) 居宅療養管理指導を指定居宅サービス事業者として提供できるのは、病院、診療所、介護老人保健施設である。
> (2) 病院または診療所である居宅療養管理指導事業所には、薬剤師、歯科衛生士または管理栄養士を必ず置かなければならない。
> (3) 医師または歯科医師が、利用者や家族に対して療養上必要な事項の指導・助言を行う際は、療養上必要な事項を記載した文書を交付するように努めなければならない。
> (4) 医師または歯科医師は、サービスを提供した際には速やかに診療録に記録する。
> (5) 薬剤師、歯科衛生士、管理栄養士は、サービスを提供した際には、速やかに診療記録を作成し、医師または歯科医師に報告する。

ポイント解説　　　　　　　　　　📖 上－ P.480〜481、P.579〜580

(1) **✕** 居宅療養管理指導を提供できるのは、**病院**、**診療所**、**薬局**である。

(2) **✕** **薬剤師**、**歯科衛生士**、**管理栄養士**については、提供するサービスの内容に応じた**適当数を置く**こととされ、必置とはされていない。

(3) **○** 指導・助言の内容について利用者・家族に文書を交付することは、努力義務とされている。また、居宅介護支援事業者・居宅サービス事業者に対して情報提供・助言を行う際は、サービス担当者会議へ参加、または文書を交付することによって行わなければならない。

(4) **○** 医師または歯科医師は、提供した居宅療養管理指導の内容について**診療録**に記録する。

(5) **○** 薬剤師、歯科衛生士、管理栄養士には、**医師または歯科医師に対する報告**が義務づけられている。

正解 (3)(4)(5)

居宅療養管理指導の介護報酬

問題119 居宅療養管理指導の介護報酬について、正しいものを３つ選べ。

(1) 居宅療養管理指導は、サービスを提供する職種によって１か月に利用できる回数の上限が決まっている。

(2) 薬剤師が行う居宅療養管理指導費は、医療機関の薬剤師が行う場合と薬局の薬剤師が行う場合とで異なる。

(3) 医師、歯科医師、薬剤師が居宅療養管理指導を行う場合、介護支援専門員への居宅サービス計画の策定等に必要な情報の提供は必須である。

(4) 同一日に同じ建物に居住する利用者に対して居宅療養管理指導を行った場合には、それ以外の場合より低い介護報酬が適用される。

(5) 居宅療養管理指導には、区分支給限度基準額が適用される。

ポイント解説

(1) ◯ 例えば、**医師または歯科医師が行う場合**、居宅療養管理指導費は**１か月に２回**を限度として算定される。つまり、１か月に２回しか利用できないということである。

(2) ◯ 薬剤師が行う居宅療養管理指導費は、**医療機関の薬剤師が行う場合**と**薬局の薬剤師が行う場合**とに分けて設定されている。また、算定の回数も異なり、原則として、医療機関の薬剤師が行う場合は**１か月に２回**、薬局の薬剤師が行う場合は**１か月に４回**が限度となる。

(3) ◯ **医師、歯科医師、薬剤師**が居宅療養管理指導を行った場合には、**介護支援専門員への情報提供**を必ず行わなければならない。

(4) ✕ 以前は記述のような「同一建物居住者」に対する評価が行われていたが、2017年改正で、**同一月**に**単一建物に居住する人数に応じて評価**するという見直しが行われた。単一建物居住者が１人の場合、２〜９人の場合、10人以上の場合の３通りの介護報酬が設定されている。

(5) ✕ 居宅療養管理指導には、**区分支給限度基準額が適用されない**。

正解 (1) (2) (3)

通所リハビリテーションの意義

問題120 通所リハビリテーションについて、正しいものを3つ選べ。

(1) 通所リハビリテーションは、介護保険における通所サービスの1つである。

(2) 通所リハビリテーションを指定居宅サービス事業者として提供できるのは、病院、診療所に限られる。

(3) 通所リハビリテーションでは、通所介護に比べると、医療的ケアとリハビリテーションの機能がより充実している。

(4) 通所リハビリテーションでは、利用者の心身の機能の維持・回復を図るリハビリテーションに重きが置かれている。

(5) 通いという形式でリハビリテーションの提供を行うサービスは、介護保険の保険給付以外の制度にはみられない。

ポイント解説　　　　　　　　　　　　　　　　📖 上－ P.492〜493

(1) 〇　居宅サービスには、通所サービスとして、**通所介護**と**通所リハビリテーション**がある。通所介護は**デイサービス**、通所リハビリテーションは**デイケア**と呼ばれることもある。

(2) ✕　病院、診療所だけでなく、**介護老人保健施設**と**介護医療院**も、指定居宅サービス事業者として通所リハビリテーションを提供することができる。

(3) 〇　人員基準をみても、医師、看護師、理学療法士（PT）、作業療法士（OT）、言語聴覚士（ST）などの**医療系スタッフが、手厚く配置されている**。

(4) 〇　通所リハビリテーションは、理学療法、作業療法、言語聴覚療法などのリハビリテーションを行うことにより、**利用者の心身の機能の維持・回復を図る**ものでなければならないとされる。

(5) ✕　介護保険の通所リハビリテーションに相当するサービスは、他にも各種みられる。**地域支援事業**で行われるものや、**医療保険の重度認知症患者デイケア**、**精神科デイケア**などがそれである。

正解　(1) (3) (4)

通所リハビリテーションの利用者

問題121　介護保険の通所リハビリテーションの利用者について、正しいものを2つ選べ。

(1)　通所リハビリテーションは要介護1～3の者を対象としており、要介護4・5の者は対象とならない。

(2)　通所リハビリテーションでは、必要に応じて急性期や回復期のリハビリテーションも提供される。

(3)　脳血管障害やパーキンソン病などで、身体機能に障害のある人は、通所リハビリテーションの対象となる。

(4)　認知症で行動障害があったり、理解力や判断力に低下のみられる人も、サービスの対象となる。

(5)　嚥下(えんげ)障害や言語障害のある人は、それだけではサービスの対象とはならない。

ポイント解説　　　　　　　　　　　　　　　　　📖 上－ P.493～494

(1)　**✕**　通所リハビリテーションは、**要介護1から5の者まで**利用でき、要介護5の人でも適切なリハビリテーションによって日常生活が改善された例もある。実際の利用者は、**要介護1・2**の者が7割近くを占め、要介護度が高くなるにつれて**少なくなっている**。この傾向は通所介護と同じである。**介護予防通所リハビリテーション**は、要支援1・2で身体的疾患や認知症がないか、あっても軽度であるが、社会的な交流が少なく孤立しがちな生活を送っている人などに効果が期待できる。

(2)　**✕**　通所リハビリテーションでは、主に**生活期（維持期）のリハビリテーション**が提供される。

(3)　**◯**　**ADL（日常生活動作）や IADL（手段的日常生活動作）の維持・回復を図りたい人**も対象となる。

(4)　**◯**　認知症高齢者にあっては、**認知症の症状の軽減と落ち着きのある日常生活の回復**が目的となる。

(5)　**✕**　**嚥下障害**は食事摂取、**言語障害**はコミュニケーションのリハビリテーションの対象となる。

正解　(3)(4)

通所リハビリテーション計画の作成

問題122 通所リハビリテーション計画について、正しいものを3つ選べ。

(1) 通所リハビリテーション計画は、理学療法士あるいは作業療法士が作成する。

(2) 通所リハビリテーション計画は、居宅サービス計画が作成されているときには、その内容に沿って作成されなければならない。

(3) 通所リハビリテーションと訪問リハビリテーションの指定を併せて受け、リハビリテーション会議等を通じて利用者の情報を共有し、整合性のとれた計画を作成した場合は、1つの計画で通所リハビリテーションと訪問リハビリテーションを実施できる。

(4) 通所リハビリテーション計画は、個々の利用者に応じて作成されるので、サービスも個々に提供されなければならない。

(5) 通所リハビリテーションを実施した際は、実施状況および評価を診療記録に記載しなければならない。

ポイント解説　　　　　　　　　　　　　📖 上－ P.493、P.495〜500

(1) ✕ **通所リハビリテーション計画**の作成は、**医師**、**理学療法士**、**作業療法士**、**言語聴覚士その他の職種の者が共同で行う**。

(2) ◯ **通所リハビリテーション計画の作成後に、居宅サービス計画が作成された場合**には、その通所リハビリテーション計画が居宅サービス計画に沿ったものであるかどうかを確認し、**必要に応じて変更**する。

(3) ◯ **訪問リハビリテーション**の基準にも同様の内容が定められている。

(4) ✕ 通所リハビリテーション計画は、個々の利用者に応じて作成されるが、**サービスはグループごとに提供されることもある**。

(5) ◯ 通所リハビリテーション従業者は、それぞれの利用者について、サービスの実施状況および評価を**診療記録**に記載する。サービスの提供においては、調査（Survey）、計画（Plan）、実施（Do）、評価（Check）、改善（Action）の **SPDCA サイクル**を構築して、**心身機能・活動・参加**に対してバランスよくアプローチする。サービス終了時には、介護支援専門員や主治の医師に必要な**情報提供**を行う。

正解 (2)(3)(5)

通所リハビリテーションの基準

> **問題123**　通所リハビリテーションの基準について、正しいものを3つ選べ。
> (1)　医師の配置は必須とされていない。
> (2)　理学療法士、作業療法士もしくは言語聴覚士または看護職員もしくは介護職員が、一定数確保されなければならない。
> (3)　通所リハビリテーション事業所は、通所リハビリテーションを行うにふさわしい専用の部屋等を有していなければならない。
> (4)　事業所において感染症が発生し、またはまん延しないように必要な措置を講ずる必要がある。
> (5)　食事の提供に要する費用は、利用者から支払いを受けることはできない。

ポイント解説　　　　　　　　　　　　　　　　📖 上－ P.500〜503

　通所リハビリテーションの人員基準は、事業所の種別によって異なる部分もあるが、大きな差異はない。

(1)　**✕**　**医師**は、**常勤で1人以上**配置することとされている。なお、病院・診療所に併設された介護老人保健施設・介護医療院では、病院・診療所の常勤医師との兼務でさしつかえない。また、事業所が診療所である場合には、利用者が同時に10人を超える場合に、この規定が準用される。

(2)　**○**　**理学療法士、作業療法士もしくは言語聴覚士または看護職員もしくは介護職員**は、提供時間帯を通じて、利用者10人に対し、専従で1人以上確保されなければならない（利用者10人以下でも1人以上必要）。なお、このうち理学療法士、作業療法士もしくは言語聴覚士は、利用者100人に1人以上を配置する。

(3)　**○**　さらに、**サービスを行うために必要な専用の機械・器具**を備えなければならない。

(4)　**○**　具体的には、感染症予防の対策を検討する**委員会**の開催、**指針**の整備、**研修と訓練**の実施が必要とされ、他のサービスにも共通である。

(5)　**✕**　**食費は利用者負担**であるため、事業者は支払いを受けることができる。

正解　(2)(3)(4)

通所リハビリテーションの介護報酬⑴

問題124　通所リハビリテーションの介護報酬について、正しいものを2つ選べ。

(1)　通所リハビリテーション費は、要介護状態区分別・所要時間別・事業所規模別に設定されている。

(2)　所要時間は、2時間きざみの4段階に設定されている。

(3)　送迎に要する時間は、所要時間に含めることができる。

(4)　利用者数により、通常規模型、大規模型(Ⅰ)、大規模型(Ⅱ)の別に設定され、規模が大きくなるほど基本サービス費は高くなる。

(5)　要介護3〜5の2時間以上の利用者であって、頻回の喀痰吸引を実施している状態であったり、褥瘡の治療を実施している状態であったりする場合は、重度療養管理加算を算定できる。

ポイント解説

(1)　○　要介護状態区分は、要介護1〜5の5段階に区分されている。

(2)　✕　**所要時間**は、1時間以上2時間未満、……、7時間以上8時間未満の**1時間きざみの7段階**に設定されている。

(3)　✕　**送迎に要する時間**は、原則として**所要時間に含まれない**。ただし、送迎時に実施した居宅内での介助等に要する時間は、一定の要件のもとに、1日30分を限度に所要時間に含めることができる。送迎を行わなかった場合には、減算が行われる。

(4)　✕　事業所の規模が大きくなるほど、基本サービス費は**低く**設定されている。

(5)　○　**重度療養管理加算**を算定できる利用者の状態として、記述の状態を含む9つの状態が規定されている。

正解　(1)(5)

通所リハビリテーションの介護報酬⑵

問題125　通所リハビリテーションの介護報酬について、正しいものを2つ選べ。

(1)　リハビリテーションマネジメント加算を算定するには、定期的にリハビリテーション会議を開催しなければならない。

(2)　退院・退所日または新規の要介護認定から起算して1か月以内の集中的な個別リハビリテーションには、短期集中個別リハビリテーション実施加算が算定される。

(3)　生活行為向上リハビリテーション実施加算は、6か月以内の計画期間を定めて行うもので、計画期間終了後に行う通所リハビリテーションには、基本サービス費の減算が行われる。

(4)　生活行為向上リハビリテーション実施加算と短期集中個別リハビリテーション実施加算は、同時に算定できる。

(5)　利用者の居宅を訪問して浴室の環境等を把握し、それを踏まえた個別の入浴計画に基づき、居宅の状況に近い環境で入浴介助を行う場合の加算がある。

ポイント解説

(1)　○　**リハビリテーションマネジメント加算**の要件は、ほかに、通所リハビリテーション計画の定期的な見直し、介護支援専門員への情報提供、居宅を訪問しての家族や他のサービス従業者への助言などがある。

(2)　×　**短期集中個別リハビリテーション実施加算**は、退院・退所日または新規の要介護認定から**3か月以内**の期間に、1日につき算定される。

(3)　×　2020年改正により、**計画期間終了後の減算は廃止された**。また、3か月以内、4か月～6か月以内の2段階で設定されていた加算の単位数は、単一のものとなった。

(4)　×　**生活行為向上リハビリテーション実施加算**は、**短期集中個別リハビリテーション実施加算**や**認知症短期集中リハビリテーション実施加算**と同時に算定することはできない。

(5)　○　利用者が**居宅で入浴できるようになること**を目的としたものである。ほかに、通常の入浴介助に対する加算もある。　　**正解**　(1)(5)

介護予防通所リハビリテーション

問題126 介護予防通所リハビリテーションについて、正しいものを２つ選べ。

(1) 介護予防通所リハビリテーションは、要支援１・２の者に加えて、地域支援事業の第１号事業対象者のうち要支援に至らないものも対象とすることができる。

(2) 介護予防通所リハビリテーション費は、利用回数に関係なく、１か月単位で算定される。

(3) 介護予防通所リハビリテーション費は、２か所以上の事業所を利用した場合には、その合計額として算定される。

(4) 事業者は少なくとも月に１回、利用者の状態やサービス提供状況を、介護予防支援事業者に報告しなければならない。

(5) 要介護者対象の通所リハビリテーションと、介護予防通所リハビリテーションを、一体的に運営することはできない。

ポイント解説　　　　　　　　　　　　　　　　📖上－ P.581～585

(1) ✕　「介護予防訪問看護」のように「介護予防」を冠する個別サービスは、**予防給付**と総称され、すべて**要支援１・２の者だけを対象**とする。

(2) ◯　要支援１・２の２段階で、利用時間や回数に関係なく、**１か月当たりで設定されている**。要介護者対象のものと決定的に異なる点である。なお、2020年改正で、利用開始から12か月が経過した後の単位数が減額されることになった。

(3) ✕　選択肢(2)のような算定構造になっているため、同じ月に２か所以上の事業所を利用することはできない。

(4) ◯　また、サービス提供期間中に少なくとも１回、**モニタリング**を行って介護予防支援事業者に報告することも義務づけられている。

(5) ✕　要介護者と要支援者の両方を対象とするサービスは、一体的に運営されることが多く、**どちらかの基準を満たしていれば、他方も満たしているものとみなされる**ものが多い。

正解　(2)(4)

短期入所療養介護の意義

問題127 短期入所療養介護の意義について、正しいものを３つ選べ。

(1) 短期入所療養介護は、介護保険における短期入所サービスの１つである。

(2) 短期入所療養介護は、入浴、排泄（はいせつ）、食事等の介護その他の日常生活上の世話および機能訓練を行うものである。

(3) 障害の原因となっている疾病のコントロールが不良な場合や、医師をはじめとする医療系スタッフによる医学的管理が必要な場合に利用する。

(4) 本体施設の種類によって、可能な医療的対応のレベルに差が出ることも考えられる。

(5) 特別な医療的処置の必要な利用者が多いため、原則としてリハビリテーションは行われない。

ポイント解説 　　　　　📖上－ P.515〜518、P.589〜591

(1) ○ 介護保険における短期入所サービスには、**短期入所療養介護**と**短期入所生活介護**があり、ともに**ショートステイ**と呼ばれる。

(2) ✕ 短期入所療養介護は、**看護、医学的管理のもとにおける介護および機能訓練その他必要な医療ならびに日常生活上の世話を行う**ものである。記述の内容は、短期入所生活介護に関するものである。

(3) ○ 短期入所療養介護は、**医学的管理の必要性が高い利用者に対するショートステイ**である。

(4) ○ 短期入所療養介護は、**介護老人保健施設、介護医療院、療養病床を有する病院・診療所、診療所**などによって提供される。これらの本体施設の種類によって、医療対応のレベルに差が生じることもある。例えば、介護老人保健施設で医療的対応ができないとは限らないが、喀痰（かくたん）吸引や経管栄養などの**医療ニーズの高い利用者は、病院・診療所のほうが多い傾向**にある。

(5) ✕ リハビリテーション上の定期評価や機能訓練の必要な者も、サービスの対象となり、**リハビリテーションが行われる**。

正解 (1)(3)(4)

短期入所療養介護の制度

問題128 短期入所療養介護の制度について、正しいものを２つ選べ。

(1) 短期入所療養介護は、要介護者が在宅療養を継続するために有効なサービスである。

(2) 施設入所のサービスなので、要支援者に対するサービスはない。

(3) 利用者ごとに、必ず短期入所療養介護計画を作成しなければならない。

(4) 短期入所療養介護計画は、短期入所療養介護の個別サービス計画であり、あくまでも入所期間中のサービスに限定された内容のものである必要がある。

(5) ユニット型の短期入所療養介護については、利用者が能力に応じて、自らの生活様式と生活習慣に沿って自律的な日常生活を営むことができるように支援する。

ポイント解説　　　　　📖 上－ P.519〜521、P.589〜591

(1) ○　ケアマネジメントのうえでも、短期入所療養介護を効果的に活用することは、**在宅療養を継続するための重要なポイント**となる。

(2) ×　短期入所療養介護は、医療ニーズをもつ在宅の者を対象にするサービスであり、要支援者対象の**介護予防短期入所療養介護**もある。

(3) ×　**短期入所療養介護計画**は、**相当期間（おおむね４日）以上にわたり継続して入所する利用者について作成する**こととされている。

(4) ×　短期入所療養介護計画は、入所期間中の計画であるだけでなく、**在宅復帰後の居宅サービス計画に生かされる内容のもの**である必要がある。**居宅サービス計画**と**短期入所療養介護計画**は、連動していなければならない。

(5) ○　**ユニット型**の短期入所療養介護は、各ユニットにおいて、利用者が**それぞれの役割をもって**生活を営むことができるように配慮する。また、利用者の**プライバシーの確保**に配慮して行う。

正解　(1)(5)

短期入所療養介護の内容⑴

問題129 短期入所療養介護の内容について、正しいものを３つ選べ。

(1) 短期入所療養介護の大きな役割として、介護者の負担軽減がある。

(2) 短期入所療養介護は、家族の疾病を理由として利用することはできるが、家族の冠婚葬祭、出張などを理由として利用することはできない。

(3) 短期入所なので、特に疾病に対する医学的管理はなされない。

(4) 装着した医療機器の調整・交換を、短期入所療養介護で行うことができる。

(5) 認知症高齢者で、行動障害がある場合に、緊急避難的に利用することも考えられる。

ポイント解説　　　　　　　　　　📖上－ P.519〜521、P.589〜591

(1) **○**　短期入所療養介護は、終わりのみえない介護に対して、**介護者の身体的・精神的な休息のためのケア（レスパイト・ケア）** としても提供される。

(2) **✕**　短期入所療養介護の運営基準には、**①利用者の心身の状況または病状**、**②家族の疾病、冠婚葬祭、出張など**、**③家族の身体的・精神的な負担の軽減などの理由で利用できる**と規定されている。

(3) **✕**　短期入所療養介護では、**疾病に対する医学的管理**が行われる。医療系スタッフによる専門的なアプローチがなければ、短期入所生活介護とすみ分けした意味がなくなるわけである。

(4) **○**　胃ろうチューブや気管カニューレの交換は、在宅でできないことではないが、**短期入所療養介護を活用して行うことも可能である。**

(5) **○**　**認知症の行動・心理症状**を理由として、緊急避難的に短期入所療養介護を利用することができる。

正解　(1) (4) (5)

短期入所療養介護の内容(2)

問題130 短期入所療養介護の内容について、正しいものを2つ選べ。

(1) 短期入所療養介護は、居宅サービス計画において計画的に利用することになっていない場合でも、利用することが可能である。

(2) 短期入所療養介護とターミナルケアはあまり関連がない。

(3) 短期入所療養介護は、一般に空床利用型の運用がなされている。

(4) 短期入所療養介護は、短期入所生活介護と同様に、基準該当サービスが認められている。

(5) 特定短期入所療養介護は日帰りのサービスであり、対象者は通常の短期入所療養介護と同じである。

ポイント解説　　　　　　　　　　　📖上－ P.519〜521、P.589〜591

(1) **○**　定期的に利用することが一般的だと思われがちだが、利用者の状態や家族の事情などによる緊急時には、**居宅サービス計画で計画的に利用することになっていない短期入所サービス**を利用することもできる。

(2) **✕**　短期入所療養介護とターミナルケアはあまり関連がないと考えられがちであるが、今後、**ターミナルケアにおける短期入所療養介護の役割が増大していく**ものと考えられる。

(3) **○**　**空床利用型**では、短期入所療養介護の利用者と、入院・入所サービスの入院患者・入所者を合わせた数が、短期入所療養介護を運営する施設全体の定員を超えなければ、それぞれの定員を定める必要はない。

(4) **✕**　短期入所生活介護では、**基準該当サービス**が認められているが、医療系のサービスである短期入所療養介護では**認められていない**。

(5) **✕**　**特定短期入所療養介護**は**日帰り**のサービスであるが、対象者は**難病等を有する中重度者または末期の悪性腫瘍の要介護者**であって、サービスの提供にあたり常時看護師による観察を必要とする者とされている。

正解　(1)(3)

短期入所療養介護の基準

問題131 短期入所療養介護の基準について、正しいものを３つ選べ。
(1) 相当期間以上にわたり、継続して入所する利用者については、短期入所療養介護計画に基づき、漫然かつ画一的なものとならないよう配慮してサービスを提供しなければならない。
(2) 緊急やむを得ない場合を除き、身体拘束等を行ってはならない。
(3) 虐待の防止のための対策を検討する委員会を定期的に開催している場合には、従業者に対する研修は行わなくてもよい。
(4) １週間に３回以上、利用者の入浴または清拭を行わなければならない。
(5) 医療・福祉関係の資格をもたない従業者に対し、認知症介護に係る基礎的な研修を受講させるようにしなければならない。

ポイント解説 上－ P.521〜524、P.589〜591

(1) ○ **短期入所療養介護計画**の作成が求められる場合の「相当期間」は、**おおむね４日**とされる。
(2) ○ やむを得ない事情で身体拘束等を行った場合には、その態様や時間等を**記録**し、その記録を**２年間保存**しなければならないとされる。短期入所生活介護についても同様の規定がある。なお、記録の保存期間については、厚生労働省令では２年間とされるが、都道府県（指定都市・中核市）の条例で５年間とするなど、異なるところもある。
(3) × 2020年改正において、**虐待を防止する**観点から、**委員会**の開催、**指針**の整備、従業者に対する**研修**、**担当者**の配置が義務づけられた。これらは各サービスに共通である。
(4) × 利用者の**入浴**または**清拭**は、**１週間に２回以上**と規定されている。
(5) ○ 2020年改正において、介護サービス事業者に、介護に直接携わる職員のうち、医療・福祉関係の資格をもたない者について、**認知症介護に係る基礎的な研修**を受講させるために必要な措置を講じることが義務づけられた。

正解 (1)(2)(5)

短期入所療養介護の介護報酬

問題132　短期入所療養介護の介護報酬について、正しいものを3つ選べ。
(1)　短期入所療養介護費は、1か月を単位に、要介護状態区分別に設定されている。
(2)　短期入所療養介護費は、介護老人保健施設、介護医療院、病院、診療所等の、サービスを提供する施設のタイプによって異なる。
(3)　厚生労働大臣が定める利用者に対し、居宅サービス計画にない短期入所療養介護を行った場合は、緊急短期入所受入加算が行われる。
(4)　おむつ代、食費・滞在費は、保険給付の対象外である。
(5)　連続して30日を超えて短期入所療養介護を利用している場合、30日を超える分について、短期入所療養介護費は算定されない。

ポイント解説

(1)　**✕**　**短期入所療養介護費**は、**1日を単位に**、**要介護状態区分別**に設定されている。なお、**特定短期入所療養介護費**は提供時間別の設定である。

(2)　**○**　短期入所療養介護費は、サービスを提供する施設のタイプによって、**それぞれ異なる**。また、それぞれの施設ごとに**ユニット型短期入所療養介護費**と**特定短期入所療養介護費**が設定されている。

(3)　**○**　厚生労働大臣が定める利用者とは、「居宅介護支援事業所の介護支援専門員が、緊急に短期入所療養介護を受けることが必要と認めた利用者」であり、利用開始日から7日（やむを得ない事情がある場合には14日）を限度として算定できる。加算にはほかに、**サービス提供体制強化加算**、**重度療養管理加算**、**個別リハビリテーション実施加算**、**療養食加算**、**認知症専門ケア加算**、**認知症行動・心理症状緊急対応加算**など、さまざまなものがあるが、その種類はサービスを提供する施設のタイプによって異なる。

(4)　**✕**　食費・滞在費は利用者負担だが、**おむつ代**は、短期入所サービス・施設サービス・地域密着型介護老人福祉施設においては、保険給付の対象となる。

(5)　**○**　**30日を超える分については、全額自己負担**となる。短期入所生活介護についても同様の規定がある。　　　　　**正解**　(2)(3)(5)

定期巡回・随時対応型訪問介護看護の意義

> **問題133** 定期巡回・随時対応型訪問介護看護について、正しいものを3つ選べ。
> (1) 定期的な巡回や随時通報により、居宅を訪問して行うサービスである。
> (2) このサービスでは、定期巡回サービス、随時対応サービス、随時訪問サービス、訪問看護サービスを提供するものとされている。
> (3) 随時対応サービスとは、随時、利用者・家族からの通報を受けて、訪問介護員等が居宅を訪問して日常生活上の世話を行うことである。
> (4) 定期巡回・随時対応型訪問介護看護には、「介護・看護一体型」と「介護・看護連携型」の2つの類型がある。
> (5) 要支援者対象の介護予防定期巡回・随時対応型訪問介護看護もある。

ポイント解説　　　　　　　　　　　　📖 上－ P.607～612

(1) **○**　居宅を訪問し、入浴、排泄(はいせつ)、食事等の介護、日常生活上の緊急時の対応その他の安心して居宅において生活を送るための援助として、**介護・看護**の両方を、一体的にまたは密接に連携しながら提供する。

(2) **○**　それぞれの内容は以下のとおりである。

　①**定期巡回サービス**　訪問介護員等が、定期的に利用者の居宅を巡回して行う日常生活上の世話。

　②**随時対応サービス**　あらかじめ利用者の心身の状況等を把握して、随時、利用者・家族等からの通報を受け、それを基に相談援助または訪問介護員等の訪問もしくは看護師等による対応の要否等を判断する。

　③**随時訪問サービス**　随時対応サービスにおける訪問の要否等の判断に基づき、訪問介護員等が居宅を訪問して行う日常生活上の世話。

　④**訪問看護サービス**　看護師等が医師の指示に基づき、利用者の居宅を訪問して行う療養上の世話または必要な診療の補助。

(3) **✕**　記述は、随時訪問サービスの内容である。

(4) **○**　**一体型**は解説(2)の①～④を行う。**連携型**は①～③を行い、④については訪問看護を行う**指定訪問看護事業者と連携**をする。

(5) **✕**　要支援者対象の介護予防サービスはない。

正解　(1)(2)(4)

定期巡回・随時対応型訪問介護看護の内容

問題134 定期巡回・随時対応型訪問介護看護の内容について、正しいものを3つ選べ。

(1) 定期巡回サービスでは、1日に複数回の訪問を必ず行う。

(2) 随時対応サービスは、利用者からの相談等に対応するものであり、利用者の家族からの相談等には対応できない。

(3) 頻繁に同一時間帯に随時訪問サービスが必要になる利用者には、定期巡回サービスに組み替えるなどの対応を行う場合もある。

(4) 随時訪問サービスにおいては、随時の通報があってから、おおむね30分以内に駆けつけられるような体制確保に努めなければならない。

(5) 訪問看護サービスは、定期巡回・随時対応型訪問介護看護のすべての利用者が対象となるわけではない。

ポイント解説　　　　　　　　　　　　　　　　　　📖 上－ P.609〜610

　定期巡回・随時対応型訪問介護看護は、**定期巡回サービス**、**随時対応サービス**、**随時訪問サービス**、**訪問看護サービス**を適宜適切に組み合わせて提供する。**地域密着型サービス**に分類される。

(1) **✕**　**定期巡回サービス**は、原則として**1日複数回**の訪問を行うことを想定しているが、利用者の心身の状況等に応じて、1日1回であったり、訪問を行わない日があったりすることも考えられる。また、訪問時間については短時間に限らず、必要なケアの内容に応じ柔軟に設定する。

(2) **✕**　**随時対応サービス**では、利用者だけでなく家族等からの在宅介護における相談等にも対応する。

(3) **◯**　この場合は、利用者の心身の状況を適切に把握して対応する。

(4) **◯**　また、複数の利用者に対して同時に随時の訪問の必要性が生じた場合の対応方法について、あらかじめ定めておく。

(5) **◯**　**訪問看護サービス**は、**主治の医師**が必要と認めた者しか受けられないため、すべての利用者が対象となるものではない。また、訪問看護サービスには**定期的に行うもの**および**随時行うもの**の両方が含まれる。

正解　(3) (4) (5)

定期巡回・随時対応型訪問介護看護の基準(1)

問題135 定期巡回・随時対応型訪問介護看護の基準について、正しいものを2つ選べ。

(1) 定期巡回・随時対応型訪問介護看護事業所は、訪問介護、訪問看護、夜間対応型訪問介護に関する指定を併せて受けることができない。

(2) オペレーターは、介護支援専門員でなければならない。

(3) 原則として、事業者は、オペレーターに通報するための端末機器を利用者に配布しなければならない。

(4) 利用者から合鍵を預かることは禁止されている。

(5) 訪問看護サービスの提供は、主治の医師との密接な連携および定期巡回・随時対応型訪問介護看護計画に基づいて行う。

ポイント解説　　　　　　　　　　　　📖 上－ P.610～614

(1) **✕** 定期巡回・随時対応型訪問介護看護事業所が、**訪問介護**、**訪問看護**、**夜間対応型訪問介護**に関する指定を併せて受けてもさしつかえない。

(2) **✕** **オペレーター**は、随時対応サービスで利用者・家族等からの通報に対応する従業者であり、**看護師**、**保健師**、**准看護師**、**医師**、**社会福祉士**、**介護福祉士**、**介護支援専門員**などであることとされている。

(3) **〇** ただし、利用者が適切にオペレーターに随時の通報を行うことができる場合は、この限りでない。また、事業者は、随時適切に利用者からの通報を受けることができる**通信機器**等を備え、必要に応じてオペレーターに携帯させなければならない。

(4) **✕** 利用者から**合鍵**を預かることはできるが、管理を厳重に行うとともに、管理方法、紛失した場合の対処方法などを記載した文書を利用者に交付する。

(5) **〇** **訪問看護サービス**における**主治の医師**との連携は、訪問看護と共通するものが多い（開始に際し**文書で指示**を受ける、**定期巡回・随時対応型訪問介護看護計画**および**訪問看護報告書**を医師に提出するなど）。

正解 (3)(5)

定期巡回・随時対応型訪問介護看護の基準(2)

問題136 定期巡回・随時対応型訪問介護看護の基準について、正しいものを3つ選べ。

(1) 計画作成責任者は、看護師でなければならない。

(2) 定期巡回・随時対応型訪問介護看護計画において、サービスを提供する日時等を定める際は、居宅サービス計画に定められた日時等にかかわらず、居宅サービス計画および利用者の状況・希望を踏まえ、計画作成責任者が決定することができる。

(3) 定期巡回・随時対応型訪問介護看護計画は、訪問介護員が利用者の居宅を定期的に訪問して行うアセスメントの結果を踏まえ、作成しなければならない。

(4) 介護・医療連携推進会議を設置し、おおむね6か月に1回以上サービス提供状況等を報告し、評価を受けるなどしなければならない。

(5) 事業者は、介護・医療連携推進会議での報告、評価、要望、助言等についての記録を作成しなければならない。

ポイント解説　　　　　　　　　　　　📖上－ P.612〜614

(1) ✕　**計画作成責任者**には、従業者である看護師・准看護師・医師・保健師・介護福祉士・社会福祉士・介護支援専門員から1人以上をあてる。計画作成責任者は、管理者を兼ねることができる。

(2) ○　**定期巡回・随時対応型訪問介護看護計画**は、居宅サービス計画に沿って作成されるが、具体的な日時等については記述のような規定がある。この場合、作成した計画を、利用者を担当する**介護支援専門員**に提出する。

(3) ✕　訪問介護員ではなく、**看護職員（保健師、看護師、准看護師）**によるアセスメントの結果を踏まえて、計画を作成する。

(4) ○　**介護・医療連携推進会議**は、利用者、利用者の家族、地域住民の代表者、地域の医療関係者、市町村または地域包括支援センターの職員、有識者等により構成される。

(5) ○　また、この**記録**を**公表**しなければならない。

正解　(2)(4)(5)

定期巡回・随時対応型訪問介護看護の介護報酬

問題137 定期巡回・随時対応型訪問介護看護の介護報酬について、正しいものを3つ選べ。

(1) 要介護度別に1日当たりの介護報酬が設定されている。

(2) 一体型事業所の場合は、介護サービス・看護サービスの利用者と、介護サービスのみの利用者に分けて、二通りの介護報酬が要介護度別に設定されている。

(3) 連携型事業所の場合は、事業所は要介護度別5段階の訪問介護分を算定し、連携先の訪問看護事業所は、要介護度別5段階の訪問看護費を算定する。

(4) 利用者が通所介護等を利用した日については、1日当たり所定単位数が減算される。

(5) 一定の要件を満たしているものとしてあらかじめ市町村長に届け出た事業所については、総合マネジメント体制強化加算が算定される。

ポイント解説

(1) **✕** サービス提供の回数・内容にかかわらず、要介護度別に**1か月当たり**の介護報酬が算定される。

(2) **〇** 例えば、要介護3の介護・看護利用者は19,821単位、介護のみの利用者は16,883単位である（2023年度）。

(3) **✕** 訪問介護分は記述のとおりだが、連携先で算定される**訪問看護費**は、要介護1～4、要介護5の**2段階**である。

(4) **〇** **通所介護、通所リハビリテーション、地域密着型通所介護、認知症対応型通所介護**を利用した日については**減算が行われる**。

(5) **〇** **総合マネジメント体制強化加算**や**サービス提供体制強化加算**というサービスの質を評価する体制加算がある。また、**緊急時訪問看護加算**、**特別管理加算**、**ターミナルケア加算**など、訪問看護とも共通する加算がある。

正解 (2)(4)(5)

看護小規模多機能型居宅介護の意義・目的

問題138 看護小規模多機能型居宅介護について、正しいものを３つ選べ。

(1) 看護小規模多機能型居宅介護は、2011年改正で地域密着型サービスに創設された複合型サービスが、2015年４月から現名称に名称変更されたものである。

(2) 看護小規模多機能型居宅介護は、小規模多機能型居宅介護の機能に、訪問看護の機能を組み合わせて提供するサービスである。

(3) 要介護度が高い人であっても、住み慣れた居宅で可能な限り自立した日常生活を継続できるように支援することを目的とする。

(4) 看護小規模多機能型居宅介護の利用者は、訪問リハビリテーション、福祉用具貸与は利用できない。

(5) 利用者は、２つ以上の看護小規模多機能型居宅介護事業所に登録して利用できる。

ポイント解説　　　　　　　　　　　　　　　📖 上－ P.669～674

(1) **〇**　サービスの普及につなげるため、サービス内容がイメージできる**看護小規模多機能型居宅介護**と改称された。また、2023年改正で、複合型サービスの内容が明確に定義された（法第８条23項）。

(2) **〇**　利用者の状態に応じて、**訪問介護サービス・通いサービス・宿泊サービス**と**訪問看護サービス**を柔軟に組み合わせて提供するものである。

(3) **〇**　また、通いサービスや宿泊サービスの利用によって、**社会との接点を維持**し、**生活リズムを確保**することもめざしている。

(4) **✕**　看護小規模多機能型居宅介護を受けている間であっても、**訪問リハビリテーション**、**福祉用具貸与**は**利用できる**。また、**居宅療養管理指導**も利用できる。

(5) **✕**　利用者は、**１つの事業所に登録**してサービスを利用する。

正解　(1)(2)(3)

看護小規模多機能型居宅介護の基準等(1)

問題139 看護小規模多機能型居宅介護の基準について、正しいものを2つ選べ。

(1) 看護小規模多機能型居宅介護事業所は、登録定員を29人以下とする。

(2) 看護小規模多機能型居宅介護事業所の登録者の居宅サービス計画は、居宅介護支援事業所の介護支援専門員が作成する。

(3) 看護小規模多機能型居宅介護は、宿泊サービスの利用者が登録定員に比べて、著しく少ない状態が続くものであってはならない。

(4) 看護サービスの提供の開始に際し、主治の医師による指示を文書で受けなければならない。

(5) 看護小規模多機能型居宅介護計画と看護小規模多機能型居宅介護報告書は、介護支援専門員が作成する。

ポイント解説　　　　　　　　　　　　　📖上－ P.674～676

(1) 〇　利用者は、**事業所に登録して**、それぞれのサービスを組み合わせて利用する。**登録定員の上限**は、**29人**である。なお、**サテライト型**の場合の登録定員は18人以下とする。

(2) ✕　看護小規模多機能型居宅介護事業所の登録者の**居宅サービス計画**は、**看護小規模多機能型居宅介護事業所の介護支援専門員**が作成する。小規模多機能型居宅介護の場合と同じである。

(3) ✕　看護小規模多機能型居宅介護は、**通いサービス**の利用者が登録定員に比べて、著しく少ない状態が続くものであってはならない。また、登録者が**通いサービス**を利用していない日は、可能な限り、**訪問サービス**や**電話連絡による見守り**などを行わなければならない。

(4) 〇　また、**主治の医師**に**看護小規模多機能型居宅介護計画**と**看護小規模多機能型居宅介護報告書**を提出しなければならない。なお、**看護サービス**とは、**療養上の世話**または**必要な診療の補助**である。

(5) ✕　**看護小規模多機能型居宅介護計画**の作成に関する業務は**介護支援専門員**が行い、**看護小規模多機能型居宅介護報告書**の作成に関する業務は**看護師等**（准看護師を除く）が行う。

正解 (1)(4)

看護小規模多機能型居宅介護の基準等(2)

> **問題140** 看護小規模多機能型居宅介護の基準等について、正しいものを3つ選べ。
>
> (1) サービス提供従業者のうち、常勤換算方法で1.5人以上は看護職員でなければならない。
> (2) 介護支援専門員は、看護小規模多機能型居宅介護計画の作成にあたって、看護師等と密接な連携を図らなければならない。
> (3) 事業者は運営推進会議を設置し、おおむね6か月に1回以上、運営推進会議に活動状況を報告しなければならない。
> (4) 運営推進会議は、利用者、利用者の家族、地域住民の代表者、市町村の職員または地域包括支援センターの職員、有識者等により構成される。
> (5) 要介護度別に1か月当たりの介護報酬が設定されている。

ポイント解説　　　　　　　　　　　　　　　📖 上－ P.674～676

(1) **✕**　通いサービス提供者、訪問サービス提供者それぞれに配置基準が定められているが、**看護職員**（保健師、看護師、准看護師）は、常勤換算方法で**2.5人以上**の配置が必要である。

(2) **◯**　看護小規模多機能型居宅介護計画の作成は介護支援専門員が行うが、**看護サービスに係る記載**については、**看護師等**と密接な連携を図る。

(3) **✕**　事業者は、おおむね**2か月に1回以上**、**運営推進会議**に対し活動状況を報告し、評価を受けるとともに、運営推進会議から必要な要望、助言等を聴く機会を設けなければならない。また、会議での報告、評価、要望、助言等についての**記録**を作成し、それを**公表**しなければならない。

(4) **◯**　この運営推進会議は、定期巡回・随時対応型訪問介護看護と夜間対応型訪問介護以外の地域密着型サービス事業者に設置が義務づけられている（開催の頻度についての規定は事業により異なる）。

(5) **◯**　通い・訪問・宿泊サービスをどのように組み合わせて利用するかに関係なく、同一建物以外の居住者に対するもの、同一建物居住者に対するものの2通りで、**要介護度別**に、**1か月当たり**の介護報酬が設定されている。**緊急時訪問看護加算、総合マネジメント体制強化加算、口腔・栄養スクリーニング加算**などがある。　　**正解** (2)(4)(5)

介護老人保健施設の意義

問題141 介護老人保健施設の意義について、正しいものを３つ選べ。

(1) 介護老人保健施設は、かつての老人保健施設が、介護保険制度の施行によって名称変更されたものである。

(2) 介護老人保健施設は、株式会社などの営利を目的とする法人も開設することができる。

(3) サテライト型小規模介護老人保健施設、医療機関併設型小規模介護老人保健施設は、いずれも入所定員29人以下の施設である。

(4) 分館型介護老人保健施設は、「過疎地域自立促進特別措置法」に規定される地域にのみ認められる形態であり、都市部に設置されることはない。

(5) 療養病床から介護老人保健施設へ転換した施設を、介護療養型老人保健施設として位置づけている。

ポイント解説　　　　　　　　　　　　　📖上－ P.714〜716

(1) **○** **老人保健施設**は1988（昭和63）年に制度化されたが、介護保険制度の施行により、介護保険法に基づく**介護老人保健施設**となった。老人保健施設は、**医療サービスと福祉サービスを統合したサービス**を提供する**中間施設**として、また**医療機関と居宅との中間施設**として構想された。

(2) **✕** 介護老人保健施設を開設できるのは、地方公共団体、医療法人、社会福祉法人その他厚生労働大臣が定める者に限られ、**営利を目的とする場合は開設が許可されない**。

(3) **○** **サテライト型**は本体施設である介護老人保健施設・介護医療院や病院・診療所と別の場所に設置され、**医療機関併設型**は介護医療院・病院・診療所に併設され、それぞれ本体施設と密接に連携して運営される。

(4) **✕** **分館型介護老人保健施設**は、記述のような**過疎地域**のほか、設置に困難が伴う**東京都の区部**などにも設置が認められている。

(5) **○** 療養病床は介護保険施設等への転換が図られているが、介護老人保健施設へ転換したもののうち、従来の介護老人保健施設より医療体制等が整っているものを、**介護療養型老人保健施設**として報酬上高く評価している。

正解 (1)(3)(5)

介護老人保健施設の利用者と視点

問題142 介護老人保健施設の利用者と視点について、正しいものを2つ選べ。

(1) 介護老人保健施設は、主として長期にわたり療養が必要である者に対してサービスを提供するための施設である。

(2) 介護保健施設サービスの対象者は、病状が安定期にある要介護者である。

(3) 介護老人保健施設が行う介護予防短期入所療養介護や介護予防通所リハビリテーションは、要支援者でも利用することができる。

(4) 介護保健施設サービスにおいては、個別ケアよりも集団ケアが重視される。

(5) 介護老人保健施設では、ユニットケアは行われない。

ポイント解説　　　　　　　　　　　　　　　　📖 上－ P.714〜716

(1) ✕ 「主として長期にわたり療養が必要である者」に対してサービスを提供するのは**介護医療院**である。介護老人保健施設は、主として心身の機能の維持回復を図り、**居宅における生活を営むことができるようにするための支援が必要である者**に対してサービスを提供する。**在宅復帰のための施設**という特徴がある。

(2) 〇 介護保健施設サービスの対象者は(1)の解説の要件に加え、病状が**安定期**にあり、看護、医学的管理の下における介護および機能訓練その他の必要な医療を要する要介護者である。介護老人保健施設は治療機関でなく**ケア施設**であり、病状が安定していることが入所の条件となる。なお、**介護保健施設サービス**とは、介護老人保健施設が行う施設サービスのことである。

(3) 〇 介護老人保健施設が行う介護予防サービスは、要支援者も利用できる。ただし、介護老人保健施設が行う施設サービス（介護保健施設サービス）は当然、要支援者は利用できない。

(4) ✕ **集団ケアから個別ケア**への移行が図られている。

(5) ✕ 介護保険施設ではユニット型の導入が進んでいて、**ユニット型介護老人保健施設**も存在する。　　　　　　　　**正解** (2)(3)

介護老人保健施設の利用者の特性

問題143　介護老人保健施設の利用者について、正しいものを３つ選べ。

(1)　介護老人保健施設は、入院治療が必要な者も入所できる。

(2)　他の介護保険施設に比べて、入所者の要介護度は低い。

(3)　入所者の約50％が認知症高齢者である。

(4)　退所者のおよそ３分の１が在宅復帰をしている。

(5)　介護老人保健施設で終末期を過ごす入所者が増える傾向にある。

ポイント解説　　　　　　　　　　　　　　　📖 上－ P.717〜718

(1)　**✕**　介護老人保健施設に入所できるのは、病状が**安定期**にある者であり、**入院治療が必要な者は入所できない**。

(2)　**〇**　2020（令和２）年度の介護給付費等実態統計の概況によると、要介護４と５の入所者の割合は、介護老人福祉施設では約70％、介護医療院では約84％であるが、介護老人保健施設では約44％である。介護老人保健施設は、他の介護保険施設と比較して、要介護４と５の入所者が少ないため、**平均要介護は低くなっている**。

(3)　**✕**　2019（令和元）年の介護サービス施設・事業所調査によると、認知症高齢者の日常生活自立度ランクⅢが39.3％、ランクⅡが33.2％など、**認知症の症状がある人**は、**入所者全体の96％**に上っている。

(4)　**〇**　退所者の**36.3％が在宅復帰している**。そのほか退所者の行先で多いのは、医療機関の33.3％、死亡に次いで介護老人福祉施設の9.1％となっている。

(5)　**〇**　介護老人福祉施設でも**終末期**を過ごす入所者が増える傾向にあるが、医師や看護職員の配置が手厚い介護老人保健施設のほうが、その傾向が顕著である。

正解　(2)(4)(5)

介護老人保健施設の特徴

問題144 介護老人保健施設の特徴について、正しいものを３つ選べ。

(1) 介護老人保健施設では、要介護者に対し、看護、医学的管理の下における介護および機能訓練その他必要な医療ならびに日常生活上の世話を行う。

(2) 介護老人保健施設では、急性期と維持期の中間である回復期のリハビリテーションを行う。

(3) 医師、看護・介護職員、リハビリテーション専門職、支援相談員、栄養士等の従業者が協働して行うチームケアの理念が重視される。

(4) 介護老人保健施設が、短期入所療養介護や通所リハビリテーションを行うのはまれである。

(5) 家庭介護者や地域のボランティア等のケア技術の習得を支援するなど、地域に根ざした施設としての役割をもつ。

ポイント解説　　　　　　　　　　　📖 上－ P.714〜715、P.718〜719

(1) ○　介護老人保健施設は、「**看護、医学的管理の下における介護**および**機能訓練その他必要な医療**ならびに**日常生活上の世話を行う**」と定められている。このことからも、**医療**と**福祉**を統合したサービスを提供する施設であることがわかる。

(2) ✕　介護老人保健施設では、**生活期（維持期）リハビリテーション**を行う。

(3) ○　多職種からなる**チームケア**で、早期の在宅復帰をめざす。

(4) ✕　介護老人保健施設は、**短期入所療養介護**や**通所リハビリテーション**などの居宅サービスを行って、在宅生活を支援している。なお、介護老人保健施設は、短期入所療養介護・通所リハビリテーションについて**みなし指定**が適用される。

(5) ○　地域に根ざした施設として、他の事業者や医療機関と連携して、地域包括ケアシステムの構築に努める。

正 解　(1)(3)(5)

介護老人保健施設の基準(1)

問題145 介護老人保健施設の基準について、正しいものを２つ選べ。

(1) 介護老人保健施設には、理学療法士、作業療法士または言語聴覚士を必ず置かなければならない。

(2) 入所者１人当たりの療養室の床面積の基準は、介護老人福祉施設の居室より広い。

(3) 入所申込者に対して必要なサービスを提供することが困難な場合は、適切な病院・診療所を紹介する等の措置を講じなければならない。

(4) 入所者が居宅において日常生活を営むことができるかどうかについての定期的な検討は、医師が行って判断しなければならない。

(5) 入所者の退所の際に、退所後に利用する居宅介護支援事業者に対して情報を提供することは禁止されている。

ポイント解説　　　　　　　　　　　　　　📖 上－ P.719〜724

(1) **○** 介護老人保健施設には、**医師**、**看護・介護職員**、**PT・OT・ST**、**介護支援専門員**、**支援相談員**、**薬剤師**などの配置が定められている。

(2) **✕** １人当たりの床面積（従来型）の基準は、**介護老人福祉施設の居室より狭い**。**介護老人保健施設の療養室**と**介護医療院の療養室**の床面積の基準は同じである。

(3) **○** 入所の申し込みに対して正当な理由なくサービスの提供を拒んではならないが、サービスの提供が困難な場合はこのような措置を講じなければならない。なお、正当な理由とは、病状が重篤で**病院や診療所での入院治療の必要がある場合**などである。

(4) **✕** 入所者が居宅において日常生活を営むことができるかどうかの定期的な検討は、医師、薬剤師、看護・介護職員、支援相談員、介護支援専門員等の従業者の間で**協議する**こととされている。

(5) **✕** 入所者の退所の際は、**入所者や家族への適切な指導**、**居宅介護支援事業者への情報提供**、**退所後の主治医への情報提供**、**その他のサービス提供者との連携**に努めなければならない。なお、居宅介護支援事業者等に対して、入所者に関する情報を提供する際は、あらかじめ**文書**により入所者の**同意**を得ておく必要がある。　　**正解** (1)(3)

介護老人保健施設の基準⑵

問題146 介護老人保健施設の基準について、正しいものを３つ選べ。

⑴ 入所者の入浴または清拭は、週に１回以上行うことと規定されている。

⑵ 入所者の食事は、できるだけ離床して食堂で行われるよう努めなければならない。

⑶ 感染症・食中毒の予防およびまん延の防止のための対策を検討する委員会を、おおむね３か月に１回以上開催しなければならない。

⑷ 協力歯科医療機関は、必ず定めておく必要がある。

⑸ ユニット型の場合は、昼間はユニットごとに常時１人以上、夜間・深夜は２ユニットに１人以上の介護職員または看護職員を配置しなければならない。

ポイント解説　　　　　　　　　　　　　　　　📖 上－ P.724～725

⑴ **✕**　**入浴**または**清拭**は、**１週間に２回以上**行うことと規定されている。

⑵ **○**　入所者の自立の支援に配慮し、できるだけ**離床して食堂**（ユニット型の場合は**共同生活室**）で食事をするよう努める。また、栄養、入所者の身体の状況・病状・嗜好を考慮し、適切な時間に行う。管理栄養士による栄養ケア計画に沿った**栄養マネジメント**が重視される。

⑶ **○**　この感染対策委員会は、おおむね**３か月に１回以上**開催することになっている（施設系以外のサービスではおおむね**６か月に１回以上**）。ほかにも、感染症・食中毒予防のための**指針の整備**、従業者に対する**定期的な研修**なども必要である。2020年改正では、これに加えて**訓練**の実施も求められることになった。また、感染症や非常災害の発生時のための**業務継続計画**を策定し、**研修**や**訓練**を定期的に実施することになった。これらは各サービスに共通である。

⑷ **✕**　入所者の病状の急変等に備えて、**協力病院**は定めておかなければならないが、**協力歯科医療機関**は定めておくよう努めなければならないとされている（**努力義務**）。施設内で必要な医療を提供することが困難な場合は、協力病院などに入院、通院、往診を要請する。

⑸ **○**　また、**ユニット**ごとに常勤の**ユニットリーダー**を配置しなければならない。

正解　⑵⑶⑸

介護老人保健施設の介護報酬(1)

問題147 介護老人保健施設の介護報酬について、正しいものを3つ選べ。

(1) 介護保健施設サービス費は、1か月を単位として、要介護度別に設定されている。

(2) 医師、看護・介護職員、介護支援専門員等の員数が基準に満たない場合には、減算が行われる。

(3) 入所者の入所の前後に、入所者が退所後に生活する居宅を訪問し、退所を目的とした施設サービス計画の策定および診療方針の決定を行った場合の加算がある。

(4) 入所者が外泊をした場合は、基本サービス費に代えて外泊時費用が算定される。

(5) 入所した日から14日以内の期間については、初期加算が行われる。

ポイント解説

(1) **✕** **介護保健施設サービス費**は、**1日を単位**として、**要介護度別**に設定されている。**在宅復帰・在宅療養支援機能**の違いによって、**在宅強化型、基本型、その他**の3段階※の基本サービス費がある。また、**ユニット型**や**介護療養型老人保健施設**の設定もある。なお、在宅復帰・在宅療養支援機能は、**在宅復帰・在宅療養支援等指標**（在宅復帰率、ベッド回転率、入退所前後訪問指導割合など10項目について指標化したもの）に加えて、退所時指導等、地域貢献活動などの実施状況により評価される。

(2) **○** 記述の**人員基準減算**のほか、入所者が**定員を超過**した場合にも減算が行われる。減算としてはほかに、身体拘束廃止についての基準を守っていない場合の**身体拘束廃止未実施減算**などがある。

(3) **○** この**入所前後訪問指導加算**は、退所後に、居宅ではなく、社会福祉施設等に入所する場合に、その施設等を訪問した場合も算定できる。

(4) **○** **外泊時費用**は、施設がベッドを確保しておく費用を補填するもので、1か月に6日を限度として算定できる。外泊の初日および最終日は、基本サービス費が算定され、外泊時費用は算定しない。

(5) **✕** **初期加算**は、**入所日から30日以内**の期間について行われる。

正解 (2)(3)(4)

※「在宅強化型」と「基本型」にはそれぞれ加算の設定があるため、5段階（超強化型・在宅強化型・加算型・基本型・その他型）とする分け方もある。

介護老人保健施設の介護報酬⑵

問題148 介護老人保健施設の介護報酬について、正しいものを２つ選べ。

(1) 認知症短期集中リハビリテーション実施加算は、医師または医師の指示を受けた理学療法士等が、生活機能の改善が見込まれる認知症入所者に、集中的なリハビリテーションを個別に行った場合に算定される。

(2) 認知症ケア加算は、認知症ケア専門士を配置して行う、認知症入所者のケアについて算定される。

(3) 認知症行動・心理症状緊急対応加算は、居宅介護支援事業所の介護支援専門員が、緊急の入所が必要であると判断した者を入所させた場合に算定される。

(4) 栄養マネジメント強化加算は、入所者ごとの継続的な栄養管理を強化して実施した場合に算定される。

(5) 経口移行加算は、摂食機能障害があり、誤嚥のある入所者を対象に行われる。

ポイント解説

(1) **○** **認知症短期集中リハビリテーション実施加算**は、入所日から３か月以内の期間に限り、週に３日を限度として算定できる。認知症の入所者に限定されない**短期集中リハビリテーション実施加算**もある。

(2) **✕** **認知症ケア加算**は、日常生活に支障をきたすおそれのある症状・行動がある認知症入所者を、他の入所者と区別して行うことができる施設・設備を有して行われる、認知症入所者のケアについて算定される。

(3) **✕** 緊急の入所が必要であると判断するのは、介護支援専門員ではなく**医師**である。認知症関連の加算には、ほかに**若年性認知症入所者受入加算**、**認知症専門ケア加算**、**認知症情報提供加算**がある。

(4) **○** **栄養マネジメント強化加算**は、低栄養状態やそのおそれのある入所者に対して、多職種が共同して栄養ケア計画を作成するとともに、それ以外の入所者に対しても栄養ケアを行うことなどが必要である。施設系サービスでは**口腔衛生管理**と**栄養マネジメント**の強化が図られている。

(5) **✕** **経口移行加算**は、経管栄養を行う入所者を対象に行われる。記述の加算は**経口維持加算**である。 **正 解** (1) (4)

介護老人保健施設の介護報酬⑶

問題149 介護老人保健施設の介護報酬について、正しいものを３つ選べ。

(1) 入所者の退所後の居宅での生活に役立つ、主治の医師や居宅介護支援事業者への情報提供には加算が行われる。

(2) 在宅復帰・在宅療養支援機能加算は、在宅復帰率、ベッド回転率、入退所前後訪問指導割合などの指標を用いて評価される。

(3) ターミナルケア加算は、回復の見込みがないという医師の診断に基づき、入所者または家族の同意を得て開始されたターミナルケアにつき、開始された日から死亡日まで１日につき算定できる。

(4) 突然死の場合であっても、死亡日、死亡日の前日、死亡日の前々日の３日間については、ターミナルケア加算を算定できる。

(5) 入所者に処方する内服薬の種類を入所時より減らすなどした場合には、退所時に、かかりつけ医連携薬剤調整加算が算定できる。

ポイント解説

(1) ◯　介護老人保健施設の在宅復帰施設としての機能を評価する**退所時情報提供加算**と**入退所前連携加算**である。

(2) ◯　**在宅復帰・在宅療養支援機能加算**は、記述の指標に加えて、リハビリテーション専門職の配置、喀痰吸引や経管栄養の実施割合などの指標も用いて、評価される。

(3) ✕　**ターミナルケア加算**は、その開始の日からではなく、死亡日、死亡日の前日および前々日、死亡日の４日前から30日前、死亡日の31日前から45日前の４段階で算定される。

(4) ✕　ターミナルケア加算は、医師が回復の見込みがないと診断した入所者について、医師や職員が共同して**本人または家族に十分に説明を行い同意を得て計画的に行う**ことを要件に算定されるものである。

(5) ◯　**かかりつけ医連携薬剤調整加算**は、入所者の主治医と連携して、内服薬の種類を減少させるなどした場合に算定される。また、減薬に至るかどうかにかかわらず、入所中に服用薬剤の総合的な評価を行って、その情報を入所者の主治医に提供することなどを評価する区分もある。

正解 (1)(2)(5)

介護医療院の意義

問題150 介護医療院の意義について、正しいものを3つ選べ。

(1) 介護医療院は、要介護3以上の重度要介護者に対し、療養上の管理、看護、医学的管理下における介護、機能訓練その他の必要な医療を行うとともに、日常生活上の世話を行う施設である。

(2) 対象者は、居宅における生活を営むことができるようにするための支援が必要な者とされる。

(3) 介護医療院には、Ⅰ型療養床とⅡ型療養床がある。

(4) 介護医療院は、明るく家庭的な雰囲気を有し、地域や家庭との結びつきを重視した運営を行う。

(5) 医療機関併設型介護医療院とは、病院・診療所に併設され、入所者の療養生活の支援を目的とする介護医療院である。

ポイント解説 📖 上－ P.726～728

(1) ✕ 介護医療院は、**要介護1～5**の要介護者を入所の対象とする。ほかのサービス内容に関する記述は正しい。

(2) ✕ これは**介護老人保健施設**の対象者である。介護医療院は、主として**長期にわたり療養が必要**であり、**病状が比較的安定期にある**者が対象となる。

(3) ○ Ⅰ型の対象者は重篤な身体疾患を有する者や、身体合併症を有する認知症高齢者等であり、**Ⅱ型**の対象者はそれ以外の者である。人員基準はⅠ型のほうが手厚いものとなっている。

(4) ○ 介護医療院は、療養上の管理や医療を提供するだけでなく、**生活の場**としても充実していなければならない。

(5) ○ また、**医療機関併設型介護医療院**のうち、入所定員が19人以下のものを**併設型小規模介護医療院**という。これらの施設は、人員などの基準が緩和されている。

正解 (3)(4)(5)

介護医療院の特徴

問題151 介護医療院の特徴について、正しいものを３つ選べ。

(1) 介護医療院は、介護保険施設から消除された介護療養病床の受け皿として創設された介護保険施設である。

(2) 日常的な医学管理を必要とする要介護者に、長期療養のための医療を提供するとともに、急性期の医療にも対応できる施設である。

(3) 慢性期の医療や介護を提供するとともに、生活施設としての機能も兼ねている施設である。

(4) 看取り介護、ターミナルケアに対応できる機能をもっている。

(5) 介護医療院は、居宅サービスの短期入所療養介護を提供することができるが、訪問リハビリテーションと通所リハビリテーションの提供はできない。

ポイント解説　　　　　　　　　　　　📖 上－ P.726〜730

(1) **○**　廃止となった介護療養病床(介護保険法上の介護療養型医療施設)は、介護老人保健施設等への転換が思うように進まず、経過措置として2024年３月末まで存続していた。その受け皿として、介護保険施設として新たに創設されたものである。

(2) **✕**　**急性期の医療**は医療保険を適用する病院・診療所の役割であり、介護保険を適用する**介護医療院が行うものではない**。

(3) **○**　生活施設としての介護保険施設には介護老人福祉施設があるが、介護医療院は、それよりも医療ニーズの高い入所者を受け入れることができる。

(4) **○**　介護老人福祉施設では看取り介護として、介護老人保健施設ではターミナルケアとして行われるが、これらの施設ではまだ十分に実施されているとはいえない。介護医療院には、これを当然の機能として行うことが期待される。

(5) **✕**　介護医療院は、**訪問リハビリテーション**、**通所リハビリテーション**、**短期入所療養介護**を提供することができる。また、通所リハビリテーション、短期入所療養介護については**みなし指定**が行われる。

正解　(1)(3)(4)

介護医療院の基準

問題152 介護医療院の基準について、正しいものを2つ選べ。
(1) 看護職員は、入所者6人に対して1人以上が必要とされる。
(2) 施設サービス計画の作成に関する業務は、施設の医師が行う。
(3) 入所申込者に入院治療の必要がある場合は、サービスの提供を拒む正当な理由として認められる。
(4) 身体的拘束等の適正化を図るため、その対策を検討する委員会の3か月に1回以上の開催、指針の整備、従業者への定期的な研修のいずれか1つ以上を行うことが定められている。
(5) 介護医療院は、あらかじめ協力病院を定めておく必要はない。

ポイント解説 　　　　　　　　　　　　📖 上－ P.730〜734

(1) ○　また、**介護職員**は、Ⅰ型入所者の数を**5**で除した数に、Ⅱ型入所者の数を**6**で除した数を加えて得た数以上が必要とされる。ほかに、**医師、薬剤師、介護支援専門員**などの配置が定められている。

(2) ✕　施設サービス計画の作成に関する業務は、**計画担当介護支援専門員**が行う。

(3) ○　正当な理由がなくサービスの提供を拒んではならないが、**入院治療の必要がある場合**その他、入所者に対し自ら適切な介護医療院サービスを提供することが困難な場合は、正当な理由とされる。

(4) ✕　これら3つのことは、いずれか1つ以上ではなく、**すべて行わなければならない**。1つ目の委員会の開催については、結果を従業者に周知徹底する。緊急やむを得ない場合を除いて身体的拘束等を行ってはならないこと、やむを得ず行う場合には、態様、時間、入所者の心身の状況、緊急やむを得ない理由を**記録**することも定められている。これらの基準に適合しない場合は、**身体拘束廃止未実施減算**として減算が行われるのも、他の介護保険施設と共通である。

(5) ✕　介護医療院は、あらかじめ**協力病院**を定めておかなければならない。また、**協力歯科医療機関**を定めておくよう努めなければならない（努力義務）。

正解 (1)(3)

介護医療院の介護報酬

問題153 介護医療院の介護報酬について、正しいものを3つ選べ。

(1) 介護医療院サービス費は、1日につき要介護度別に設定されている。

(2) 退所が見込まれる入所者を居宅において試行的に退所させ、介護医療院が居宅サービスを提供する場合は、外泊時費用に加えて1日につき一定の単位数が算定される。

(3) 口腔衛生管理加算は、歯科医師の指示を受けた歯科衛生士が、入所者に対し口腔衛生等の管理を月2回以上行うなどの要件で算定できる。

(4) 重度認知症疾患療養体制加算は、入所者の2分の1以上が何らかの認知症を有する者であって、精神保健福祉士や看護職員の一定数以上の配置、精神科病院との連携などの要件で算定できる。

(5) 科学的介護推進体制加算の算定には、入所者ごとのADL値、栄養状態などの情報を、厚生労働省に提出している必要がある。

ポイント解説

(1) 〇 さらに、Ⅰ型・Ⅱ型の別、従来型・ユニット型の別、療養室の形態に加え、看護・介護職員の配置、入所者の態様（重度者の割合など）、地域貢献活動の有無などを勘案して設定された区分に応じて算定される。

(2) ✕ 居宅での**試行的退所時**に**居宅サービスを提供した場合**に、1か月に6日を限度として費用を算定できるが、**外泊時費用と併せて算定することはできない。**

(3) 〇 **口腔衛生管理加算**には、入所者の口腔衛生等の管理に係る計画の作成、歯科衛生士による介護職員への助言・指導、歯科衛生士が介護職員からの相談に対応することなども必要である。

(4) ✕ **重度認知症疾患療養体制加算**は、**入所者のすべてが認知症の者**であり、**重度の認知症の者の割合が2分の1以上**でなければ算定できない。他の記述は正しい。

(5) 〇 **科学的介護推進体制加算**は、入所者の心身の状況等の情報を厚生労働省に提出するとともに、サービスの提供にあたってそれらの情報を活用していることが必要である。施設系・居住系・通所系・多機能系サービスに共通の加算である。 **正解** (1)(3)(5)

福祉サービス分野

第1章
高齢者福祉の基礎知識

国際生活機能分類（ICF）(1)

問題 1　国際生活機能分類（ICF）について、正しいものを 3 つ選べ。

(1) ICF は、利用者を全人間的・包括的にとらえるのに適している。

(2) ICF の中心概念は障害であり、生活機能の低下を障害ととらえる点に特徴がある。

(3) 生活機能には、心身機能、活動、参加の 3 つのレベルがあり、相互に影響し合っている。

(4) ICF でいう障害は、主に心身機能レベルの生活機能が低下した状態を表す。

(5) ICF モデルは、生活機能の 3 つのレベルと健康状態・背景因子を含むすべての要素が、互いに関係し合うという相互作用モデルである。

ポイント解説　　　　　　　　　　　　　　📖 上－ P.279～281

(1) ○　WHO（世界保健機関）の **ICF（国際生活機能分類）** は、**人が生きることの全体像** をとらえるのに適している。また、専門家と利用者の **共通言語** としても有効である。ICF の考え方は、介護支援専門員が利用者の生活を総合的にとらえるアセスメントにおいて、基本となる重要な理念である。

(2) ✕　ICF の中心概念は **生活機能** であり、**障害を「生活機能の低下」** ととらえる。これは、生活機能重視の方向性を示すものである。

(3) ○　**心身機能** は生物（生命）レベル、**活動** は個人（生活）レベル、**参加** は社会（人生）レベルの生活機能で、これらはそれぞれ単独に存在するのではなく、相互に影響を与え合っている。

(4) ✕　ICF の **障害** は広い意味で用いられ、心身機能レベル、活動レベル、参加レベルに問題が起こった状態のすべてを表す包括用語である。心身機能レベルの問題を **機能障害**、活動レベルの問題を **活動制限**、参加レベルの問題を **参加制約** という。

(5) ○　従って、ケアの効果や影響を考える際にも、直接的に働きかける要素への影響をみるだけではなく、**他の要素にどのような相互作用を及ぼすか** を含めて、どんなサービスを提供するかを考える必要がある。

正解　(1)(3)(5)

国際生活機能分類（ICF）⑵

問題 2　ICF の生活機能モデルについて、正しいものを 3 つ選べ。

(1)　ICF の生活機能モデルが重視する背景因子とは、物的環境・人的環境・制度的環境を含む環境因子のことである。

(2)　ICF による活動の評価は、活動向上支援などで引き出された能力（できる活動）を中心に行う。

(3)　ケアを必要とする利用者に対しては、残存能力を生かすだけでなく、潜在的生活機能に働きかけることが重要である。

(4)　生活機能レベルの相互依存性だけに着目すると、障害のもとになる機能障害を治すしかないという考え方に陥る。

(5)　心身機能レベルが改善しなくても、活動レベルや参加レベルを向上させることが可能である。

ポイント解説　　　　　　　　　　　　　　　　　　　　📖 上－ P.279～281

(1)　**✕**　生活機能の低下（障害）には、**健康状態**と**背景因子**が影響する。ICF ではこの背景因子を重視するが、それは記述の**環境因子**だけではなく、性・年齢・ライフスタイルなどの**個人因子**も含むものである。

(2)　**✕**　**能力**（できる活動）だけでなく、**実行状況**（している活動）にも着目しなければならない。この両者を明確に区別し、その両面をみることによって、将来の実生活での実行状況を目標とすることが大切である。

(3)　**○**　病気や障害というマイナス面だけをみるのではなく、それをはるかに上回る**プラス面（潜在的生活機能）を引き出す**ことが重視される。

(4)　**○**　生活機能レベルに**相互依存性**があるのは確かだが、それだけに着目すると、運命論・基底還元論に陥る危険がある。

(5)　**○**　生活機能レベルには**相対的独立性**もあるから、**活動レベル**に働きかけることによって活動・参加レベルを向上させることもできる。心身機能の不自由を生活上の活動で補い、豊かな人生に参加するという視点が重要である。

正解　(3) (4) (5)

QOL

問題 3 QOL について、正しいものを 2 つ選べ。

(1) QOL は Quality of Life の略語で、QOL の向上はしばしば高齢者ケアの目的とされる。

(2) QOL は一般に「生活の質」と訳され、ICF の生活機能の心身機能レベルに対応する。

(3) 末期がん患者に対するターミナルケアにおいて、QOL は「生命の質」と訳され、ICF の生活機能の活動レベルに対応する。

(4) QOL は、リハビリテーション医学では、しばしば「人生の質」と訳される。

(5) ICF には、QOL と同様に、客観的な生活機能または障害だけでなく、主観的障害も含まれる。

ポイント解説

(1) ◯ 介護サービスを提供する場面などでは、QOL を維持・向上させることが目的とされることが多い。QOL は、life をどう訳すかによって、「生命の質」「生活の質」「人生の質」とされる。

(2) ✕ **「生活の質」**と訳される場合は、ICF の生活機能の**活動レベル**（個人レベル・生活レベル）に対応する。心身機能レベルに対応するのは、次の(3)である。

(3) ✕ ターミナルケアで**「生命の質」**と訳されるのは正しい。これは、ICF の**心身機能レベル**（生物レベル・生命レベル）に対応する。

(4) ◯ この**「人生の質」**は、ICF の生活機能の**参加レベル**（社会レベル・人生レベル）に対応する。

(5) ✕ ICF の対象になっているのは、客観的なものだけである。これに対して、**主観的障害**も含めるべきだという考え方もあり、「体験としての障害」という名称も提案されている。

正解 (1) (4)

ソーシャルワークの基本とその役割⑴

問題 4 ソーシャルワークについて、正しいものを3つ選べ。

(1) ソーシャルワークとは、制度や政策により生活の保障をめざすことである。

(2) 「ソーシャルワーク専門職のグローバル定義」では、社会正義、人権、集団的責任、多様性尊重の諸原理を中核の理念としている。

(3) ソーシャルワークによる働きかけは、人々と環境とその相互作用する接点に対して行う。

(4) ソーシャルワークは、支援の対象範囲や方法論によって、ミクロ・レベル、メゾ・レベル、マクロ・レベルに分けることができる。

(5) 地域包括ケアシステムの構築において、地域ケア会議は、地域や制度における課題の解決などをめざすために設置され、個別課題解決機能はもたない。

ポイント解説　　　　　　　　　　　　　　　📖 下－ P.414〜419

(1) ✕　**ソーシャルワーク**とは、記述のような「社会福祉」に限らず、対人援助技術を用いて制度や社会資源を活用し生活課題の解決をめざすアプローチなど、**多様な機能をもつ支援の方法論**である。

(2) 〇　ソーシャルワークは、記述の原理を中核にして、人々や制度・機関に働きかけを行い、生活課題の解決に取り組む。

(3) 〇　個人を取り巻く環境は多様であり、それらは相互に関連し合っている。ソーシャルワークは、これらの重層的なシステムの機能不全からくる個人の生活課題の改善をめざして、それぞれのシステムおよびその接点に対して働きかけを行う。

(4) 〇　**ミクロ・レベル**は個人・家族を対象とする。**メゾ・レベル**はグループ・地域住民・身近な組織を対象とする。**マクロ・レベル**は地域社会・組織・国家・制度・政策・社会規範・地球環境を対象とする。

(5) ✕　**地域ケア会議**をソーシャルワークの機能からみると、記述のような地域課題発見機能、地域づくり・資源開発機能、ネットワーク構築機能および政策形成機能をもつが、個人に対する**個別課題解決機能**ももっている。

正解 (2)(3)(4)

ソーシャルワークの基本とその役割⑵

> **問題5** ソーシャルワークについて、正しいものを3つ選べ。
>
> ⑴ 介護保険制度では、居宅介護支援や地域包括支援センターにおける相談援助、介護保険施設や病院の相談員・MSWによる相談援助業務において、ミクロ・レベルのソーシャルワークが行われている。
>
> ⑵ ケアマネジメントのプロセスは、一般的なミクロ・レベルのソーシャルワークのプロセスとは異なるところが多い。
>
> ⑶ メゾ・レベルのソーシャルワークでは、メンバーの希望に沿ってプログラムを設定するなどグループの主体性にまかせ、個別的対応などの介入はしないほうがよい。
>
> ⑷ マクロ・レベルのソーシャルワークの方法には、地域開発、社会資源開発、社会計画、ソーシャルアクション、政策立案、行政への参加や働きかけなどがある。
>
> ⑸ 介護支援専門員には、地域に不足している社会資源の開発を促すソーシャルアクションが期待される。

ポイント解説　　　　　　　　　　　　　　　📖 下－ P.419〜423

⑴ **○ ミクロ・レベルのソーシャルワーク**は、個別援助あるいはソーシャルケースワークとも呼ばれるものであり、当面する問題の特性に応じて多様なアプローチが行われる。

⑵ **✕** ソーシャルワークのプロセスは「ケースの発見、インテーク、**アセスメント、プランニング、支援の実施、モニタリング**、終結と事後評価、アフターケア」であり、**ケアマネジメントの過程とほぼ同じ**である。

⑶ **✕ メゾ・レベルのソーシャルワーク**は、人は社会的存在であるという特性を利用して個人の抱える課題の解決をめざすものである。自立度の高い高齢者のグループでは、記述のような対応も効果的であるが、**自立度の低いグループ**では、**個別の対応も必要**である。

⑷ **○ マクロ・レベルのソーシャルワーク**の方法として、記述のほかには、調査研究、世論や規範意識への啓発や福祉教育などがある。

⑸ **○** 介護支援専門員は、社会資源の開発や制度の創出においても、役割を果たすことが期待されている。　　　　**正解** ⑴⑷⑸

相談面接における価値

> **問題6** 相談面接における価値について、正しいものを3つ選べ。
> (1) 相談面接の全過程を牽引するものとして、相談援助者のもつ「価値」が重要である。
> (2) バイステックの7原則は、クライエントとソーシャルケースワーカーの関係について、基本的な価値のありようを提示したものである。
> (3) ソーシャルワークにおける価値は、重層的な構造をもち、多方面にわたっている。
> (4) 対人援助サービスを行ううえでの「価値のジレンマ」は、専門職としての価値と自己の個人的な価値の相克としてのみ現れ、問題となる。
> (5) 価値や倫理上のジレンマはソーシャルワークの妨げになるので、できるだけ避けなければならない。

ポイント解説　　　　　　　　　　　　　　　　　　📖 下－ P.424〜429

(1) **◯** **相談面接のプロセス**では、ソーシャルワークの知識やコミュニケーションの技術も大切だが、そのプロセスを牽引するエンジンとしての**「価値」が最も重要**である。

(2) **◯** 1950年代に提示された**バイステックの7原則**は、ソーシャルワークの基本的な価値として位置づけられ、その後のソーシャルワークの展開を踏まえてとらえ直すことが行われている。

(3) **◯** ソーシャルワークにおける価値を、例えば、社会的価値、組織および機関の価値、専門職としての価値、対人援助サービスの価値の4つのカテゴリーに分類してとらえることも行われている。

(4) **✕** 価値の重層的な構造のため、**価値のジレンマ**（2つの相反する価値の板ばさみになること）は、多方面にわたって現れる。記述のジレンマは直接援助に関するジレンマのうちの1つに過ぎない。

(5) **✕** その構造上、**ジレンマは当然にあるものとして理解**し、クライエントとの相談面接の過程で解決していく方法を考えることが必要である。

正解 (1)(2)(3)

相談面接における実践原則

問題 7　相談面接における実践原則として、正しいものを3つ選べ。

(1)　意図的な感情抑制の原則

(2)　統制された情緒的関与の原則

(3)　審判的態度の原則

(4)　自己決定尊重の原則

(5)　秘密保持の原則

ポイント解説　　　　　　　　　　　　　📖 下－ P.426〜427

　相談面接における実践原則として、次の8つを挙げることができる。これは、バイステックの援助関係の原則（7つの原則）をもとにしたものである。

① **個別化の原則**（クライエントを個々の人間としてとらえる）

② **意図的な感情表出の原則**（クライエントの感情表出を促し、それを大切にする）

③ **統制された情緒的関与の原則**（クライエントの感情を受けとめながら、それに巻き込まれることなく、情緒レベルで関与を続ける）

④ **感情受容と共感の原則**（クライエントの言動を温かく受けとめる）

⑤ **非審判的態度の原則**（クライエントの言動を一方的に評価しない）

⑥ **自己決定尊重の原則**（クライエントの自己決定を尊重する）

⑦ **秘密保持の原則**（個人の秘密を守る）

⑧ **専門的援助関係の原則**（相談援助者は相談に関する専門家としての立場を保持する）

　従って、選択肢(2)(4)(5)は正しい。(1)に「意図的な感情抑制」とあるのは**意図的な感情表出**、(3)に「審判的態度」とあるのは**非審判的態度**の誤りである。

正解　(2)(4)(5)

相談面接のプロセス

問題 8 相談面接のプロセスについて、正しいものを3つ選べ。

(1) 相談面接の開始過程では、面接者には、クライエントが面接者に寄せる親近感や信頼感がどれほど醸成されたかをみる力が要求される。

(2) アセスメントにおいては、面接者が依拠するアセスメント様式に、自分の面接を適応させていくのがよい。

(3) アセスメントから得た情報から問題規定を行う過程には、クライエントの参加は求めないほうがよい。

(4) 援助計画作成の過程では、できる限り具体的な、誰でも理解できる目標を設定し、記録として文章化する。

(5) フォローアップや事後評価の過程では、スーパービジョンやコンサルテーションを積極的に活用する。

ポイント解説 　　　　　　　　　　　　　　　　　📖 下－ P.429〜434

(1) **〇** 開始の段階（インテーク）では、相談援助者が把握する必要のある重要事項をどれだけ把握できたかも大切であるが、同時にクライエントの信頼感を得て**ラポール（心が通い合う関係）を形成**することが、後に続く面接の過程をスムーズに運ぶことを可能にする。

(2) **✕** アセスメント様式に自分の面接を適応させていくのではなく、**自分の面接のあり方によってアセスメント様式を見直していく**ことが大切である。

(3) **✕** **問題規定**は、**クライエントと面接者の間で、問題を多面的に評価する過程**である。問題の優先順位の決定や細分化にクライエントが積極的に参加することは、クライエントのエンパワメントにもつながる。

(4) **〇** 居宅介護支援等で介護支援専門員が行うケアプランの作成においても、重視されている事柄である。

(5) **〇** ワーカーの実践過程での力量や援助の有用性の評価には、客観的な評価も必要である。事後評価の結果は、クライエントを含む援助関係者にフィードバックして、クライエントの今後や別のケースへの示唆とする。

正解 (1)(4)(5)

相談面接におけるコミュニケーション

問題 9 相談面接におけるコミュニケーションについて、正しいものを3つ選べ。

(1) 相談面接におけるコミュニケーションには、「情報の伝達」と「共同の世界の構築」という2つの機能がある。

(2) 対人援助においては、援助者はつねに情報の送り手であり、クライエントは情報の受け手である。

(3) コミュニケーションの伝達経路にある要素には、言語的要素と非言語的要素があるが、比率は言語的要素のほうが多い。

(4) コミュニケーションを阻害する社会的雑音には、エイジズムなどの偏見や誤解、地域・周囲の風評や噂、支援的でない風土・文化などがある。

(5) 二者間のコミュニケーションは、送り手と受け手の環境の重なり合う部分で成立する。

ポイント解説　　　　　　　　　　　　　　　📖 下ー P.434〜438

(1) ○　この2つは、通常のコミュニケーションにおいても普遍的な機能であるが、対人援助ではとりわけ大切にしなければならない機能である。

(2) ✕　援助者もクライエントも、つねに情報の送り手としての役割と受け手としての役割を担っている。**コミュニケーションは双方向的なもの**である。

(3) ✕　声のトーン、抑揚、高低などの準言語を含めた**非言語的要素が70〜80%**を占め、言語的要素は20〜30%に過ぎないといわれる。

(4) ○　コミュニケーションを阻害する要素には、**物理的・身体的・心理的な雑音**とともに**社会的雑音**が挙げられる。エイジズム（年齢差別）とは、年齢を理由に高齢者に対して否定的態度をとったり、差別したりすることである。

(5) ○　年齢・性別、職歴・生活歴、各種の価値観・好み、生きがいなどの重なり合うことの少ない**環境**であるが、援助者は、学習や体験を通して重なりをつくり出す努力をしなければならない。

正解 (1)(4)(5)

コミュニケーションの知識と技術(1)

問題 10 コミュニケーションの技術について、正しいものを3つ選べ。

(1) コミュニケーションは、もっぱら言語を通じて行われる。

(2) 援助者は、クライエントの伝えたいことに耳を傾けて、聞き取ろうとすることが必要である。

(3) 予備的共感とは、面接が始まる以前に得られた情報から、クライエントの状況を予測し、共感的姿勢を準備しておくことである。

(4) 観察も、重要なコミュニケーションの手段である。

(5) クライエントが、援助者に合わせて、自分の感情や意見を変えていくことを、波長合わせという。

ポイント解説　　　　　　　　　　　　　📖 下－ P.438～442

(1) ✕　コミュニケーションは、**言語**のほかに、音声や抑揚、視線や身体的接触などの**非言語的コミュニケーション**も大きな役割を果たす。

(2) ◯　**傾聴**は、最も基本的なコミュニケーションの技術である。傾聴には、①相手のペースを乱さず、②波長を合わせる努力を意識的に持続しつつ、③相手が伝えようとしている事柄とその背後にある情緒を受け止め、④相談援助者の存在を伝えていく、という4つの過程がある。

(3) ◯　**予備的共感**は、準備的共感ともいわれる。援助者が、面接前に得られる情報から、あらかじめクライエントの立場に立った見方を想定し、共感的な態勢を準備しておくことである。

(4) ◯　クライエントや家族の言葉だけでなく、表情や部屋の中での位置関係、質問に誰がまず答えるかなども、介護状況やそれをめぐる家族の感情をよく表していることがある。**観察**が、コミュニケーションの重要な手段となるのは、そのためである。

(5) ✕　**波長合わせ**とは、**援助者**がクライエントから自身の予測と違った反応を得て、その意味を理解しようとし、自らの態度、言葉づかい、ときには話題や質問の形式等を軌道修正していくことである。

正解　(2)(3)(4)

コミュニケーションの知識と技術⑵

問題 11 コミュニケーションの技術について、正しいものを3つ選べ。

(1) 一般に質問には、イエスかノーで答えることができるような形式のものと、それができないタイプのものとがある。

(2) 傾聴のためには、クローズドクエスチョンがよいとされる。

(3) 面接の焦点をしだいに定めていくときには、オープンクエスチョンが有効である。

(4) 表明されたり、されなかったりする情緒の意味を考察し、そのことを相手に返していくという技術は、援助のうえで極めて有効である。

(5) 面接の過程と到達点を要約することは、面接の焦点を定めていくために欠かせないコミュニケーション技術である。

ポイント解説　　　　　　　　　　　　　　　📖 下－ P.438～442

(1) ○　イエスかノーで答えることができるような形式の質問や限られた数語で答えられる質問を**クローズドクエスチョン（閉じられた質問）**、それができないタイプのものを**オープンクエスチョン（開かれた質問）**という。

(2) ✕　**傾聴のためには**、クローズドクエスチョンよりも**オープンクエスチョンがよい**とされる。

(3) ✕　**面接の焦点をしだいに定めていくとき**に有効なのは、**クローズドクエスチョン**である。クローズドクエスチョンは、面接の目標があいまいになってしまったときやクライエント自身が混乱してしまったときなどにも効果的である。

(4) ○　単純にクライエントの述べたことを反復して返すこともあり、そのときの気分への言及を促すこともある。通常カウンセリングで「**反映**」と呼ばれる過程に近い。

(5) ○　この**要約**は、クライエント自身の言葉でまとめられ、専門用語によらず、関係者すべてが共有できるものでなければならない。

正解　(1)(4)(5)

コミュニケーションの知識と技術⑶

問題 12 コミュニケーションの技術について、適切なものを3つ選べ。

⑴ 「もう少し詳しく……」とか「例えば？」などの質問は、誘導のおそれがあるので避けたほうがよい。

⑵ 3つ以上の選択肢を示して選んでもらうのも1つの方法である。

⑶ 「そのときの気持ちは？」とか「それについて不安は感じなかったのでしょうか」などの質問は、問題をより全体的に把握するのに効果がある。

⑷ 「うれしかったでしょう？」などとクライエントの情緒面の反応を確認することは、クライエントを感情的にさせてしまうので、行わないほうがよい。

⑸ 具体的な情報を集めることが必要な面接では、「何々について話してください」というような質問が必要になる場合もある。

ポイント解説　　　　　　　　　　　📖 下− P.438〜442

⑴ ✕　これらの質問は、オープンクエスチョンの1例であり、**相談援助者の意図や評価を含まないことは明確**であるし、**誘導のおそれもない**。

⑵ 〇　3つ以上の選択肢から選んでもらう方法は、クローズドクエスチョンにおいてよく用いられる手法である。

⑶ 〇　これらの質問は、新しい話題に転じつつ問題をより**全体的に把握**するのに効果的である。

⑷ ✕　**情緒的な反応を確認する言葉を返していく**ことでクライエントに対する共感を示すことは、有効なコミュニケーション技術である。

⑸ 〇　課題分析のための面接やサービスの評価を行うときには、完全にオープンな質問ではなく、**具体的な情報を集めるための質問**が必要な場合もある。その情報がなぜ必要であるかクライエントが十分納得できる説明を行ったうえで、チェックリストの項目に答えてもらうなどの方法である。

正解　⑵⑶⑸

インテーク(1)

> **問題 13** インテーク面接について、正しいものを3つ選べ。
> (1) インテーク面接は、援助の出発点である。
> (2) インテーク面接の目的は、クライエントの質問に答えることにあるので、援助者からの質問はできる限り避けるようにする。
> (3) インテーク面接は、必ずしも1回で終わるとは限らない。
> (4) インテーク面接は、必ずクライエントの家庭を訪問して行う。
> (5) インテーク面接では、受容的な雰囲気をつくり、クライエントが話しやすい環境を整える必要がある。

ポイント解説

(1) ○ **インテーク面接**とは、クライエントが生活上困難な問題を居宅介護支援事業者等に持ち込んだ最初の段階であり、**受理面接**または**受付面接**とも呼ばれている。

(2) ✕ インテーク面接は、援助者とクライエントが、相談のために設定された場面で初めて出会い、**援助を必要とする状況と課題を確認**していく過程である。ただクライエントの質問に答えればよいというものではない。

(3) ○ インテーク面接は、1回の面接で終了することもあれば、**数回の面接が必要な場合もある**。

(4) ✕ インテーク面接は、必ず**クライエントの家庭で行われるものとは限らない**。例えば家族が地域包括支援センター等を訪れ、そこでインテーク面接が行われるような場合もある。

(5) ○ インテーク面接に臨むクライエントは、さまざまな不安を抱いているものである。受容的に迎え入れて、信頼関係を築いていくことを心がける。

正解 (1)(3)(5)

インテーク⑵

問題 14　インテーク面接の過程について、適切なものを３つ選べ。

(1)　面接の冒頭で、クライエントがどのような目的で相談することになったのかを確かめることを忘れてはならない。

(2)　主訴の聴取の過程では、クライエントの語る訴えを正確に受け止めることに専念し、非言語的な印象や語られない事柄には左右されないようにする。

(3)　クライエントの主訴に対して、相談援助者の所属する機関が対応できないことを明確に伝えるのは、避けるべきである。

(4)　援助の内容や方法などについて誤解がないように確認を行い、合意に達することが重要である。

(5)　面接の終結にあたっては、面接の経過を始めから想起して、その概要の評価を相互に確認することが大切である。

ポイント解説

(1)　〇　紹介の経路や**相談目的**について**クライエントがどのように理解しているかを確認**し、誤解があればそれを正してから面接に入ることが重要である。

(2)　✕　相談援助者は、クライエントの訴えを受け止めながら、語られている事柄だけでなく、**非言語的なさまざまな要素**や**語られない事柄**にも注意を向けなければならない。

(3)　✕　所属する機関が対応できないことがあれば、それを明確に伝えておかなければならない。そのうえで別の対処方法を考える必要がある。

(4)　〇　援助できない点があればそれも明確にし、**クライエントの非現実的な願望や希望的観測が放置されないように**、また、**相談援助者の判断が一人歩きすることのないように**しなければならない。

(5)　〇　クライエントの主訴が面接の過程で変わった場合などは、**クライエントなりの評価を確認しておく**のがよい。

正解　(1) (4) (5)

インテーク⑶

問題 15 インテーク面接について、正しいものを3つ選べ。

(1) インテーク面接における情報提供は、一方向的なものでなければならない。

(2) インテーク面接のできるだけ早い段階で、チェックリストを使ってアセスメントを行うことが有効である。

(3) クライエントと家族が、さまざまな困難にどのように対処してきたかを尋ねることは、有効な方法である。

(4) 援助の方法について意見の一致をみないときには、そのことをクライエントが理解できる共通の言葉で確認しておく必要がある。

(5) インテーク面接には、特に正確かつ迅速な記録が求められる。

ポイント解説

(1) ✕ インテーク面接においては、**クライエントの主訴**を手がかりに、その内容と背景を明らかにするとともに、援助機関の機能を十分に説明して、本人や家族の理解を得る。**インテークにおける情報提供は、双方向的なもの**である。

(2) ✕ **チェックリストによるアセスメント**は、クライエントの主訴を聴取したり、サービスについての情報を伝えたりした後に行う。

(3) 〇 これからの問題や**クライエントや家族の対処能力**を推測するのに役立つ情報を得ることができる。

(4) 〇 ニーズを満たす社会資源が、現在存在しないという事情があったり、援助の方法について意見の一致をみないときは、そのことをクライエントが理解できる**共通の言葉で確認**しておく必要がある。

(5) 〇 面接者は、迅速に**インテーク面接の経過**をまとめ、インテークワーカーとしての意見と予測、緊急に対応すべき事柄、当面の課題、他機関との連絡の必要性とその状況などをしっかり**記録**に残しておく。

正解 (3)(4)(5)

支援困難事例への対応⑴

問題 16　支援困難事例について、正しいものを2つ選べ。

(1)　支援困難事例の発生には、本人要因と社会的要因が深く関与し、サービス提供者側の対応が要因となる例は少ない。

(2)　支援困難事例には普遍性があり、客観的にとらえることができる。

(3)　支援困難を生み出す本人要因には、自身の老化を受容できないことが根底にある不満や怒りなどの心理的要因などがある。

(4)　本人要因を構成する身体的・精神的要因には、疾病、障害、判断能力の低下があるが、支援者にとって最も困難なのは、疾病である。

(5)　支援困難事例を生み出す社会的要因として、家族・親族との関係、地域との関係、社会資源の不足がある。

ポイント解説　　　　　　　　　　　📖 下－ P.443～449

(1)　**✕**　支援困難事例の**発生要因**には、要因が本人（個人）にある**個人的要因**、社会（環境）や関係性にある**社会的要因**のほかに、**サービス提供者側の不適切な対応**によるものがある。

(2)　**✕**　支援困難と感じるのは支援する側であり、困難を感じる度合いは**主観的**であり、**個別的**である。支援者がもつ価値や知識・技術、サポート体制、また地域にある社会資源や地域社会の価値規範など、多様な要因がからみ合って支援困難事例が生まれる。

(3)　**〇**　**本人要因**（個人的要因）の心理的要因には、記述のほか、老化に伴う**不安**、**意欲の低下**、**支援拒否**がある。

(4)　**✕**　医療スタッフとの協働が必要な「疾病」や、障害者福祉制度や生活保護制度など複数の制度を活用しなければならない「障害」も困難ではあるが、介護支援専門員にとって最も困難なのは、支援の前提となり、支援の方向性を決める**本人の判断能力の低下**である。

(5)　**〇**　家族・親族との関係では、本人と家族との関係が悪かったり、家族・親族に複数の対立するグループが形成されていたり、複雑な関係性が支援困難を生じさせる。

正解　(3)(5)

支援困難事例への対応(2)

> **問題 17** 支援困難事例について、正しいものを3つ選べ。
> (1) 支援困難事例では支援関係の構築が難しく、支援関係の基盤となるソーシャルワークの「価値」が通用しないことが多い。
> (2) 支援困難を形成する多様な要因を分析し、解きほぐす知識と技術が必要である。
> (3) 複数の課題がからみ合っている事例ではチームアプローチが必要であるが、専門職でない近隣住民などがチームに加わることは望ましくない。
> (4) 支援困難事例は、地域包括支援センターにおける地域ケア会議の事例検討会に提出して、多職種による解決策の検討をするのがよい。
> (5) ニーズからかけ離れたケアプランの作成が、支援困難の原因となることもある。

ポイント解説　　　　　　　　　　　　　　📖 下－ P.449〜451

(1) **✕**　支援困難であればあるほど、**支援関係の基盤となる価値**を確認し、支援の原点となる**信頼関係の構築から出発する**ことが大切である。ソーシャルワークの価値とは、人としての尊厳の尊重、人権の擁護、多様性の尊重などである。

(2) **○**　支援者のもつ価値を土台に、知識や技術を活用することで、多様な事例に柔軟かつ的確にかかわっていくことができる。

(3) **✕**　支援困難事例では**チームアプローチ**が重要となる。このチームには、地域の自治会・町内会、近隣住民など、**専門職・専門機関以外のメンバーが加わることもある。**

(4) **○**　地域ケア会議は、介護支援専門員、保健医療・福祉に関する専門的知識を有する者、民生委員その他の関係者・関係団体等で構成される。また、支援困難事例においては、**地域包括支援センター**がサービス調整や後方支援を行い、必要なスーパービジョンを提供している。

(5) **○**　ニーズがあっても本人がサービス利用を拒否したり、本人がニーズを認識しなかったりする場合には、支援困難を引き起こす。ニーズから出発するケアプランを心がけなければならない。

正解　(2) (4) (5)

社会資源の把握

問題 18　社会資源について、正しいものを 3 つ選べ。

(1)　要介護者等に提供される社会資源には、フォーマルな分野と、家族・ボランティアなどによるインフォーマルな分野がある。

(2)　上乗せサービスや横出しサービスは、フォーマルなサービスとはいえない。

(3)　フォーマルな分野のサービスは、画一的になりやすいが、一定の水準が保障されるシステムとなっている。

(4)　インフォーマルな分野のサポートは、柔軟な対応が可能であり、安定して供給しやすい。

(5)　ケアマネジメントは、フォーマルな分野の社会資源とインフォーマルな分野の社会資源を組み合わせて提供する。

ポイント解説　　　　　　　　　　　　　　📖 下－ P.458〜460

(1)　○　ケアにおける**社会資源**とは、人々を取り巻く人的・物的・制度的なもののうち、連携が可能なすべてのものといえる。**フォーマルな分野**には、公的な制度や指定を受けた民間機関・団体によるものがあり、**インフォーマルな分野**には、家族をはじめ、友人・近隣・ボランティア・相互扶助団体などによるものがある。インフォーマルな分野は、情緒面での支援にも大きく貢献する。

(2)　✕　**上乗せサービス**（支給限度基準額の上乗せ等）や**横出しサービス**（市町村特別給付等）は、**フォーマルなサービス**であり、要介護者等のより余裕のある生活を支援するものである。

(3)　○　フォーマルな分野のサービスは、また**経済的能力に応じた安価なものになる**といった、公平性の特徴をもっている。しかし、業務範囲を超えたかかわり方ができるかが課題である。

(4)　✕　インフォーマルな分野のサポートは、柔軟な対応が可能であるが、**専門性が低く、安定した供給には難がある**。

(5)　○　**フォーマルな分野とインフォーマルな分野を組み合わせる**ことにより、今日のニーズの多様化、高度化に対応することが可能になる。

正解　(1)(3)(5)

介護支援専門員が活用する社会資源

問題 19 介護支援専門員が活用する社会資源について、正しいものを3つ選べ。

(1) フォーマルな社会資源とインフォーマルな社会資源を連続したものとするためには、フォーマルな側での調整的な役割が求められる。

(2) フォーマルな分野では、各サービスの間の調整機能が十分に発揮される。

(3) 介護支援専門員は、社会資源のほかに、要介護者等自身の能力、資産、さらには意欲といったものも活用する。

(4) インフォーマルサポートの中心は、知人や友人である。

(5) 地域のボランティアの提供するサポートは、フォーマルサービスでは対応できないものもあり、要介護者等の在宅生活を支援していくうえで重要な社会資源である。

ポイント解説　　　　　　　　　　　　📖 下 − P.461〜462

(1) **○**　介護保険制度では、**フォーマル側に介護支援専門員を置く**ことにより、**フォーマルな分野とインフォーマルな分野との調整**を行っている。

(2) **✕**　社会福祉サービス・保健医療サービス・所得保障サービス・住宅サービスなどの**フォーマルサービスは、縦割り**になっており、各サービスの間の調整機能が十分に発揮されているとはいいがたい。介護保険制度によって、高齢者の保健医療サービスと福祉サービスの関係などは改善されつつある。

(3) **○**　このような資源のことを、**社会資源**に対比させて、**内的資源**と呼び、介護支援専門員は、これを十分に活用しなければならない。

(4) **✕**　インフォーマルサポートの中心は、**家族**である。

(5) **○**　**地域で行われているボランティア活動**としては、友愛訪問、配食、見守り、ごみ出し活動などがある。また、地域の団体や組織としての社会資源である**民生委員・児童委員**は、高齢者に対する見守りや相談などの支援を行っているので、介護支援専門員がこれらの活動を活用することも重要である。

正解　(1)(3)(5)

障害者総合支援法の基本理念等

> **問題 20** 障害者総合支援法について、正しいものを３つ選べ。
>
> (1) 障害者自立支援法を改正した障害者総合支援法では、その目的として「自立」の代わりに「基本的人権を享有する個人としての尊厳」が明記された。
>
> (2) 障害者総合支援法の施行によって、支援の対象である障害者の範囲に、難病等の患者が含まれることになった。
>
> (3) 発達障害者は、障害者総合支援法が対象とする障害者の範囲に含まれない。
>
> (4) 障害福祉サービスの介護給付を受給するには、認定調査を受けて障害程度区分の区分１から区分６に該当することが必要である。
>
> (5) 障害者総合支援法による支援は、自立支援給付と地域生活支援事業で構成されている。

ポイント解説　　　　　　　　　　　　　　📖 下− P.463〜465

(1) 〇　2013（平成25）年４月施行の「障害者の日常生活及び社会生活を総合的に支援するための法律（**障害者総合支援法**）」では、記述のように障害者個人の尊厳の尊重が強調された。

(2) 〇　身体障害者・知的障害者・精神障害者であった障害者の範囲に、**難病等の患者**が含まれることになり、同法による支援を受けることができるようになった。対象となる疾病は、2021（令和３）年11月時点で、366疾病である。

(3) ✕　障害者総合支援法が対象とする障害者は、**身体障害者・知的障害者・精神障害者**（**発達障害者**を含む）・**難病等の患者**である。

(4) ✕　従来の「障害程度区分」は、障害者総合支援法により、必要とされる標準的な支援の度合を示す**障害支援区分**と名称変更された。

(5) 〇　**自立支援給付**とは、介護給付費、訓練等給付費、自立支援医療費、補装具費などの支給のことである。**地域生活支援事業**には、市町村が実施するものと、都道府県が実施するものがある。

正解　(1)(2)(5)

障害福祉サービスの支給決定までの流れ

問題 21 障害福祉サービスの支給決定までの流れについて、正しいものを３つ選べ。

(1) 障害福祉サービスの支給決定は、市町村が設定した基準によって判断される。

(2) 支給決定には、介護給付を希望する場合も、訓練等給付を希望する場合も、同じプロセスをたどる。

(3) まず市町村の認定調査員が障害者と面接して認定調査を行い、その調査に基づいて障害支援区分の一次判定が行われる。

(4) 障害支援区分は、市町村審査会が審査する二次判定を経て、最終的に市町村が認定する。

(5) サービスの支給決定の前に、サービス等利用計画案が作成される。

ポイント解説　　　　　　　　　　　　　　　📖 下－ P.464〜465

(1) **✗** 地域によって取り扱いが異なることがないように、全国一律の基準である**障害支援区分**によって判断される。障害支援区分は、区分１〜区分６の６段階からなり、数字が大きいほど重度となる。

(2) **✗** 介護給付を希望する場合は、介護保険の要介護認定と同じく、コンピュータによる**一次判定**、市町村審査会による**二次判定**、**障害支援区分の認定を経て決定される**が、訓練等給付を希望する場合は、手続きが簡略化されている。

(3) **○** **認定調査**は、介護保険の要介護認定の認定調査に相当するものであり、80項目について調査が行われる。

(4) **○** **市町村審査会**は、**障害保健福祉に精通した有識者**などで構成されている。

(5) **○** 市町村は、利用者の社会活動や介護者、居住等の状況について**勘案事項調査**を行い、サービスの利用意向を聴取、**サービス等利用計画案**を検討して、支給の要否を決定する。支給決定時からケアマネジメントが実施されることになる。

正解 (3) (4) (5)

障害者総合支援法の内容

問題 22 障害者総合支援法の内容について、正しいものを３つ選べ。

(1) 自立支援給付の介護給付には、自立訓練、就労移行支援、就労継続支援などがある。

(2) 自立支援医療には、精神通院医療、更生医療、育成医療がある。

(3) 補装具の購入等に要した費用の一部は、家計の負担能力その他の事情を斟酌（しんしゃく）して支給される。

(4) 地域生活支援事業は、市町村が地域の実情に応じて行うものであり、都道府県が行うことはない。

(5) 介護保険によるサービスは障害福祉サービスに優先して支給されるが、介護保険サービスには相当するものがない障害福祉サービス固有のものについては、障害福祉サービスを受けることができる。

ポイント解説　　　　　　　　　　　📖 下－ P.465～467

(1) ✕　障害者総合支援法による支援は、**自立支援給付**と**地域生活支援事業**で構成されている。自立支援給付の**介護給付**には、居宅介護、重度訪問介護、同行援護、行動援護などがある。自立支援給付の**訓練等給付**には、自立訓練、就労移行支援、就労継続支援などがある。

(2) ◯　自立支援給付の**自立支援医療**は、障害を除去・軽減するための医療について、医療費の自己負担額を軽減する**公費負担医療制度**である。

(3) ◯　自立支援給付の**補装具**には、義肢、装具、車いすなどがある。

(4) ✕　**地域生活支援事業**は、地域の実情に応じて**市町村**と**都道府県**の両方が行うものであり、それぞれに**必須事業**と**任意事業**がある。例えば、市町村が行う必須事業には、相談支援事業、移動支援事業など10の事業がある。

(5) ◯　原則的には、**介護保険サービスは障害福祉サービスに優先する**。しかし、**障害福祉サービス固有のもの**（同行援護、行動援護など）については、障害福祉サービスを利用できる。また、障害福祉サービスに相当する介護保険サービスがある場合でも、**一律に介護保険サービスを優先することなく**、利用者の状況に応じて考慮することが必要とされる。

正解　(2)(3)(5)

生活保護制度の概要⑴

問題 23　生活保護制度について、正しいものを2つ選べ。

⑴　生活保護制度は、「生存権の保障」の理念に基づいて、国が国民に最低限度の生活を保障するものである。

⑵　生活保護制度の適用は本人の財力や能力をもとに判断され、扶養義務者の扶養や他の法律による扶助は考慮されない。

⑶　生活保護の要否や程度の決定は、生活が困窮している個人を単位として行われる。

⑷　生活扶助は最も基本的な扶助で、飲食物費・被服費・光熱水費などの日常生活費を給付する。

⑸　生活保護の給付は金銭給付が原則であり、医療扶助や介護扶助も金銭給付になっている。

ポイント解説　　　　　　　　　　　　　　　　　　📖 下－ P.468〜470

⑴　**○**　**生活保護制度**は、日本国憲法第25条に定める生存権に基づき、生活に困窮するすべての国民に対し、健康で文化的な**最低限度の生活を保障する**ものである。

⑵　**✕**　生活保護制度には補足性の原理があり、本人の能力・財力の活用はもちろん、扶養義務者の扶養や他の法律による扶助が優先的に行われてもなお十分でない場合に**補足的に適用される**。

⑶　**✕**　**世帯を単位**として行われ、それが適当でない場合にだけ個人を単位として行われる。

⑷　**○**　**生活扶助**は最も基本的な扶助で、日常生活費が1か月ごとに世帯主に交付される。障害者加算・介護保険料加算・妊産婦加算・児童養育加算などの各種加算がある。

⑸　**✕**　金銭給付が原則であるが、**医療扶助と介護扶助**については、医療サービスや介護サービスを提供する機関・施設・事業者に委託して、**現物給付**とするのが普通である。扶助の種類には、ほかに教育扶助、住宅扶助、出産扶助、生業扶助、葬祭扶助があり、計8種である。

正解　⑴⑷

生活保護制度の概要⑵

問題 24 生活保護制度について、正しいものを３つ選べ。

⑴ 生活保護の実施機関は、介護保険の保険者と同様に市町村である。

⑵ 福祉事務所には、社会福祉主事である職員が配置され生活保護の業務を行う。

⑶ 一定以上の預貯金や不動産等の資産がある場合には、生活保護を受けることはできない。

⑷ 保護の要否判定においては、生活困窮者の信条や生活困窮に陥った原因が勘案される。

⑸ 厚生労働大臣が定める基準で計算される最低生活費と収入を比較して、その差額が保護費として支給される。

ポイント解説　　　　　　　　　　📖 下－ P.468〜470

⑴ ✕ 生活保護の実施機関は、**都道府県知事**、**市長**および**福祉事務所を管理する町村長**である（町村は任意で福祉事務所を設置できる）。都道府県・市等の福祉事務所が生活保護の要否判定を行う。

⑵ ◯ 査察指導員と現業員（ケースワーカー）には、いずれも社会福祉主事をあてることとされている。

⑶ ◯ 資産がある場合には、売却したうえでなお保護の必要がある場合でなければ、保護を受けることはできない。また、扶養義務者である親族には、扶養できないか、扶養の意思があるかの扶養照会が行われる。

⑷ ✕ 生活保護の**無差別平等の原則**により、記述のような差別または優先的な取り扱いは否定され、**経済的状態のみに着目**して保護が行われる。なお、外国人は生活保護法の対象とならないが、適法に日本に滞在し、活動に制限を受けない永住、定住等の在留資格を有する者は、生活保護法の取り扱いに準じて必要な保護を受けることができる。

⑸ ◯ **最低生活費**は、世帯の構成人員、年齢などにより算定され、地域による格差も勘案される。

正解 ⑵⑶⑸

介護扶助⑴

問題 25 介護扶助について、正しいものを３つ選べ。

⑴ 医療保険未加入のため介護保険の第２号被保険者になれない40歳以上65歳未満の者は、介護扶助の対象者とはならない。

⑵ 介護扶助の範囲には、移送は含まれない。

⑶ 居宅介護については、居宅介護支援計画に基づいて行われるものに限って給付される。

⑷ 介護保険の被保険者の保険料については、介護扶助ではなく生活扶助により給付が行われる。

⑸ 介護保険施設入所者の日常生活費は、生活扶助により給付される。

ポイント解説　　　　　　　　　　　　　　　📖 下－ P.471～474

⑴ ✕ **医療保険未加入のため介護保険の第２号被保険者になれない者**であっても、特定疾病により要介護または要支援の状態にある者は、**介護扶助の対象者となる**。ほかに、介護扶助の対象者となるのは、介護保険の第１号被保険者および第２号被保険者（特定疾病による要介護者等）である。

⑵ ✕ **介護扶助の範囲には、移送が含まれる**。介護扶助の範囲は、①居宅介護、②福祉用具、③住宅改修、④施設介護、⑤介護予防、⑥介護予防福祉用具、⑦介護予防住宅改修、⑧介護予防・日常生活支援（総合事業の第１号訪問・通所・生活支援事業）、⑨移送である。①～⑧は介護保険によるサービスと同様で、⑨だけが異なることになる。

⑶ ○ 記述の**居宅介護支援計画**は、原則として**指定介護機関**の指定を受けた居宅介護支援事業者が作成した居宅サービス計画である必要がある。**指定介護機関**とは、介護保険法上の指定を受け、かつ生活保護法による指定を受けた事業者等のことである。

⑷ ○ **生活扶助**には**介護保険料加算**が設けられている。

⑸ ○ 被保護者が介護保険施設に入所している場合には、**介護施設入所者基本生活費**が**生活扶助**として給付される。

正解　⑶⑷⑸

介護扶助⑵

問題 26　介護扶助について、正しいものを3つ選べ。

⑴　介護保険の被保険者の場合、介護扶助は、保護申請書と居宅介護支援計画の写しを福祉事務所に提出して申請する。

⑵　介護扶助の給付は、原則として金銭給付により行われる。

⑶　介護保険の保険給付が行われる場合には、自己負担分が介護扶助の対象になる。

⑷　介護保険で定める支給限度基準額を上回る場合も、介護扶助の対象になる。

⑸　介護保険の被保険者でない場合には、障害者施策等の他法他施策を優先して活用し、不足する分を介護扶助で給付する。

ポイント解説　　　　　　　　　　　　　📖 下ー P.471〜474

⑴　**○**　被保険者でない場合には、居宅介護支援計画の写しは不要とされている。

⑵　**✕**　**介護扶助の給付は、原則として現物給付により行われる**。ただし、福祉用具購入や住宅改修のように現物給付によることが難しい場合には、金銭給付により行われる。

⑶　**○**　保険給付が行われる場合には、保護の補足性の原理から**保険給付が優先**する。従って、**自己負担分（1割の利用者負担）**が介護扶助で給付される。

⑷　**✕**　生活保護は、健康で文化的な最低限度の生活を保障する制度であることから、記述のように**最低限度の生活にふさわしくないものについては、介護扶助の対象にならない**。

⑸　**○**　**国民健康保険の加入者で第2号被保険者である者**は、生活保護の受給者になると、国民健康保険の適用除外となり、第2号被保険者の資格を失う。この場合の介護扶助の給付は、**10割全額**となる。ただし、障害者施策等、ほかに適用される制度がある場合は、それを優先して活用することになっている。

正解　⑴⑶⑸

介護扶助⑶

問題 27 介護扶助について、正しいものを３つ選べ。

(1) 介護扶助による介護サービスの提供は、介護保険法および生活保護法による指定を受けた事業者等に委託して行われる。

(2) 指定介護機関は、介護券に基づいて介護サービスの提供を行う。

(3) 指定介護機関は、介護扶助に係る介護報酬の請求を、福祉事務所に対して行う。

(4) 被保護者で介護保険の被保険者である者は、一般の被保険者と同様に要介護認定を受け、要介護度に応じて保険給付と介護扶助を受ける。

(5) 被保険者でない場合は、要介護認定を行うことなく、介護扶助が開始される。

ポイント解説 📖 下－ P.471～474

(1) **○** 介護扶助による介護サービスを提供することができるのは、介護保険法上の指定を受け、かつ生活保護法による指定を受けた**指定介護機関**に限られる。ただし、介護保険法上の指定があった場合には、生活保護法による介護機関の指定を受けたものとみなされる。

(2) **○** 指定介護機関には、福祉事務所から、毎月被保護者ごとの**介護券**が交付される。この介護券は、介護保険の被保険者証に該当するものである。

(3) **✕** 指定介護機関はすべて介護保険法の指定を受けた事業者等であり、介護保険の取り扱いと同様に、介護扶助に係る介護報酬の請求を**国民健康保険団体連合会（国保連）**に対して行う。

(4) **○** 介護扶助は、（移送を除いて）**介護保険制度の対象となるサービスと同等のサービスを被保護者に保障する**ものである。

(5) **✕** 被保険者でない場合、要介護認定は、介護扶助の要否判定の一環として**生活保護制度で独自に行う**。ただし、実際の審査判定は市町村に委託され、市町村が設置する**介護認定審査会**で行われることになる。

正解 (1)(2)(4)

生活困窮者自立支援法

> **問題 28** 生活困窮者自立支援法について、正しいものを３つ選べ。
>
> (1) 生活困窮者自立支援法は、生活困窮者の就労自立を支援することで、生活保護に頼ることのないようにすることを目的とする。
>
> (2) 事業の実施機関は、生活保護制度の実施機関と同じである。
>
> (3) 必須事業として行う「住居確保給付金」の受給には、申請日において65歳未満であることという要件を満たす必要がある。
>
> (4) 就労準備支援事業は、必須事業として行われる。
>
> (5) 都道府県等は、社会福祉法人・NPO法人・営利企業等が自主事業として行う「就労訓練事業」を認定し、一般就労に向けた支援を必須事業として行う。

ポイント解説　　　　　　　　　　　　📖 下－ P.475〜478

(1) **○**　この法律の対象者は、「現に経済的に困窮し、最低限度の生活を維持することができなくなるおそれがある者」とされ、現在生活保護を受給していないが、**生活保護に至る可能性がある者**で、**自立が見込まれる者**である。

(2) **○**　実施機関は、都道府県、市および福祉事務所を設置する町村である。ただし、必須事業として行う**自立相談支援事業**の事務の全部または一部を、社会福祉法人、NPO法人などに委託することができる。

(3) **✕**　**住居確保給付金**は、離職等により経済的に困窮し、住居を失った、またはそのおそれがある者に対し、賃貸住宅の家賃を給付して就労の自立を図るものである。以前あった、**65歳未満という要件は撤廃され**高齢者も対象になる。

(4) **✕**　**就労準備支援事業**は、直ちに一般就労への移行が困難な生活困窮者に対して、一般就労に必要な基礎能力の形成を支援するものである。これは都道府県等の**任意事業**である。

(5) **○**　**就労訓練事業**は、対象者の状態等に応じた就労の機会（清掃・リサイクル・農作業等）と併せて**一般就労に向けた支援**を実施するものである。

正解　(1)(2)(5)

後期高齢者医療制度(1)

問題 29　後期高齢者医療制度について、正しいものを2つ選べ。

(1)　2008（平成20）年4月から老人保健制度が廃止され、後期高齢者医療制度が始まった。

(2)　後期高齢者医療制度の目的として、老人医療費の負担関係を明確にすることがある。

(3)　後期高齢者医療制度の運営主体は、市町村である。

(4)　75歳未満の者は被保険者になることはない。

(5)　移送に関する費用は、保険給付の対象とはならない。

ポイント解説　　📖 下－ P.479〜482

(1)　○　**75歳以上の者**は、公的医療保険と**老人保健制度**の両方の対象となる二重構造だったのが、**後期高齢者医療制度**に一本化された（75歳になるとそれまで加入していた医療保険からは外れることになる）。

(2)　○　以前は75歳以上の者の医療費を、**医療保険者からの拠出金と公費**と**患者の自己負担**により賄っていたが、拠出金において現役世代と高齢世代の保険料が区分されてなかったため不明確だった。ほかに、老人医療に係る財政責任を負う主体を明確にすることも目的の1つである。

(3)　✕　**運営主体**は、都道府県ごとにすべての市町村が加入する**後期高齢者医療広域連合**である。ただし、保険料の徴収、被保険者資格や医療給付についての届出の受付などの事務は**市町村**が行う。

(4)　✕　**被保険者**は、広域連合の区域内に住所を有する者で、**75歳以上の者**か、**65歳以上75歳未満であって広域連合の障害認定を受けた者**である。ただし、生活保護世帯に属する者などは除外される。

(5)　✕　保険給付の対象となるものには、**療養の給付、入院時食事療養費、入院時生活療養費、保険外併用療養費、療養費、訪問看護療養費、特別療養費、移送費、高額療養費、高額介護合算療養費、条例で定める給付**がある。条例で定める給付では、広域連合が条例で定めている場合に、死亡時の葬祭費や傷病手当金などを支給する。そのほかは、医療保険制度における給付と同様の内容である。

正解　(1)(2)

後期高齢者医療制度(2)

> **問題 30**　後期高齢者医療制度について、正しいものを 2 つ選べ。
> (1)　患者の一部負担金の割合は、原則として 3 割である。
> (2)　被保険者には全国一律の保険料が課される。
> (3)　保険料はすべて普通徴収で徴収される。
> (4)　後期高齢者医療制度に要する費用のうち、患者負担を除いた部分については、保険料と後期高齢者支援金と公費によって賄う。
> (5)　調整交付金や財政安定化基金の制度がある。

ポイント解説　　　　　　　　　　　　　　　　　📖 下- P.479〜482

(1)　✕　患者が医療機関の窓口で支払う**一部負担金**の割合は原則として**1割**で、現役並み所得者は**3割**である。ただし、2022（令和4）年度の後半から、現役並み所得者以外で一定所得以上である者について、**2割**負担となる段階が導入された。現役並み所得者とは、課税所得145万円以上、かつ、高齢者複数世帯で520万円以上または高齢者単身世帯で383万円以上の収入がある者である。なお、一部負担金には、月ごとの上限が設けられている。

(2)　✕　**保険料**は**広域連合**が**条例**で定めるため、都道府県によって異なる。被保険者均等割（頭割）と所得割（応能割・所得比例部分）が50：50の割合で、被保険者一人ひとりに対して算定・賦課される。

(3)　✕　**年額18万円以上の年金**を受給している場合は**特別徴収**の方法が取られ、保険料は年金から**天引き**される。ただし、申し出により口座振替による**普通徴収**に切り替えることもできる。

(4)　○　負担割合は、被保険者の**保険料が約1割**、**後期高齢者支援金**（現役世代である公的医療保険の加入者の保険料）**が約4割**、公費（税金）**が約5割**である。公費の負担の内訳は、国：都道府県：市町村＝4：1：1である。

(5)　○　**調整交付金**（国が負担）、**財政安定化基金**（国・都道府県・広域連合が負担）の制度がある。

正解　(4) (5)

高齢者住まい法

問題 31　高齢者住まい法について、正しいものを3つ選べ。

(1)　高齢者住まい法は、高齢者が持ち家をバリアフリーの住宅に改修することを支援する制度について定めるものである。

(2)　都道府県および市町村は、国の定める基本方針に基づき、高齢者に対する賃貸住宅・老人ホームの供給の目標、高齢者居宅生活支援事業の用に供する施設の整備の促進に関する事項を定める。

(3)　事業者は、一定の要件を満たす賃貸住宅等につき「サービス付き高齢者向け住宅」の申請を行い、登録を受けると建設・改修費につき国から一定の補助を受けることができる。

(4)　サービス付き高齢者向け住宅の入居者は、65歳以上の単身高齢者または高齢者とその同居人に限られる。

(5)　サービス付き高齢者向け住宅は、少なくとも状況把握や生活相談のサービスを提供することが登録に必要な基準であり、有料老人ホームに該当するものとして一定の設備・人員基準を満たしたうえで特定施設の基準を満たせば、入居者に介護保険サービスを提供できる。

ポイント解説　　　　　　　　　　　　　　📖 下- P.483〜485

(1)　**✕**　**高齢者の居住の安定確保に関する法律（高齢者住まい法）**は、高齢者にとって良好な居住環境を備えた**高齢者向けの賃貸住宅等の供給を促進する**ことを目的とする。

(2)　**○**　都道府県・市町村は、**高齢者居住安定確保計画**を定めることができる。「高齢者居宅生活支援事業の用に供する施設」というのは、居宅サービスや居宅介護支援を供給するために賃貸住宅に併設される施設のことである。

(3)　**○**　申請は、都道府県知事（指定都市・中核市の市長）に行う。国からの補助のほか、税制の優遇や住宅金融支援機構からの融資制度がある。

(4)　**✕**　ここにいう**高齢者**は、**60歳以上**とされている。また、要介護認定・要支援認定を受けている40歳以上60歳未満の者も対象とする。

(5)　**○**　特定施設は、介護保険の**住所地特例**の対象施設でもある。

正解　(2)(3)(5)

老人福祉法

問題 32 老人福祉法について、正しいものを3つ選べ。

(1) 老人福祉法では、老人の福祉のためのさまざまな事業・施設を定めているが、その多くは介護保険給付の対象サービスでもある。

(2) 市町村は、虐待などのやむを得ない事由により介護保険サービスを受けられない場合などには、老人福祉法に基づき、職権による「措置」によってサービスを提供する。

(3) 特別養護老人ホームは、老人福祉法の措置施設と介護保険法の介護老人福祉施設としての役割をもつ。

(4) 軽費老人ホームや有料老人ホームは、老人福祉法において措置施設として位置づけられている。

(5) 市町村老人福祉計画は、市町村介護保険事業計画と調和が保たれたものでなければならないとされている。

ポイント解説　　　　　　　　　　　　　　　📖 下ー P.486〜488

(1) **○** 老人福祉法に定める「老人居宅生活支援事業」には、老人居宅介護等事業（訪問介護事業等）、老人デイサービス事業、老人短期入所事業などがあり、「老人福祉施設」としては、特別養護老人ホーム、養護老人ホームなどがあって、介護保険法による指定を受けて介護保険サービスを提供することとなる。

(2) **○** 老人福祉法で定義される施設には、**措置施設**としての性格をもつもの、**契約施設**の性格をもつ軽費老人ホームや有料老人ホーム、**利用施設**である老人福祉センターや老人介護支援センターがある。

(3) **○** また、措置施設である**養護老人ホーム**は、指定を受けて特定施設入居者生活介護を提供することができる。

(4) **✕** 解説(2)で述べたように、これらは、施設と入居者との契約で利用する**契約施設**である。

(5) **✕** 市町村老人福祉計画は市町村介護保険事業計画と、都道府県老人福祉計画は都道府県介護保険事業支援計画と、**一体のものとして作成**されなければならない。

正解 (1)(2)(3)

個人情報保護法

問題 33 個人情報保護法について、正しいものを3つ選べ。

(1) 保護の対象となる個人情報とは、特定の個人を識別できるものまたは個人識別符号が含まれるものをいう。

(2) 身体障害・知的障害・精神障害の情報、健康診断の結果、保健指導の情報等は、要配慮個人情報である。

(3) 個人情報取扱事業者は、個人情報を取り扱うにあたっては、利用目的をできるだけ特定しなければならない。

(4) 個人情報取扱事業者は、どのような場合であっても、取得した個人情報を第三者に提供することはできない。

(5) 要介護認定等の申請の代行を行う介護支援専門員には、申請者の個人番号を収集し保管することが認められている。

ポイント解説　　　　　　　　　　　　　　　　　　　📖 下－ P.489～493

(1) 〇　**個人情報**とは、生存する個人に関する情報であって、氏名や生年月日等によって特定の個人を識別できるもの、また、免許証番号・マイナンバー等の**個人識別符号**が含まれるものが対象となる。

(2) 〇　**要配慮個人情報**とは、本人の人種、信条、社会的身分、病歴、犯罪の経歴、犯罪被害情報、その他本人に対する不当な差別、偏見が生じないように特に配慮を要するものとして政令で定める個人情報であり、**障害の情報、健康診断の結果、保健指導の情報**等も含まれる。

(3) 〇　特定した利用目的の達成に必要な範囲を超えて取り扱う場合は、あらかじめ本人の同意を得なければならない。なお、**個人情報取扱事業者**とは、個人情報データベース等を事業の用に供している事業者である。

(4) ✕　あらかじめ**本人の同意**を得れば、**第三者に提供することができる**。また、法令に基づく警察、裁判所の照会や、人の生命・身体・財産の保護に必要で、本人の同意を得ることが困難な場合などは例外である。

(5) ✕　要介護認定等の申請書には申請者の個人番号（マイナンバー）を記載することとされているが、介護支援専門員が**個人番号を書き写したりコピーしたりして、個人情報を収集し保管することはできない**。

正　解　(1)(2)(3)

育児・介護休業法

> **問題 34** 育児・介護休業法について、正しいものを３つ選べ。
>
> (1) 育児・介護休業法は、子の養育または家族の介護を行う労働者に対する支援措置を行うことにより、雇用の継続および再就職の促進を図ることを目的とする。
>
> (2) 介護休業制度の対象となる「要介護状態にある家族」の範囲は、配偶者、父母、子、祖父母とされ、申請者と同居していることが要件である。
>
> (3) 事業主は、労使協定により、介護休業制度の対象外とする労働者の範囲を、職種ごとに定めることができる。
>
> (4) 介護休業の期間は、対象家族１人につき通算93日までとされ、３回を上限として分割して取得することができる。
>
> (5) 事業主は、対象家族を介護する労働者について、連続する３年間以上の期間における所定労働時間の短縮等の措置を講じなければならない。

ポイント解説　　　　　　　　　　　　📖 下－ P.494～496

(1) **○** 育児や介護を行うために離職せざるを得ない労働者を支援することにより、その福祉を増進するとともに、経済・社会の発展に資することを目的としている。

(2) **✕** **対象家族の範囲**は、配偶者（事実婚を含む）、父母、子、祖父母のほか、**配偶者の父母**、**兄弟姉妹**、**孫**と広く、**同居か否かは問われない**。

(3) **✕** **介護休業制度**は、基本的にすべての労働者を対象としている。日々雇用される者は対象外となるほか、雇用された期間が１年に満たない者など、労使協定によっても**対象外にできる範囲が定められ、それより広い範囲を対象外とすることは認められない**。

(4) **○** 介護休業中には、**雇用保険**から休業開始時の賃金の67％にあたる**介護休業給付金**が支給される。ただし、育児休業の場合と異なり、介護休業では社会保険（健康保険、厚生年金保険）の**保険料の免除はない**。

(5) **○** 所定労働時間の短縮、フレックスタイム、時差出勤などのいずれかの制度を設けることが求められる。また、所定外労働の制限、時間外労働の制限、深夜業の制限も行わなければならない。

正解 (1)(4)(5)

高齢者虐待(1)

問題 35　高齢者虐待について、正しいものを３つ選べ。
(1)　介護をしている親族が、高齢者の年金を、本人の同意を得ずに勝手に使ったとしても、虐待とはいえない。
(2)　養護者による高齢者虐待の種別では、介護等放棄が最も多い。
(3)　虐待の発生には、社会的・環境的な要因も複雑にからんでいる。
(4)　介護支援専門員は、虐待のサインを見逃してはならない。
(5)　虐待への介入支援にあたって、介入の目的は、あくまでも被害高齢者の利益にあることを認識しなければならない。

ポイント解説　　　　　　　　　　　　　　　　📖 下－ P.497〜505

(1)　✕　記述の行為は、**経済的虐待**にあたる。「高齢者虐待の防止、高齢者の養護者に対する支援等に関する法律（**高齢者虐待防止法**）」では、**養護者**および**養介護施設従事者等**による高齢者虐待が規定されていて、それぞれ、**身体的虐待、介護等放棄（ネグレクト）、心理的虐待、性的虐待、経済的虐待**の５種類が挙げられている。

(2)　✕　養護者による高齢者虐待の種別では、**身体的虐待が最も多く**、次いで心理的虐待、介護等放棄、経済的虐待、性的虐待という順になっている（令和３年度の高齢者虐待防止法に基づく調査結果による）。

(3)　○　虐待は、**介護者側の要因、高齢者側の要因**のほかに、**社会的・環境的要因**などが組み合わさって引き起こされる。社会的・環境的要因には、公的サービスの利用への抵抗感、家族による介護が当然だとする固定観念などがある。

(4)　○　虐待の多くは、サービス従事者によって発見されている。**虐待のサイン**を見定め、早期に対応することが重要である。また、介護支援専門員やサービス従事者は、窓口機関に通報するだけでなく、対応機関と連携して継続的に対処することが期待されている。

(5)　○　**不適切あるいは不当な介入**により、介入を行わない場合よりも、かえって悪い結果を招くことがある。

正解　(3)(4)(5)

高齢者虐待(2)

問題 36 高齢者虐待防止法について、正しいものを3つ選べ。

(1) 養護者による高齢者虐待を発見したら、市町村に通報する。

(2) 市町村は、養護者から虐待を受けた高齢者の保護のために必要な居室を確保するための措置を講ずる。

(3) 市町村は、養護者による虐待の通報があっても、高齢者の住居への立入調査を行うことはできない。

(4) 市町村は、地域包括支援センターに、養護者による虐待の通報や届出の受理、それを受けての高齢者の安全確認や事実確認などの事務を委託できる。

(5) 施設従事者等による虐待について通報を受けた市町村は、そのことを公表しなければならない。

ポイント解説　　　　　　　　　　　　　　📖 下－ P.497〜505

(1) **○** 高齢者虐待については、**市町村**が第一義的に責任を有する。虐待を受けた**高齢者本人**が市町村に届け出ることも規定されている。

(2) **○** 市町村や市町村長は、**養護者による虐待**で生命または身体に重大な危険が生じているおそれがある高齢者を保護するため、老人短期入所施設等に入所させる等の措置を講じなければならない。そのための**居室を確保する**ことも規定されている。

(3) **✕** 養護者による虐待で高齢者の生命または身体に重大な危険が生じているおそれがあるときは、市町村長は、市町村直営の地域包括支援センターの職員等に**立入調査**をさせることができる。立入調査の際に必要であれば、**警察署長**に援助を求めることもできる。

(4) **○** **地域包括支援センター**は、地域における虐待対応の中核機関の1つである。記述のほかに、高齢者・養護者に対する相談・指導・助言、養護者の負担の軽減に関する事務を委託できる。

(5) **✕** **施設従事者等による虐待**について通報を受けた市町村は、そのことを**都道府県に報告する**。**都道府県知事**は、毎年度、施設従事者等による虐待の状況等を**公表する**。

正解　(1)(2)(4)

成年後見制度(1)

問題 37 成年後見制度について、正しいものを２つ選べ。

(1) 後見人が行う身上監護とは、介護労働を行うことである。

(2) 法定後見で後見開始等の審判を請求できる親族は三親等内に限られる。

(3) 法定後見では、判断能力を欠く常況にある者は後見類型の対象であり、成年後見人が選任される。

(4) 成年後見人が成年被後見人の居住用の不動産を処分する場合は、家庭裁判所の許可が必要である。

(5) 成年被後見人が行った契約などについては、たとえ本人にとって不利益なものであっても取り消すことはできない。

ポイント解説　　　　　　　　　　　　📖 下－ P.506〜515

　成年後見制度は、認知症・知的障害・精神障害等により判断能力が不十分な者の判断能力を、成年後見人等が補う制度である。成年後見制度は、**法定後見制度**と**任意後見制度**に分かれる。

(1) ✕　後見人の職務には**財産管理**と**身上監護**があるが、身上監護とは本人のために介護や医療の契約などを本人に代わって行うことである。

(2) ✕　法定後見制度では、**本人・配偶者・四親等内の親族**等が、**家庭裁判所**に後見開始等の審判を請求する。また**市町村長**も、65歳以上の者の福祉を図るため特に必要があれば請求できる。なお、本人以外の者の請求により**補助開始**の審判をするには、**本人の同意**が必要である。

(3) ◯　法定後見制度は**後見類型・保佐類型・補助類型**の３類型があり、**家庭裁判所**によってそれぞれ**成年後見人・保佐人・補助人**が選任される。対象は、後見類型が**判断能力を欠く常況**にある者、保佐類型が**判断能力が著しく不十分**な者、補助類型が**判断能力が不十分**な者である。

(4) ◯　後見類型の場合、成年後見人は、本人（成年被後見人）の**財産に関する法律行為**（預金の管理・財産の売買・介護契約等）を、本人に代わって行うことができる（**代理権**）。ただし、**本人の居住用の不動産を**処分する場合は、**家庭裁判所の許可**が必要となる。

(5) ✕　後見類型の場合、本人が行った契約などについて、本人にとって不利益なものは原則として**取り消すことができる**。　**正解**　(3)(4)

成年後見制度⑵

問題 38 成年後見制度について、正しいものを３つ選べ。

(1) 保佐類型の場合、保佐人は、本人が行おうとしている一定の行為について同意を与える権限をもっている。

(2) 補助類型の場合、補助人は、本人に代わってさまざまなことを行う代理権を得ることはできない。

(3) 任意後見の契約は、公正証書によって行わなければならない。

(4) 任意後見は、任意後見監督人が選任されることによって開始される。

(5) 任意後見人に不正や権限濫用があった場合は、任意後見監督人は任意後見人を解任することができる。

ポイント解説　　　　　　　　　　　　📖 下－ P.506〜515

(1) **○**　**保佐人**は、本人が行おうとしている一定の行為（重要な財産を処分するなど）について、**同意を与える権限（同意権）**をもっている。本人が保佐人の同意を得ずに行った契約などについては、本人にとって不利益なものは原則として取り消すことができる。また、本人の同意のもと、家庭裁判所の審判により、保佐人にさまざまな**代理権**を与えることができる。

(2) **✕**　**補助人**は、本人の同意のもと、家庭裁判所の審判により、**同意権**や**代理権**をもつことができる。同意権の範囲は保佐人よりも限定される。

(3) **○**　**任意後見制度**とは、認知症等により判断能力が不十分になったときのために、**任意後見人**になってくれる者（**任意後見受任者**）と後見事務の内容を、あらかじめ契約によって決めておく制度である。この契約は**公正証書**によって行い、**公証人**が**法務局**へ後見登記の申請をする。契約によって、任意後見人に、さまざまな代理権を与えることができる。

(4) **○**　本人の判断能力が低下したときに、**家庭裁判所に任意後見監督人**の選任の審判を請求し、選任されることによって任意後見が開始される。なお、任意後見受任者の配偶者、直系血族、兄弟姉妹や、任意後見受任者本人は、任意後見監督人になることはできない。

(5) **✕**　任意後見人を解任するのは、任意後見監督人や親族等の請求を受けた**家庭裁判所**である。　　　　　　　　　　**正解**　(1)(3)(4)

成年後見制度(3)

問題 39 成年後見制度について、正しいものを2つ選べ。

(1) 親族が成年後見人等に選任される例だけでなく、司法書士、弁護士、社会福祉士などが成年後見人等に選任される例もある。

(2) 親族が成年後見人等に選任された者の割合は、近年、増えている。

(3) 介護保険制度の開始時と比べると、成年後見制度の利用は少なくなっている。

(4) 都道府県は、政府が作成する成年後見制度利用促進基本計画を勘案して、その区域における成年後見制度の利用の促進に関する施策についての基本的な計画を定めるよう努めることとされる。

(5) 市民後見人の育成や活用が推進されている。

ポイント解説　　　　　　　　　　　　📖 下－ P.506〜515

(1) ○　後見人となるべき親族がいない場合や、法的な問題や身上監護において困難な問題を抱えている場合は、従来の**親族後見人**ではなく、**専門職後見人**が選任されるようになっている。

(2) ✕　親族が成年後見人等に選任された者の割合は、近年、**減っている**。2003（平成15）年度に83％を占めていた親族による成年後見人等は、2022（令和4）年には、19.1％と激減している。

(3) ✕　成年後見制度の施行による後見の社会化の進展や、少子高齢社会の急激な進展とともに、成年後見制度の利用は、介護保険制度の開始時と比べて、大きく**増えている**。しかし、成年後見制度を必要とする人にさらに利用してもらうため、2016（平成28）年に**成年後見制度の利用の促進に関する法律**（成年後見制度利用促進法）が施行された。

(4) ✕　政府が作成する**成年後見制度利用促進基本計画**を勘案して、記述の計画を定めるよう努めるのは**市町村**である。成年後見制度利用促進法に規定されている。

(5) ○　成年後見制度の利用が増加すれば、成年後見人等の担い手が不足することになる。専門職後見人以外の**市民後見人**を育成・活用する目的で、2012（平成24）年に老人福祉法に「後見等に係る体制の整備等」の条項が創設された。　　　　　　　　　　　　　**正解**　(1)(5)

日常生活自立支援事業(1)

> **問題 40** 日常生活自立支援事業について、正しいものを３つ選べ。
> (1) 日常生活自立支援事業の対象者は、認知症高齢者である。
> (2) 日常生活自立支援事業の利用契約を締結する能力がなければ、利用することはできない。
> (3) 実施主体は都道府県・指定都市社会福祉協議会である。
> (4) 生活支援員が支援計画を策定し、専門員が計画に基づく援助を行う。
> (5) 都道府県社会福祉協議会に設置された運営適正化委員会が、事業の運営監視を行う。

ポイント解説　　　　　　　　　　　　　📖 下－ P.516〜520

(1) **✗**　**日常生活自立支援事業**では、認知症高齢者・知的障害者・精神障害者等のうち判断能力が不十分な者に対して、福祉サービスの利用に関する援助等を行う。具体的な条件は、**判断能力が不十分**なために、必要なサービスを利用するための情報の入手・理解・判断・意思表示を適切に行うことが困難なこと、かつ、日常生活自立支援事業の**利用契約を締結する能力を有する**ことである。

(2) **◯**　この事業は利用者との契約により行われるためこのようになっている。契約締結能力の有無は**契約締結判定ガイドライン**に基づいて判定され、これで判断できない場合は**契約締結審査会**にて審査される。契約が締結できない場合は、成年後見制度などの利用が考えられる。

(3) **◯**　また、実施主体は事業の一部を**市区町村社会福祉協議会**等に委託できる（委託を受けたものを**基幹的社会福祉協議会**という）。

(4) **✗**　基幹的社会福祉協議会の**専門員**は、初期相談から**支援計画**の策定、利用契約の締結までを行う。**生活支援員**は、支援計画に基づいて具体的な支援を行う。専門員は常勤職員で、高齢者・障害者等への援助経験がある社会福祉士・精神保健福祉士等があてられる。

(5) **◯**　**運営適正化委員会**は、**都道府県社会福祉協議会**に設置される第三者機関で、**日常生活自立支援事業の運営監視**と**福祉サービスに関する利用者からの苦情解決**を行う。

正解　(2)(3)(5)

日常生活自立支援事業(2)

問題 41 日常生活自立支援事業について、正しいものを2つ選べ。

(1) 福祉サービスを利用したり、福祉サービスの苦情解決制度を利用したりするための手続きを援助することができる。

(2) 医療費や日用品の代金を支払うために預金を払い戻す手続きの援助はできない。

(3) 要介護認定の認定調査に立ち会ったり、居宅サービス計画作成のためのアセスメント面接に立ち会ったりすることも想定されている。

(4) 利用者に代わって、介護保険のサービス提供事業者と契約を締結することができる。

(5) 日常生活自立支援事業は無料で利用することができる。

ポイント解説 📖 下- P.516～520

(1) ○ 日常生活自立支援事業で実施される支援の内容として、①**福祉サービスの利用援助**、②**日常的金銭管理サービス**、③**書類等の預かりサービス**（年金証書・通帳・実印等）がある。また、**定期的な訪問**により生活変化の察知に努める。記述の内容は①に含まれる。ほかに、住宅改造・居住家屋の賃借・日常生活上の消費契約・住民票の届出等の行政手続きに関する援助等も①に含まれる。

(2) ✕ 解説(1)の日常的金銭管理サービスとして、医療費・税金・社会保険料・公共料金・日用品の代金等の支払いのための**預金の払い戻し・解約・預け入れの手続き**の援助を行うこともある。

(3) ○ 介護保険の利用に関するものとして、記述のほかに、**要介護認定等の申請手続きの援助・サービス内容のチェックの援助**なども想定されており、介護支援専門員が有効に活用することが期待されている。

(4) ✕ 日常生活自立支援事業で行うのは、**契約締結の援助**であり、利用者に代わって契約を締結することはできない。これを行うとしたら、成年後見制度の範疇になる。

(5) ✕ **利用料は利用者が負担する**（援助活動1回当たり1000～1500円程度）。ただし、生活保護受給者は無料である。

正解 (1) (3)

福祉サービス分野

第2章　介護サービス各論

（福祉系サービス）

訪問介護の意義・目的⑴

問題 42　訪問介護の意義について、正しいものを 2 つ選べ。

(1)　高齢者は、環境の変化に対する適応性が低下しており、長年住み慣れた家で生活を続けたいという思いが強い。

(2)　高齢者が要介護状態になった場合には、居宅で自立した日常生活を送ることは不可能である。

(3)　訪問介護では、入浴、排泄、食事等の介護を行い、調理、洗濯、掃除等の家事は行わない。

(4)　高齢者の核家族化に伴い、一人暮らしの高齢者や老夫婦のみの世帯が増え、訪問介護の果たす役割が増大している。

(5)　高齢者が子と同居している場合には、娘や嫁が高齢者介護を担っており、訪問介護の必要性は高くない。

ポイント解説　　　　　　　　　　　　　　　📖 上－ P.427〜429、P.437

　2014年改正により、要支援者対象の**訪問介護は、予防給付から地域支援事業に移行**して、総合事業の第 1 号訪問事業として行われている。

(1)　**○**　**居宅は、人間にとって生活を営む基本の場**である。老いて、病気をしたり、障害があったりしても、居宅で生活を続けたいと思うのは、ごく自然な望みである。

(2)　**×**　高齢者が要介護状態になった場合でも、その居宅において、**有する能力に応じ自立した日常生活を送ることは可能**であり、訪問介護は、そのための援助を行う。

(3)　**×**　訪問介護では、入浴、排泄、食事等の介護だけでなく、調理、洗濯、掃除等の家事を含めた**生活全般にわたる援助**を行う（**身体介護**と**生活援助**）。要介護 1 ・ 2 の軽度者では、調理・洗濯・掃除など生活援助の利用が多い。

(4)　**○**　高齢者の核家族化は、**家族の介護力を低下**させている。

(5)　**×**　高齢者が子と同居している場合でも、子が仕事をもって働いていたり、子が高齢化している世帯が増えていたりするために、**訪問介護への依存度**が高くなってきている。

正解　(1)(4)

訪問介護の意義・目的⑵

問題 43 訪問介護の目的について、正しいものを３つ選べ。

(1) 訪問介護の目的は、利用者が生まれ育った環境の中で身につけた生活習慣や文化、価値観を尊重して生活の基盤を整えることである。

(2) 障害をもつ人などに対して、その人ができないことを本人に代わって行うのが、介護の基本である。

(3) 障害を乗り越えていきいきと生活できるように援助し、高齢者が生きるという根幹を支える。

(4) 二次的な障害が起きないように、常に予防的な対処を視野に入れて、介護をしていくことが必要である。

(5) 利用者の身近にあって、その状態の変化をいちはやく知る立場にあるのは、訪問介護員ではなく、訪問看護師である。

ポイント解説　　　　　　　　　　📖 上－ P.427〜429、P.437

訪問介護には、次のような目的がある。

① **個人が培ってきた生活習慣や文化、価値観を尊重**し、**生活基盤を整える。**

② **生活の自立性の拡大を図る**（自立支援）。

③ **生きることの喜び、意味を見いだし、自己実現を図る。**

④ **予防的な対処**により、**生活の質（QOL）を維持**する。

⑤ **状態の変化を早期に発見**し、他職種へつなぐ。

(1) ◯　上述の①にあたる。

(2) ✕　必要以上の手助けは、自立性や本人のもつ能力までも摘み取ってしまう。介護の基本は、**潜在能力を引き出し、本人が自分でできるように自立を支援していく**ことである。

(3) ◯　上述の③にあたる。

(4) ◯　上述の④にあたる。

(5) ✕　利用者の異常をすばやく発見し、サービス提供責任者や介護支援専門員等の他職種に伝えることは、**訪問介護員**の大切な役割である。

正解　(1) (3) (4)

訪問介護の内容(1)

> **問題 44** 訪問介護の内容について、正しいものを3つ選べ。
> (1) 身体介護は、食事、排泄（はいせつ）、衣服の着脱、入浴（清拭）、移動等の生活動作に関する介助であり、通院や外出の介助はこれに含まれない。
> (2) 利用者の ADL・IADL・QOL や意欲の向上のために、利用者と共に行う家事は、身体介護に分類される。
> (3) 身体介護、生活援助のいずれについても、それを行うために必要となる準備や後始末等の一連の行為は含まれない。
> (4) 生活援助中心型のサービスを受けることができるのは、利用者が単身であるか、または家族等と同居していても家族が障害や疾病等によって家事を行うことができない場合等に限られる。
> (5) 訪問介護員は、訪問介護の内容として適切でないサービスを求められた場合には、サービスの提供を拒むことができる。

ポイント解説　　　　　　　　　　　　　　📖上－ P.429〜437

訪問介護は、**身体介護**と**生活援助**（いわゆる家事援助）、および**通院等のための乗車または降車の介助**に分けることができる。

(1) ✗　身体介護には、通院や買い物などの外出の介助も含まれる。

(2) ◯　利用者に代わって行う掃除や洗濯などの家事は生活援助だが、記述の場合は**身体介護**として介護報酬上で評価される。また、嚥下（えんげ）困難者のための流動食や糖尿食等のように、一般的な調理以外の**専門的知識・技術をもって行う調理**等も、**身体介護**である。

(3) ✗　身体介護、生活援助のいずれについても、そのために必要となる準備から後始末までの**一連の行為が含まれる**。

(4) ◯　介護支援専門員は、**生活援助中心型のサービスが必要な理由**を、居宅サービス計画書に記載することになっている。

(5) ◯　生活援助の不適正事例とされる家事や、介護保険の目的に沿わないことを要求された場合は、拒むことができる。その場合には、給付対象として適当でない旨を説明したり、他のサービスを利用するよう助言したりするなど、一定の手続きを行う。

正解　(2)(4)(5)

訪問介護の内容⑵

問題 45 訪問介護の内容について、正しいものを３つ選べ。

(1) 起床・就寝介助は、身体介護として算定する。

(2) 特段の専門的配慮をもって行う調理は、生活援助として算定する。

(3) 日常品等の買い物は、生活援助として算定する。

(4) 利用者と一緒に手助けや声かけ、見守りをしながら行う衣類の整理・被服の補修は、生活援助として算定する。

(5) 移動時、利用者が転倒しないように側について歩くのは、身体介護として算定する。

ポイント解説 　　　　　　　　　　　　　　📖 上− P.429〜434

(1) 〇 **身体介護**には、排泄介助（トイレ・ポータブルトイレ利用、おむつ交換）、食事介助、清拭・入浴介助、身体整容の介助、体位変換、移動・移乗介助、通院・外出介助、起床・就寝介助、服薬介助などがある。

(2) ✕ 嚥下困難者のための流動食等の調理など、**特段の専門的配慮をもって行う調理**は、**身体介護**として算定する。

(3) 〇 **生活援助**には、掃除、ゴミ出し、洗濯（洗濯機・手洗いによる洗濯、洗濯物の乾燥・取り入れ・収納、アイロンがけ）、ベッドメイク（利用者不在のベッドでのシーツ・布団カバーの交換）、衣類の整理・被服の補修、一般的な調理、配下膳、日常品等の買い物・薬の受け取りなどがある。

(4) ✕ これは、**利用者の ADL・IADL・QOL や意欲の向上のために利用者と共に行う自立支援・重度化防止のためのサービス**とされ、**身体介護**である。記述の内容に加え、安全を確保しつつ常時介助できる状態で利用者と共に行う掃除、整理整頓、ゴミの分別、冷蔵庫の中の整理、洗濯、シーツ交換、調理、配膳、買い物なども同様である。

(5) 〇 これも自立支援・重度化防止のための見守り的援助とされ、**身体介護**として算定する。記述の内容に加え、ポータブルトイレへの移乗の見守り、リハビリパンツやパット交換の見守り・声かけ、食事・水分摂取の誘導、入浴・更衣等の見守り、ベッドの出入り時など自立を促すための声かけ、服薬の見守りなども同様である。　**正解** (1)(3)(5)

医行為でないもの

> **問題 46** 医行為から除外され、訪問介護で提供できるものを 3 つ選べ。
> (1) 体温測定・血圧測定
> (2) 褥瘡（じょくそう）の予防・処置
> (3) 軽微な創傷の処置
> (4) 軟膏（なんこう）の塗布や湿布の貼付
> (5) 在宅酸素療法の指導・援助

ポイント解説　　　　　　　　　　　　　　📖 上－ P.435〜436

　訪問介護において、介護職は医行為（医療行為）をしてはならないが、次の行為は**医行為でないもの**とされ、行うことができる。

① 体温測定（腋下・外耳道）

② 血圧測定

③ 新生児以外で入院治療の必要のない者に対するパルスオキシメータ装着

④ 軽微な切り傷・擦り傷・やけどなどで専門的な判断や技術を必要としない処置

⑤ 一定条件下での医薬品の使用介助（軟膏の塗布、湿布の貼付、点眼薬の点眼、一包化された内服薬の内服、坐薬の挿入など）

⑥ その他つめ切り、口腔清掃、耳垢除去など、6 項目の行為

　(2)と(5)は**診療の補助**として**訪問看護**で提供するものである。ただし、体位変換や発赤前のマッサージなど、医療判断を必要としない褥瘡の予防は訪問介護で行うこともできる。逆に発赤を見た後では、その周辺のマッサージや軟膏の塗布などは、訪問看護の守備範囲になる。また、通常の（軽微でない）創傷の処置も訪問看護でなければ行うことはできない。

　医行為（診療の補助）とされる**喀痰（かくたん）の吸引**や**経管栄養**の処置を、介護福祉士（平成29年 1 月以降の国家試験合格者）、および一定の研修を受けた介護職員等が行うことが可能となった。これらの従業者を配置した登録事業者によって行われるものである。

正解　(1)(3)(4)

身体介護・生活援助と不適正事例

問題 47　生活援助の内容として、適切なものを2つ選べ。

(1)　利用者の居室の掃除

(2)　利用者の家族の食事の調理

(3)　通院介助

(4)　薬の受け取り

(5)　草むしりや花木の水やり

ポイント解説　　　　　　　　　　　　　　　📖 上－ P.436

　生活援助は、身体介護以外の訪問介護であり、掃除、洗濯、調理、買い物、薬の受け取りなどの日常生活の援助をさす。しかし、次のような行為は、**不適正事例**として、生活援助には含まれないものとされている。

①　**主として家族の利便に供する行為または家族が行うことが適切であると判断される行為**

　　ア　利用者以外の者に係る洗濯・調理・買い物・ふとん干し

　　イ　主に利用者が使用する居室等以外の掃除

　　ウ　来客の応接（お茶、食事の手配等）

　　エ　自家用車の洗車・清掃

②　**訪問介護員が行わなくても日常生活を営むのに支障が生じないと判断される行為**

　　ア　草むしり　　　　イ　花木の水やり

　　ウ　犬の散歩等ペットの世話

③　**日常的に行われる家事の範囲を超える行為**

　　ア　家具・電気器具等の移動、修繕、模様替え

　　イ　大掃除、窓のガラス磨き、床のワックスがけ

　　ウ　室内外家屋の修理、ペンキ塗り

　　エ　植木の剪定等の園芸

　　オ　正月、節句等のために特別な手間をかけて行う調理

　選択肢(2)(5)は、上述の**不適正事例**にあたる。また、(3)は**身体介護**に含まれる。従って、(1)(4)が適切である。

正解　(1)(4)

訪問介護計画の作成と評価

問題 48 訪問介護計画について、正しいものを2つ選べ。

(1) 訪問介護計画は、居宅サービス計画が作成されている場合には、その内容に沿って作成しなければならない。

(2) 訪問介護計画の標準となる様式は、国によって定められている。

(3) 訪問介護計画の作成において、利用者に関する情報は、介護支援専門員から入手した情報に限って利用する。

(4) 訪問介護計画の作成にあたっては、その内容について利用者またはその家族に説明し、利用者の同意を得なければならない。

(5) 訪問介護計画は、いったん立てたら、できるだけ変更しないことが望ましい。

ポイント解説　　　　　　　　　　　　📖 上－ P.438〜440

(1) ○　訪問介護計画に限らず、居宅サービスの個別サービス計画は、**居宅サービス計画の内容に沿って作成**しなければならない。**訪問介護計画**は、**サービス提供責任者が作成**する。

(2) ✕　居宅サービス計画と違って、訪問介護計画の**標準となる様式はなく**、各事業所で独自に作成している。

(3) ✕　介護支援専門員から得た情報を活用しながらも、サービス提供責任者は**利用者・家族の希望を具体的に聞いて**、それも考慮してサービス内容に盛り込む。情報収集の視点としては、生活者としての利用者を、介護を行う中でよく知ることである。

(4) ○　さらに、訪問介護計画を作成した際には、その**訪問介護計画を利用者に交付**しなければならない。計画の説明・交付なども、サービス提供責任者の責務である。また、介護支援専門員は、居宅サービス計画に位置づけた訪問介護計画等の個別サービス計画の提出を求めるものとされているので、**居宅介護支援事業者にも交付**するように努める。

(5) ✕　訪問介護計画については、一定期間を経た後**評価**を行い、**必要に応じて変更**していく。

正解 (1)(4)

訪問介護とケアマネジメント

問題 49 訪問介護とケアマネジメントについて、正しいものを3つ選べ。

(1) 訪問介護員は、利用者に関する情報を、サービス担当者会議等を通じて、居宅介護支援事業者や他職種に伝え、ケアマネジメントに活用されるようにする。

(2) 訪問介護員は、ケアチームの中で、利用者の代弁者として積極的に発言する。

(3) 要介護認定の変更や居宅サービス計画の変更等については、介護支援専門員に任せる。

(4) サービス提供責任者は、利用者の服薬状況、口腔機能などの心身の状態や生活の状況を、居宅介護支援事業者等に伝える責務がある。

(5) 一定の回数以上の身体介護中心型と生活援助中心型のサービスを、居宅サービス計画に位置づける場合は、介護支援専門員は居宅サービス計画を市町村に届け出なければならない。

ポイント解説　　　　　　　　　　　　　　📖 上－ P.438～440

(1) **○**　訪問介護員は、生活援助の視点から、**利用者や利用者の置かれている状況**について多くの情報をもっている。

(2) **○**　訪問介護員は、利用者の生活実態や望み、願いをよく知っているので、**利用者の立場に立って発言する**必要がある。

(3) **✕**　訪問介護員は、要介護認定の変更の必要性、居宅サービス計画の変更の希望等を把握できるので、適切な対処ができるように**介護支援専門員などと密接な連携を図る**必要がある。ただし、利用者の意向を踏まえ、実際にそうした手続きを行うのは介護支援専門員である。

(4) **○**　サービス提供において訪問介護員が把握した情報をケアチームに伝える役割を、特に**サービス提供責任者**に課したものである。

(5) **✕**　届出の対象になるのは、**生活援助中心型**のサービスが一定の回数以上となった場合である。また、2020年改正により、**区分支給限度基準額の利用割合**が高く、利用サービスに占める**訪問介護の割合**が高い場合は、居宅サービス計画を市町村に届け出るよう求められることがある。

正解　(1)(2)(4)

訪問介護の基準

問題 50　訪問介護の基準について、正しいものを 2 つ選べ。

(1) 訪問介護には、基準該当訪問介護事業者は認められていない。

(2) 訪問介護を提供できるのは、介護福祉士の資格のある者だけである。

(3) 訪問介護事業所には、原則として利用者40人につき 1 人以上のサービス提供責任者を置かなければならない。

(4) 指定訪問介護事業者は、訪問介護員等に、その同居家族である利用者に対する訪問介護の提供をさせてはならない。

(5) 共生型訪問介護には、通常の訪問介護の基準と同じものが適用される。

ポイント解説　　　　　　　　　　　　　　📖 上－ P.440～441

(1)　✕　**指定訪問介護事業者**だけでなく、**基準該当訪問介護事業者**も訪問介護を行うことができる。「基準該当居宅サービスに関する基準」も定められている。

(2)　✕　**介護福祉士**に限らず、**介護職員初任者研修、生活援助従事者研修**（生活援助中心型のみに従事する）の修了者等も、行うことができる。事業所には、**常勤換算で2.5人以上**の訪問介護員を配置する。

(3)　〇　**サービス提供責任者**は、訪問介護計画の作成と変更、利用申込みについての調整、サービス担当者会議への出席、訪問介護員に対する技術指導、サービス内容の管理などを行う。**介護福祉士**その他厚生労働大臣が定める者でなければならない。なお、一定の要件を満たす場合には、**利用者50人につき 1 人以上の配置に緩和**される。

(4)　〇　ただし、離島、山間僻地等で指定訪問介護のみでは訪問介護の見込量が確保できないような場合には、基準該当サービスとして、**例外的に同居家族に対するサービスの提供が認められる**。

(5)　✕　**共生型訪問介護**の基準は、通常の訪問介護とは別に設けられ、障害福祉制度における**居宅介護、重度訪問介護**の指定を受けた事業所であれば、基本的に共生型訪問介護の指定を受けられるように設定されている。介護報酬は、通常の基準を満たしていないため、サービスを行った者の資格等に応じて**減算**される。

正解　(3)(4)

※事業・施設の人員・設備・運営に関する基準は、都道府県・市町村の条例に委任されている。本書では、その基準となる厚生労働省令に沿って述べる。

訪問介護の介護報酬(1)

問題 51　訪問介護の介護報酬について、正しいものを３つ選べ。

(1)　身体介護、生活援助、通院等のための乗車・降車の介助の３区分について、それぞれ介護報酬が設定されている。

(2)　生活援助が中心で、所要時間が20分未満である場合には、介護報酬を算定できない。

(3)　訪問介護員が自らの運転する車に利用者を乗せて通院の介助をする場合、20分未満の身体介護の介護報酬が適用される。

(4)　１人の利用者に対して、２人の訪問介護員が必要とされる場合でも、所定の単位数を算定する。

(5)　夜間や早朝、深夜にサービスを提供した場合には加算が行われる。

ポイント解説

(1)　○　訪問介護費は、**身体介護が中心である場合**のほうが、**生活援助が中心である場合**より高く設定されている。

(2)　○　**身体介護**が中心である場合には、①所要時間20分未満の場合（要介護１・２の認知症または要介護３以上の利用者、おおむね２時間以上の間隔を空けた場合には要介護１～５）、②20分以上30分未満の場合、③30分以上１時間未満の場合、④１時間以上の場合について介護報酬を算定することができる。**生活援助**が中心である場合には、①20分以上45分未満の場合、②45分以上の場合という設定なので、**20分未満の場合は算定できない**。

(3)　✕　通院等のための乗車または降車の介助が中心である場合として、１回につき定額の介護報酬が設定されている。なお、2020年改正により、居宅が始点または終点になる場合には、病院等から別の病院等への移送も認められることになった。

(4)　✕　１人の利用者に対して、**2人の訪問介護員**が必要とされる場合には、所定の単位数の200％に相当する単位数を算定する。

(5)　○　**夜間**（午後６時から午後10時まで）や**早朝**（午前６時から午前８時まで）には25％が、さらに**深夜**（午後10時から午前６時まで）には50％が加算される。　**正解**　(1)(2)(5)

訪問介護の介護報酬(2)

> **問題 52** 訪問介護の介護報酬について、正しいものを3つ選べ。
>
> (1) 生活機能向上連携加算(Ⅱ)は、サービス提供責任者が、指定訪問リハビリテーション事業所、指定通所リハビリテーション事業所または医療提供施設の理学療法士等が利用者の居宅を訪問する際に同行して、共同して利用者の状態の評価を行うことなどを要件に算定される。
>
> (2) 新規に訪問介護計画を作成した利用者については、無条件に初回加算を算定できる。
>
> (3) 事業所に隣接する敷地内にあるマンション等の集合住宅に居住する利用者に提供する訪問介護には、「同一建物等の居住者へのサービス提供の場合の減算」が行われる。
>
> (4) 介護職員処遇改善加算は、区分支給限度基準額に含まれる。
>
> (5) 介護支援専門員が必要であると認めた場合に、居宅サービス計画にはない身体介護を緊急に行った場合には、加算が行われる。

ポイント解説

(1) **○** **生活機能向上連携加算**(Ⅰ)では、居宅への同行は求められていないが、記述の理学療法士等の助言に基づき、**生活機能の向上を目的とした訪問介護計画**を作成することが要件である。

(2) **✕** 初回または初回の訪問を行った月に、**サービス提供責任者が訪問介護を行うか、訪問介護員に同行する**ことが要件となっている。

(3) **○** **同一建物減算**は、養護老人ホーム・軽費老人ホーム・有料老人ホーム・サービス付き高齢者向け住宅に限って適用されていたが、それ以外の建物も対象とすることになった（2017年改正）。また、事業所と**離れた場所**にあっても、**1か月の利用者が同一の建物に20人以上の場合**に適用される。

(4) **✕** 各サービスについて**介護職員処遇改善加算**や**特別地域加算等、サービス提供体制強化加算**は、**区分支給限度基準額に含まれない**。

(5) **○** **緊急時訪問介護加算**である。利用者または家族等の要請に基づき、介護支援専門員が必要であると認めて、サービス提供責任者と連携して訪問を決定する場合に算定される。　　　　　　　**正解** (1)(3)(5)

訪問入浴介護の意義、利用者

問題 53 訪問入浴介護の意義等について、正しいものを2つ選べ。

(1) 寝たきりなどの理由で家族介助による入浴ができない場合には、清拭により身体を清潔に保つしかない。

(2) 訪問入浴介護の提供に際して、利用者の主治の医師の指示は、いっさい必要とされていない。

(3) 介護支援専門員は、地域全体の保健・医療・福祉の状況を念頭において、訪問入浴介護の導入を行う必要がある。

(4) 終末期の患者でも、訪問入浴介護を利用することができる。

(5) 訪問入浴介護の利用者には、要介護度の低い人が多い。

ポイント解説　　　　　　　　　　　📖 上− P.442〜445、P.570〜572

(1) ✕ 現在は、訪問介護員などの介助者による**家庭入浴**や送迎による**施設入浴**（通所介護、通所リハビリテーションなど）のほかに、居宅を訪問して**浴槽を提供して行う訪問入浴介護**など、介護保険による入浴サービスを利用することができる。

(2) ✕ 何らかの疾病にかかっている利用者にサービスを提供する際には、**主治の医師の指示**のもとで適正な方法による入浴介護に努めることが不可欠である。

(3) ◯ 安全で快適な訪問入浴を確保するためには、その基盤として、**地域での保健・医療・福祉のネットワーク**が確立していなければならないからである。

(4) ◯ 在宅医療が推進されているため、今後は医療依存度の高い**在宅終末期**の利用者が増えてくることが考えられる。

(5) ✕ 訪問入浴介護の利用者には、**要介護度の高い人が多い**。2021（令和3）年度の介護保険事業状況報告では、訪問入浴介護の利用者を要介護度別にみると、要介護5が48.2％で最も多く、要介護4、要介護3と順に低率になっている。介護予防訪問入浴介護の利用は、非常に少ない。

正解 (3)(4)

訪問入浴介護の目的

問題 54 訪問入浴介護の目的について、正しいものを3つ選べ。

(1) 訪問入浴介護の利用者は、他の入浴サービスの利用者よりも、入浴が困難な人である。

(2) 入浴は、身体を清潔に保つだけでなく、皮膚の代謝を促し、爽快感をもたらす。

(3) 訪問入浴介護では、利用者の精神的な側面への効果はみられない。

(4) 入浴は、疾病予防的な効果をもたらし、生活機能を維持向上させる。

(5) 訪問入浴介護にあたる看護職員は、利用者の羞恥心に配慮して、利用者の身体の状態を観察してはならない。

ポイント解説　　　　　　　　　📖 上－ P.443〜445、P.570〜572

(1) 〇　そのため訪問入浴介護では、**より安全なサービスの提供**に努めなければならない。

(2) 〇　入浴には、皮膚の汚れを落とす**清浄効果**だけでなく、**皮膚の代謝**を促進し、**心身ともに爽快にさせる**効果がある。

(3) ✕　訪問入浴介護には、利用者の**精神の安寧を保つ効果**もある。入浴は利用者に活力を与えたり、自分がきちんと介護されているという安心感をもたらしたりする。反復した入浴が、認知症の改善に有効であることも示されている。

(4) 〇　入浴により、**褥瘡の発生を予防**し、その軽快や治癒の効果を期待することができる。また、定期的な入浴により**関節可動域を維持**することができる。

(5) ✕　訪問入浴介護にあたる看護職員は、利用者の羞恥心に十分配慮したうえで、利用者の**全身を観察し、健康状態を確認する**必要がある。皮膚に、発赤やぶつけた痕、不自然なあざなどがないかを観察し、褥瘡、皮膚疾患、転倒、虐待の早期発見につなげる。

正解 (1)(2)(4)

訪問入浴介護の実際

問題 55 訪問入浴介護の実際について、正しいものを２つ選べ。

(1) 訪問入浴介護事業者は、訪問入浴介護を提供するにあたって、事前に利用者の家庭を訪問する必要がある。

(2) 事前訪問の際に、看護職員は主治の医師の指示等を確認し、日常生活動作（ADL）、全身状態、健康状態を観察しておく。

(3) 入浴に際して、主治の医師から指示されている事項と状態が異なる場合や、突発的な発熱等の体調の変化を発見した場合には、看護職員と介護職員が協議して、部分浴や清拭に変更するか、入浴を中止する。

(4) 利用者が医療処置を受けていたり、医療器具を利用したりしている場合には、入浴は不可能である。

(5) 利用者が感染症にかかっている場合には、訪問入浴介護は利用できない。

ポイント解説　　　　　　　　📖 上－ P.446〜451、P.570〜572

(1) **○**　**事前に利用者の家庭を訪問**する際には、あらかじめ利用者の了解を得ておかなければならない。

(2) **○**　一方、**介護職員**は、室内へ浴槽を搬送する方法、浴槽に利用者を移動させる方法などを検討し、確認しておく。このように、新規の利用者の居宅を訪問し、サービス利用に関する調整を行ったうえで、初回の訪問入浴介護を行った場合は、**初回加算**が算定できる（2020年改正）。

(3) **✕**　記述のような場合には、改めて**主治の医師の指示**を仰ぐ必要がある。

(4) **✕**　利用者が**医療処置**を受けていたり、**医療器具**を利用したりしているときでも、**病態が安定していれば、ほとんどの場合入浴は可能**である。ただし、サービスの提供にあたっては、主治の医師から事前に入浴に際しての注意事項を聞き、十分に説明を受けておかなければならない。

(5) **✕**　利用者が**感染症**にかかっている場合でも、**主治の医師の指導により適正な感染予防のための措置を行う**ことにより、訪問入浴介護の利用は可能となる。

正解 (1)(2)

訪問入浴介護の基準

問題 56 訪問入浴介護の基準について、正しいものを３つ選べ。

(1) 訪問入浴介護事業者は、利用者の選定により、通常の事業の実施地域以外でサービスの提供を行う場合には、それに要する交通費の支払いを受けることができる。

(2) 事業者は、利用者の選定により、特別な浴槽水等の提供を行う場合でも、それに要する費用の支払いを受けることはできない。

(3) 利用者の身体に直接触れる設備・器具等については、サービスの提供ごとに消毒したものを使用する。

(4) 訪問入浴介護従業者は、利用者に病状の急変が生じた場合には、速やかに主治の医師等へ連絡を行う等の必要な措置を講じなければならない。

(5) 事業者は、利用者ごとに訪問入浴介護計画を作成することが義務づけられている。

ポイント解説　　　　📖 上－ P.451〜452、P.570〜572

(1) **○**　ただし、その場合には利用者またはその家族に、あらかじめサービスの内容や費用について**説明**を行い、**利用者の同意を得ておく**必要がある。

(2) **✕**　事業者は、利用者の選定により、特別な浴槽水等の提供を行う場合には、**それに要する費用の支払いを受けることができる**。なお、この場合も利用者への事前の説明と同意が必要である。

(3) **○**　浴槽など、利用者の身体に直接触れる設備・器具等は、**利用者１人ごとに消毒したものを使用**し、使用後に洗浄・消毒を行わなければならない。

(4) **○**　また、**協力医療機関**を定める場合には、速やかに対応できるよう事業の通常の実施地域内にあることが望ましい。

(5) **✕**　訪問入浴介護の基準では、**個別サービス計画**を作成することは**義務づけられていない**（ただし、多くの事業所で訪問入浴介護についての計画が作成されている）。

正解 (1)(3)(4)

訪問入浴介護の介護報酬

問題 57 訪問入浴介護の介護報酬等について、正しいものを2つ選べ。

(1) 訪問入浴介護の提供は、1回の訪問につき、看護職員1人、介護職員1人で行う。

(2) 利用者の身体の状況等から、入浴により支障を生じるおそれがないと認められる場合には、看護職員の代わりに、介護職員を充てることができる。

(3) 介護職員3人で訪問入浴介護の提供を行った場合でも、減算にならない。

(4) 利用者の希望により、全身浴の代わりに清拭または部分浴を実施したときには、減算にならない。

(5) 厚生労働大臣が定める離島等に所在する事業者が、サービスを提供した場合には、特別地域加算が行われる。

ポイント解説

(1) **✕** 訪問入浴介護の提供は、1回の訪問につき、**看護職員1人**、**介護職員2人**で行う。そして、このうち1人を**サービスの提供の責任者**とする。**訪問入浴介護費**は、この職員3人で行う全身浴を基本に設定されている。**介護予防訪問入浴介護**は、**看護職員1人**、**介護職員1人**で行い、報酬も低く抑えられている。

(2) **○** この場合、主治の医師の意見を確認したうえで、**介護職員を充てる**こととされている。

(3) **✕** **介護職員3人**で訪問入浴介護の提供を行った場合には、所定の単位数の95%に**減算**される。

(4) **✕** 利用者の心身の状況等から全身入浴が困難なときには、その利用者の希望により**清拭または部分浴**を実施することになるが、そのような場合には**減算**が行われる。

(5) **○** **特別地域加算**は、訪問入浴介護のほか、訪問介護、訪問看護、訪問リハビリテーション、居宅療養管理指導、居宅介護支援、定期巡回・随時対応型訪問介護看護などについても行われている。

正解 (2)(5)

通所介護の定義

問題 58　通所介護の定義について、正しいものを2つ選べ。
(1)　通所介護事業者の指定を受けることができるのは、特別養護老人ホームだけである。
(2)　通所介護事業者は、通所（送迎）してきた居宅要介護者に、希望により入浴や食事の提供を行う。
(3)　通所介護事業者は、生活等に関する相談・助言を行う。
(4)　通所リハビリテーションと異なり、機能訓練は行わない。
(5)　通所介護の利用定員は、29人以上である。

ポイント解説　　　　　　　　　　　　　📖 上－ P.482〜483

　2014年改正により、**要支援者対象の通所介護**は、**地域支援事業に移行**して、総合事業の第1号通所事業として行われている。
(1)　✕　**特別養護老人ホーム（指定介護老人福祉施設）**のほかに、**老人デイサービスセンター**、**養護老人ホーム**、**老人福祉センター**等も、通所介護事業者の指定を受けることができる。
(2)　〇　**通所介護**とは、通所介護事業所において、入浴、排泄（はいせつ）、食事等の介護その他の**日常生活上の世話**であって厚生労働省令で定めるものおよび**機能訓練**を行うことをいう。なお、**送迎**は基本サービスとして行われる（通常の事業の実施地域内であれば、別に費用が発生することはない）。
(3)　〇　**生活相談員**を置いて、生活等に関する相談・助言を行う。ほかに、**健康状態の確認**その他の居宅要介護者に必要な日常生活上の世話も行う。
(4)　✕　通所介護においても、**機能訓練**は重要なサービスの1つである。人員基準でも、**機能訓練指導員**を1人以上配置することとされている。
(5)　✕　通所介護の利用定員は、**19人以上**である。利用定員19人未満の小規模なものは、地域密着型サービスの**地域密着型通所介護**として行われている。

正解　(2)(3)

通所介護の利用者

問題 59 通所介護の利用者の特性について、正しいものを２つ選べ。

(1) 通所介護の利用者は、心身機能の低下などにより生活機能の低下がみられるものの、何らかの支援があれば通所ができる人が多い。

(2) 同居する家族が介護を行っているケースでは、通所介護の利用者は少ない。

(3) 訪問介護を利用している人は、通所介護を利用できない。

(4) 通所介護の利用者には、医療的ケアや専門的なリハビリテーションを目的にする人が多い。

(5) 通所介護の利用者は、要介護度が高くなるにつれて減る傾向にある。

ポイント解説　　　　　　　　　　　　　　　📖 上－ P.483〜484

(1) **○**　通所介護の利用者の状態像はさまざまだが、記述のような利用者が多い。

(2) **✕**　同居する家族が介護を行っていたとしても、**介護負担の軽減**や**利用者本人の心身機能の維持**、**社会的孤立感の解消**のため、通所介護を利用する人は多い。

(3) **✕**　支給限度基準額や利用回数によっては、どちらか一方を選択せざるを得ない場合もあるが、基本的には**両方利用できる**。

(4) **✕**　通所介護は、入浴、排泄、食事等の介護その他の日常生活上の世話をするものであり、機能訓練も行われるが、記述のような目的のためには、**通所リハビリテーション**を選択するべきである。

(5) **○**　通所介護の利用者は、要介護１・２の人が多く、要介護１・２の利用者で**７割近く**を占める。要介護度が高くなるにつれて、利用者は少なくなっている。この傾向は通所リハビリテーションと同じである。

正解　(1)(5)

通所介護の特徴

問題 60 通所介護の特徴について、正しいものを３つ選べ。
(1) 通所介護や通所リハビリテーションは、要介護者のための日帰り型の
サービスで、入所型サービスと区別される。
(2) 通所介護の目的は、利用者本人の自立支援よりも、家族の身体的・精
神的負担の軽減を図ることにある。
(3) 通所介護は、利用者にとっては社会参加という意味もある。
(4) 通所介護事業所では、介護保険の適用となる「お泊りデイサービス」
が行われている。
(5) 障害福祉制度において、生活介護、自立訓練、児童発達支援、放課後
等デイサービスの指定を受けた事業所は、基本的に共生型通所介護の指
定を受けられる。

ポイント解説　　　　　　　　　　　　　📖上－ P.484～486、P.491

(1) ○　**通所介護はデイサービス、通所リハビリテーションはデイケア**と
も呼ばれ、短期入所型のショートステイや、施設サービス・特定施設入
居者生活介護・認知症対応型共同生活介護などの入所・居住型のサービ
スと区別される。

(2) ✕　**通所介護**には、**家族の介護負担の軽減**という目的もあるが、**利用
者の社会的孤立感の解消、利用者の心身機能の維持・向上**等を図るとい
う大きな目的がある。

(3) ○　通所介護は、外出の機会を得るとともに、他の利用者との交流を
図ることにより、引きこもり状態になりやすい高齢者にとって**社会参加**
の機会を提供する。

(4) ✕　通所介護事業所で「お泊りデイサービス」を行っているところも
あるが、**介護保険適用の対象にはなっていない**。

(5) ○　障害福祉制度において**生活介護、自立訓練、児童発達支援、放課
後等デイサービス**の指定を受けた事業所は、基本的に**共生型通所介護**や
共生型地域密着型通所介護の指定を受けられる。介護保険の本来の基準
は満たしていないので、介護報酬はそれぞれ**減算**される。

正解　(1)(3)(5)

通所介護計画の作成

問題 61 通所介護計画の作成について、正しいものを３つ選べ。
(1) 通所介護計画には、通所介護を利用するうえでの長期目標と短期目標を記載する。
(2) 通所して受けるサービスのため、利用者の居宅の環境についての情報収集は必要ない。
(3) 通所介護計画には、送迎の有無を記載する。
(4) 作成した通所介護計画は、利用者を担当する介護支援専門員に提出するよう努める。
(5) すべての利用者について、個別機能訓練計画を作成する。

ポイント解説　　　　　　　　　　　　　　　📖 上－ P.486～488

(1) ◯　**長期目標**は、**居宅サービス計画**の目標とずれがないように留意する。**短期目標**は、長期目標を達成する過程で必要になる実現可能性の高い具体的な目標を設定する。

(2) ✕　通所介護計画には、**利用者の居宅の環境**も記載する。通所介護計画は、利用者の**心身の状況**、**希望**およびその**置かれている環境**を踏まえて作成する。

(3) ◯　通所介護計画に記載する内容は、**本人・家族の希望**、**サービス利用目標**、**サービス提供内容**、**プログラム**（１日の流れ）、**送迎の有無**などがある。

(4) ◯　居宅介護支援事業者の介護支援専門員から通所介護計画の提供の求めがあった際には、通所介護計画を提供することに協力するよう努めるものとされる。なお、通所介護計画の作成は**管理者**が行うが、作成の取りまとめは経験者（介護支援専門員等）に行わせるとよい。

(5) ✕　**個別機能訓練計画**は個別機能訓練加算などを算定する場合には必要だが、**すべての利用者について作成するものではない。**

正解　(1)(3)(4)

通所介護の基準

問題 62 通所介護の基準について、正しいものを2つ選べ。

(1) 事業所に1人以上配置するものとされる機能訓練指導員には、訓練を行う能力を有する介護福祉士を充てることができる。

(2) 介護職員は、サービスを提供する単位ごとに、常時1人以上が確保されなければならない。

(3) 食堂および機能訓練室は、それぞれ必要な広さを有するものとし、同一の場所を食事の提供、機能訓練の実施に共用することはできない。

(4) おむつ代は、施設サービスや短期入所サービスと同様に、保険給付の対象となる。

(5) 非常災害に関する具体的計画を立て、非常災害時の関係機関への通報と連携体制を整備しなければならない。

ポイント解説　　　　　　　　　　　　　　📖 上－ P.488〜490

(1) ✕　**機能訓練指導員**は、「訓練を行う能力を有する者」とされているが、これに該当するのは**理学療法士・作業療法士・言語聴覚士・看護職員・柔道整復師**または**あん摩マッサージ指圧師**、一定の実務経験を有する**はり師**および**きゅう師**のいずれかに限られる。ただし、日常生活やレクリエーション等を通じて行う機能訓練は、生活相談員や介護職員が兼務して行ってもよい。

(2) ◯　サービスを提供する**単位**とは、**同時に、一体的に提供する通所介護**をいう。利用者の数が15人までは1人以上、15人を超える場合は超える部分の数を5で除した数に1を加えた数の介護職員が必要である。

(3) ✕　**食堂**および**機能訓練室**は、その**合計した面積が3m²**に利用定員**を乗じた面積以上**とするものとされ、食事の提供や機能訓練の実施に支障がなければ、**同一の場所とすることができる。**

(4) ✕　通所サービスでは、**おむつ代は保険給付の対象外**である。

(5) ◯　**非常災害に関する計画**を立て、定期的に従業者に周知するとともに、定期的に避難・救出等の訓練を行わなければならない。また、非常災害や感染症の発生時に備えて、**業務継続計画**を策定しなければならない（2020年改正）。　　　**正解**　(2)(5)

通所介護の介護報酬(1)

問題 63 通所介護の介護報酬について、正しいものを３つ選べ。

(1) 通所介護費は、同一のサービス内容であっても、提供する事業所の規模により異なる。

(2) 通所介護費は、３段階に区分された所要時間により、利用者の要介護状態区分別に算定される。

(3) 所要時間８時間以上９時間未満の指定通所介護を行った前後に、日常生活上の世話を行った場合は、１時間単位で５時間までの延長加算が算定できる。

(4) 送迎に要する時間は、介護報酬の算定の基準となる所要時間に含まれる。

(5) 送迎は基本サービス費に含まれているので、送迎を行わなかった場合は、片道につき一定の単位数の減算が行われる。

ポイント解説

(1) ○ 通所介護費は、**１か月当たりの利用延べ人数**によって、①通常規模型通所介護費、②大規模型通所介護費(Ⅰ)、③大規模型通所介護費(Ⅱ)の３区分に設定されている。規模が大きいほど算定単位数は低くなる。

(2) × **所要時間**は、３時間以上４時間未満、４時間以上５時間未満、……、７時間以上８時間未満、８時間以上９時間未満の１時間区切りの**６区分**である。

(3) ○ **延長加算**は、**８時間以上９時間未満**の指定通所介護の前後に日常生活上の世話を行った場合に算定できる。通算して９時間以上10時間未満から13時間以上14時間未満の５段階で算定される。

(4) × **送迎に要する時間**は、**所要時間に含まれない**。ただし、資格要件を満たす者による、**送迎時に行う居宅内での介助等に要する時間**は、30分以内を限度に**所要時間に含めることができる**。

(5) ○ たとえ利用者の都合による場合であっても、**送迎を行わなかった場合**は、**片道につき定額の減算**が行われる。

正解 (1)(3)(5)

通所介護の介護報酬(2)

> **問題 64** 通所介護の介護報酬について、正しいものを2つ選べ。
>
> (1) 個別機能訓練加算では、機能訓練指導員の職務に専従する理学療法士等を配置し、個別機能訓練計画を作成して機能訓練を行う必要がある。
>
> (2) 中重度者ケア体制加算は、要介護3〜5の利用者を対象に行った指定通所介護について算定される。
>
> (3) 生活機能向上連携加算は、事業所の機能訓練指導員、看護・介護職員などの多職種が共同して個別機能訓練計画を作成することで算定できる。
>
> (4) 栄養改善加算および口腔機能向上加算は、いずれも月2回を限度に、原則として3か月間算定できる。
>
> (5) 事業所から離れた場所にある集合住宅であっても、同一の建物から通う1か月の利用者が20人以上ある場合は、減算が行われる。

ポイント解説

(1) ○ ほかに、機能訓練指導員等が**利用者の居宅を訪問**したうえで、**個別機能訓練計画を作成**し、その後**3か月に1回以上訪問して計画の見直し**を行うなどの要件がある。

(2) × **中重度者ケア体制加算**は体制加算であり、**すべての利用者について1日につき算定**される。看護職員または介護職員を基準に規定する員数より2人以上確保、利用者に占める要介護3〜5の割合が30％以上、提供時間帯を通じて看護職員を1人以上配置という要件が必要である。

(3) × **生活機能向上連携加算**は、訪問リハビリテーション事業所、通所リハビリテーション事業所、一定の要件を満たす医療提供施設の理学療法士等が**通所介護事業所を訪問して**（または**助言をして**）、それに基づいて個別機能訓練計画の作成を行うなど、**外部との連携**が要件である。

(4) ○ **管理栄養士**と連携して行う**栄養改善サービス**、**言語聴覚士**や**歯科衛生士**を中心に行う**口腔機能向上サービス**を評価する加算である。

(5) × **通所介護**における**同一建物減算**は、**事業所と同一の建物に居住する者**または**事業所と同一建物から事業所に通う者**について適用される。記述は、訪問系のサービスで行われる同一建物減算である。

正 解 (1)(4)

短期入所生活介護の意義

問題 65 短期入所生活介護の意義について、正しいものを２つ選べ。

(1) 短期入所生活介護は、ショートステイと呼ばれるサービスの１つである。

(2) 短期入所生活介護は、施設サービスの１つである。

(3) 短期入所生活介護は、在宅における生活が困難になったときに、要介護者を短期間施設に入所させ、本人の生活支援とともに、家族介護者の負担の軽減を図ることを目的としている。

(4) 居宅サービス計画は、短期入所生活介護を提供する施設の介護支援専門員が作成する。

(5) 障害福祉制度において生活介護の指定を受けた事業所であれば、基本的に共生型短期入所生活介護の指定を受けられる。

ポイント解説　　📖 上－ P.504〜505、P.514、P.586〜588

(1) ◯ **短期入所生活介護**は、居宅要介護者について、施設に短期間入所させ、入浴、排泄（はいせつ）、食事等の介護その他の**日常生活上の世話**および**機能訓練**を行うものである。**ショートステイ**と呼ばれるサービスには、介護保険の短期入所生活介護のほかに、介護保険の**短期入所療養介護**、老人短期入所事業の短期入所生活介護（市町村の措置による）がある。

(2) ✕ 短期入所生活介護は、指定介護老人福祉施設（特別養護老人ホーム）や老人短期入所施設等の施設を利用して提供されるサービスであるが、施設サービスではなく、**居宅サービスの１つ**である。

(3) ◯ ここにいう短期間とは、一般的に**１週間程度**と考えられている。

(4) ✕ 居宅サービス計画は、**指定居宅介護支援事業者の介護支援専門員**が作成する。その居宅サービスの一部として、短期入所生活介護が位置づけられる。

(5) ✕ 障害福祉制度の**生活介護**の事業所が受けられるのは、**共生型通所介護**の指定である。障害福祉制度の**短期入所**（併設型と空床利用型に限る）の指定を受けた事業所が、**共生型短期入所生活介護**の指定を受けられる。介護報酬は、通常の基準を満たしていないため**減算**される。

正解 (1)(3)

237

短期入所生活介護の対象者

問題 66 短期入所生活介護の対象者について、正しいものを2つ選べ。

(1) 短期入所型の生活介護サービスを利用できるのは、要介護1以上の認定を受けた被保険者である。

(2) 利用者の心身の状況を理由に、短期入所生活介護を利用することはできない。

(3) 利用者の家族の疾病や、冠婚葬祭、出張等の社会的理由により利用することができる。

(4) 短期入所生活介護は、緊急的、臨時的に利用できず、前もって計画的な申し込みを行うことが必要である。

(5) 短期入所を終えた後の在宅生活との連続性を視野に入れて、サービスを活用することが大切である。

ポイント解説　　　📖 上ー P.505〜508、P.510〜512、P.586〜588

(1) **✕**　短期入所型の生活介護サービスとして、**要支援者**は**介護予防短期入所生活介護**、**要介護者**は**短期入所生活介護**を利用できる。

(2) **✕**　**利用者の心身の状況**は、短期入所生活介護を利用する理由の1つとなる。

(3) **○**　記述のほかに、**利用者の家族の身体的・精神的な負担の軽減**等を図るためにも利用することができる。これは、**レスパイト・ケア**と呼ばれ、利用目的の最も大きな部分を占めている。

(4) **✕**　短期入所生活介護は、通常は、あらかじめ居宅サービス計画に位置づけて計画的に行うが、介護者の急な疾病や冠婚葬祭などの緊急事態や生活の危機に際して、**緊急的・臨時的に利用することができる**。居宅サービス計画において計画的に行うことになっていない短期入所を緊急的に行う場合は、**緊急短期入所受入加算**として報酬面で評価される。

(5) **○**　短期間とはいえ、一種の施設に入所してサービスを受けることになるので、どうしても施設でのサービスの内容に関心が向きがちであるが、短期入所生活介護では、**在宅生活の継続への支援が大切**である。

正解　(3)(5)

短期入所生活介護計画の作成

問題 67 短期入所生活介護計画の作成について、正しいものを3つ選べ。

(1) 利用者が、短期入所生活介護を2日以上利用する場合には、短期入所生活介護計画を作成しなければならない。

(2) 短期入所生活介護計画が作成されることにより、利用者にはサービスの具体的な内容、方法が明らかになり、事業所での生活の見通しが立ちやすくなる。

(3) 短期入所生活介護計画は、すでに居宅サービス計画が作成されている場合には、その内容に沿って作成されなければならない。

(4) 短期入所生活介護計画の作成にあたっては、その内容について利用者またはその家族に対して説明し、利用者の同意を得なければならない。

(5) 短期入所生活介護計画を作成した際には、その短期入所生活介護計画を、利用者またはその家族に交付しなければならない。

ポイント解説　　　　　📖 上－ P.508〜510、P.586〜588

(1) ✕　短期入所生活介護事業所の**管理者**は、利用者が、短期入所生活介護を**相当期間以上利用する**場合には、**短期入所生活介護計画を作成**しなければならない。しかし、その期間は2日以上ではなく、**おおむね4日以上**とされている。計画の作成にあたって、事業所に介護支援専門員の資格をもつ者がいる場合は、その者にとりまとめを行わせるのが望ましいとされる（解釈通知）。

(2) 〇　また、事業所の従業者にとっても、**共通のサービス指針**となり、**サービス評価をする際の基礎**となる。

(3) 〇　他の居宅サービスの**個別サービス計画**にも共通の規定である。

(4) 〇　この場合、あくまでも**同意**は、利用者またはその家族のものではなく、**利用者のもの**である必要がある。

(5) ✕　短期入所生活介護計画を作成した際には、利用者またはその家族ではなく、**利用者本人に交付**しなければならない。

正解　(2)(3)(4)

短期入所生活介護の基準(1)

問題 68 短期入所生活介護の基準について、正しいものを3つ選べ。

(1) 短期入所生活介護事業所には、医師を配置する必要はない。

(2) 介護・看護職員の数は、常勤換算で利用者3人に1人以上の割合で配置しなければならない。

(3) 短期入所生活介護事業者の指定を受けることができるのは、特別養護老人ホームおよび養護老人ホームに限られる。

(4) 事業所には、単独型、併設型、空床利用型がある。

(5) 単独型事業所の利用定員は20人以上と定められている。

ポイント解説 📖 上－ P.512〜514、P.586〜588

(1) **✕** **医師**は、短期入所生活介護事業所ごとに**1人以上配置**しなければならないとされる。常勤、専従という要件はないので、嘱託医として医療機関の医師と契約する形でもよい。

(2) **○** **介護・看護職員**のうち、**1人以上は常勤**でなければならない。人員基準にはそのほか、**生活相談員**（利用者100人に1人以上）、**栄養士**（1人以上）、**機能訓練指導員**（1人以上）などの配置が定められている。なお、機能訓練指導員は、理学療法士・作業療法士・言語聴覚士、看護職員、柔道整復師、あん摩マッサージ指圧師、一定の実務経験を有するはり師・きゅう師のいずれかでなければならない。

(3) **✕** 短期入所生活介護事業者の指定を受けられるのは、**特別養護老人ホーム（介護老人福祉施設）**、**養護老人ホーム**その他これらに準ずる施設、**老人短期入所施設**である。

(4) **○** **単独型**は老人短期入所施設のように単独でサービスが提供できるもの、**併設型**は介護老人福祉施設や介護老人保健施設、養護老人ホーム等の本体施設に併設して実施するもの、**空床利用型**は特別養護老人ホームの空きベッドを利用するものである。

(5) **○** **単独型短期入所生活介護**では、**利用定員は20人以上**でなければならない。**併設型、空床利用型では20人未満**でもよい。

正解 (2)(4)(5)

240

短期入所生活介護の基準⑵

問題 69 短期入所生活介護の提供について、正しいものを３つ選べ。

(1) サービスの提供にあたっては、緊急やむを得ない場合を除き、身体拘束等を行ってはならない。

(2) 利用者に対し、１週間に１回以上の入浴または清拭を行わなければならないという規定がある。

(3) 利用者に対し、利用者の負担により、その短期入所生活介護事業所の従業者以外の者による介護を受けさせてはならない。

(4) 食事は、適切な時間に、利用者が可能な限り離床して、利用者の居室で摂ることを支援しなければならない。

(5) 介護支援専門員が、居宅サービス計画に位置づけられていない短期入所生活介護を緊急に利用する必要があると認めた場合は、利用定員を超えて利用者を受け入れてサービスを提供することができる。

ポイント解説 📖 上－ P.512〜514、P.586〜588

(1) ○ 短期入所サービス、施設サービス等に共通の禁止事項である。なお、**緊急やむを得ない理由**により、**身体拘束等を行う場合**には、その態様や時間等を**記録**しなければならないことになっている。

(2) ✕ **入浴または清拭**は、**１週間に２回以上**行わなければならないとされる。

(3) ○ (1)と同様に、**短期入所サービス、施設サービス等に共通**の規定である。

(4) ✕ 食事については、利用者が**可能な限り離床して、食堂**で摂ることを支援しなければならない。

(5) ○ 利用定員の遵守が定められているが、記述の場合において利用者や他の利用者の処遇に支障がなければ、居室に空きがなくても、**静養室においてサービスを提供することができる**。

正解 (1)(3)(5)

短期入所生活介護の介護報酬(1)

問題 70 短期入所生活介護の介護報酬について、正しいものを3つ選べ。

(1) 短期入所生活介護費は、大きく単独型、併設型、単独型ユニット型、併設型ユニット型に分けられる。

(2) 短期入所生活介護費は、1か月を単位に、要介護状態区分別に設定されている。

(3) おむつ代と理美容代は、保険給付の対象とならない。

(4) 連続して30日を超えて短期入所生活介護を利用している場合、30日を超える分について、短期入所生活介護費は算定されない。

(5) 生活機能向上連携加算は、外部のリハビリテーション専門職等と連携して個別機能訓練計画を作成したうえで、計画の進捗状況を3か月に1回以上評価し、必要に応じて訓練内容を見直すことが要件である。

ポイント解説

(1) ○ 記述のように**4つの短期入所生活介護費**が設定されている。さらに居室の定員等によりそれぞれについて2種の単位数が設けられている。

(2) × 短期入所生活介護費は、**1日を単位に算定**される。他の記述は正しい。

(3) × **おむつ代**は保険給付の対象となるが、**理美容代**は日常生活費とされ、保険給付の対象とはならない。この点は施設サービスと同様である。

(4) ○ 従って、**30日を超えて利用する分については、費用は全額自己負担**となる。なお、31日目を自費利用するとリセットされ、再び30日の給付が可能だが、このような長期間利用については減算が行われる。

(5) ○ **生活機能向上連携加算**は、訪問リハビリテーション事業所、通所リハビリテーション事業所、一定の要件を満たす医療提供施設の理学療法士・作業療法士・言語聴覚士または医師との連携が必要である。なお、外部のリハビリテーション専門職等が、事業所を訪問せずに助言をした場合にも評価する見直しが行われた（2020年改正）。

正解 (1) (4) (5)

短期入所生活介護の介護報酬(2)

問題 71 短期入所生活介護の介護報酬について、正しいものを３つ選べ。

(1) 個別機能訓練加算を算定するには、専ら機能訓練指導員の職務に従事する理学療法士等を１名以上配置し、個別機能訓練計画に基づき機能訓練を提供しなければならない。

(2) 医療連携強化加算は体制加算であり、すべての利用者について加算を算定できる。

(3) 緊急短期入所受入加算は、原則として、サービスの提供開始日から起算して７日を限度として算定される。

(4) 認知症行動・心理症状緊急対応加算は、在宅での生活が困難であり、緊急に短期入所生活介護を利用することが適当であると、介護支援専門員が判断した利用者に対して算定される。

(5) 送迎に要する費用は基本サービス費に含まれていないので、送迎が必要な利用者に対して送迎を行った場合は、送迎加算を算定できる。

ポイント解説

(1) **○** さらに、機能訓練指導員等は、利用者の**居宅を訪問したうえで個別機能訓練計画を作成**し、その後**３か月ごとに１回以上利用者の居宅を訪問**して訓練内容の見直し等を行うという要件が定められている。

(2) **×** **医療連携強化加算**は、喀痰吸引、人工呼吸器の使用など９種の**重度の状態にある利用者について算定**され、看護職員による定期的な巡視を行うなどの要件が定められている。

(3) **○** **緊急短期入所受入加算**は、介護支援専門員の判断に基づいて、原則として**７日**（介護等を行う家族等にやむを得ない事情がある場合は14日）を限度に算定される。

(4) **×** この場合に必要性を判断するのは、介護支援専門員ではなく、**医師**である。提供開始日から起算して７日を限度に算定される。

(5) **○** **送迎加算**は、利用者の心身の状態や家族等の事情等から送迎が必要と認められた場合に算定できる。その他の主な加算には、**夜勤職員配置加算、若年性認知症利用者受入加算、療養食加算**などがある。

正解 (1)(3)(5)

特定施設入居者生活介護の意義

> **問題 72** 特定施設入居者生活介護の意義について、正しいものを2つ選べ。
> (1) 特定施設入居者生活介護事業者の指定を受けることができるのは、有料老人ホームと特別養護老人ホームである。
> (2) 特定施設入居者生活介護は、施設サービスに位置づけられる。
> (3) 特定施設入居者生活介護は、特定施設入居者生活介護計画に基づいて提供される。
> (4) 特定施設入居者生活介護のサービスには、機能訓練や療養上の世話が含まれる。
> (5) 特定施設入居者生活介護により、要介護者は、有料老人ホーム等で自立した日常生活を継続することができる。

ポイント解説　　　　　　　　　　📖上－ P.525〜527、P.592〜594

(1) ✕　特定施設入居者生活介護事業者の指定を受けることができるのは、**有料老人ホーム**（サービス付き高齢者向け住宅を含む）、**軽費老人ホーム（ケアハウス）**、**養護老人ホーム**（措置入居に限る）である。

(2) ✕　特定施設入居者生活介護は、施設を利用してサービスの提供が行われるが、**居宅サービス**に位置づけられる。地域密着型サービスの認知症対応型共同生活介護の場合と同様、これらの施設は、利用者の居宅とみなされる。なお、**入居定員29人以下の特定施設**は、**地域密着型サービス**に位置づけられている。

(3) ✕　特定施設入居者生活介護は、特定施設入居者生活介護計画ではなく、**特定施設サービス計画**に基づいて提供される。

(4) ○　特定施設入居者生活介護は、特定施設サービス計画に基づき、**入浴、排泄、食事等の介護その他の日常生活上の世話、機能訓練および療養上の世話**を行う。

(5) ○　有料老人ホーム等で、心身の虚弱化により要介護状態になっても、適切な介護サービスの提供により、**住み慣れた施設で自立した日常生活を継続することができる**ことになる。

正解　(4)(5)

特定施設入居者生活介護の特徴

問題 73 特定施設入居者生活介護の特徴について、正しいものを３つ選べ。

(1) 特定施設に入居してその施設の生活介護型のサービスを受けられるのは、要介護者だけである。

(2) どの有料老人ホームや軽費老人ホーム等に入居している者でも、等しく特定施設入居者生活介護のサービスを受けることができる。

(3) 指定特定施設に入居している者は、その施設の特定施設入居者生活介護を利用するか、他の居宅サービスを利用するかを選択することができる。

(4) 基本的に特定施設入居者生活介護と他の居宅サービスを併用することはできない。

(5) 特定施設では、要介護状態の高齢者から、自立した高齢者まで、多様な心身状態の高齢者が生活をともにしている。

ポイント解説 　　　　　　　　　📖 上－ P.532〜533、P.592〜594

(1) **✕** 　要介護者だけでなく、**要支援者**も、**介護予防特定施設入居者生活介護**として、サービスの対象者となる。ただし、地域密着型特定施設入居者生活介護の対象者は、要介護者だけである。

(2) **✕** 　特定施設入居者生活介護のサービスを受けることができるのは、有料老人ホームや軽費老人ホーム等のうち、**特定施設入居者生活介護事業者の指定を受けた施設（指定特定施設）**に入居している者だけである。

(3) **○** 　入居者が、その施設の特定施設入居者生活介護を利用せず、**他の居宅サービスの利用を希望する場合、指定特定施設はその利用を妨げてはならない**とされる。

(4) **○** 　特定施設入居者生活介護を受けている間は、**他の居宅サービス、地域密着型サービス、居宅介護支援を利用することができない**。

(5) **○** 　特定施設では、**自立した元気な高齢者も共同で生活**をしている。

正解 (3)(4)(5)

特定施設入居者生活介護を提供できる施設

> **問題 74** 特定施設入居者生活介護を提供できる施設について、正しいものを2つ選べ。
> (1) 有料老人ホームは、老人福祉法に定められた老人福祉施設である。
> (2) 有料老人ホームは、介護付と健康型の2類型に分けられる。
> (3) 軽費老人ホームは、老人福祉法に定められた老人福祉施設で、A型、B型、ケアハウスの3種類がある。
> (4) 養護老人ホームは、老人福祉法に規定される老人ホームのなかでは、唯一介護保険の対象となっていない施設である。
> (5) サービス付き高齢者向け住宅は、条件を満たせば、特定施設入居者生活介護を提供することができる。

ポイント解説　　　　　📖 上－ P.527〜531、P.592〜594

(1) ✕ **有料老人ホーム**は、老人福祉法の規制を受ける施設であるが、公的、社会的な役割を担う**老人福祉施設ではない**。

(2) ✕ ①**介護付**有料老人ホーム（一般型特定施設入居者生活介護）、②**介護付**有料老人ホーム（外部サービス利用型特定施設入居者生活介護）、③**住宅型**有料老人ホーム、④**健康型**有料老人ホームの4類型がある。①②が特定施設入居者生活介護の指定を受けたものである。**住宅型**は地域の訪問介護等のサービスを利用するもの、**健康型**は介護が必要になった場合に退去する契約のものである。

(3) 〇 この3種類のうち、**ケアハウス（介護利用型軽費老人ホーム）**が、指定特定施設として考えられている。今後は、軽費老人ホームはケアハウスに一元化していくことになっている。

(4) ✕ **養護老人ホーム**は、指定を受ければ特定施設入居者生活介護を提供できる。養護老人ホームの場合は**外部サービス利用型**に限定されていたが、一般型をとることもできるようになった。

(5) 〇 **サービス付き高齢者向け住宅**は、高齢者の居住の安定確保に関する法律で定められているもので、有料老人ホームに該当するものは、指定を受ければ特定施設入居者生活介護を提供できる。

正解 (3)(5)

特定施設サービス計画の作成

問題 75 特定施設サービス計画について、正しいものを2つ選べ。

(1) 特定施設サービス計画の作成に関する業務は、計画作成担当者が行う。

(2) 運営基準には、計画作成担当者は課題分析（アセスメント）にあたり、必ず利用者およびその家族に面接して行わなければならないと定められている。

(3) 計画作成担当者は、他の特定施設従業者に諮ることなく、特定施設サービス計画の原案を作成することとされている。

(4) 計画作成担当者は、特定施設サービス計画の原案の内容について利用者またはその家族に説明し、文書により利用者の同意を得なければならない。

(5) モニタリングや特定施設サービス計画の変更は、特に必要とされていない。

ポイント解説 上－ P.531〜532、P.592〜594

(1) **○** 計画作成担当者は、**介護支援専門員**でなければならない。

(2) **✕** 運営基準では、計画作成担当者は**適切な方法により**、利用者について課題分析（アセスメント）を行うこととしている。「利用者・家族に必ず面接して行う」とはされていない。

(3) **✕** 計画作成担当者は、**他の特定施設従業者と協議のうえ**、特定施設サービス計画の原案を作成する。

(4) **○** さらに、特定施設サービス計画を作成した際には、その**特定施設サービス計画を利用者に交付**しなければならない。

(5) **✕** 計画作成担当者は、特定施設サービス計画を作成した後も、他の特定施設従業者と連絡をとることにより、**サービスの実施状況等の把握（モニタリング）**を行い、必要に応じて**計画の変更**を行わなければならない。ここに至る**特定施設サービス計画**の作成の過程は、**施設サービス計画**の場合とほぼ同一である。

正 解 (1)(4)

特定施設入居者生活介護の人員基準

問題 76 特定施設入居者生活介護の人員基準について、正しいものを３つ選べ。

(1) 看護・介護職員は、要介護の利用者３人につき１人以上を配置しなければならない。

(2) 常に１人以上の介護職員が確保されなければならない。

(3) 生活相談員を配置しなければならない。

(4) 機能訓練指導員の配置は義務づけられていない。

(5) 計画作成担当者は、介護支援専門員その他の保健・医療・福祉サービスの利用に係る計画に関し知識・経験を有する者でなければならない。

ポイント解説　　　　　　　　　　　　📖 上− P.533〜535、P.592〜594

(1) **○**　そのうち、**看護職員１人以上**、**介護職員１人以上は常勤**の者でなければならない。**介護予防特定施設入居者生活介護**の場合、要支援の**利用者10人につき１人以上**となっている。利用者に要支援者・要介護者が混在する施設では、この基準に従って看護・介護職員を配置する。なお、**外部サービス利用型特定施設入居者生活介護**では、介護職員は、利用者10人に１人以上とされ、看護職員の配置は義務づけられていない。

(2) **○**　**１日24時間にわたり、介護職員が適切な介護を提供することが求められている**わけである。

(3) **○**　**生活相談員**は、利用者100人につき１人以上を配置する。

(4) **✕**　**機能訓練指導員**は１人以上配置しなければならない。なお機能訓練指導員とは、理学療法士（PT）、作業療法士（OT）、言語聴覚士（ST）、看護職員等、日常生活を営むのに必要な機能の減退を防止するための訓練を行う能力を有する者をいう。

(5) **✕**　**計画作成担当者**は、専らその職務に従事する**介護支援専門員**でなければならない。ただし、利用者の処遇に支障がない場合は、施設における他の職務に従事することができる。

正 解　(1) (2) (3)

特定施設入居者生活介護の運営基準

問題 77 特定施設入居者生活介護の運営基準について、正しいものを3つ選べ。

(1) 入居および特定施設入居者生活介護の提供の開始についての契約は、必ずしも文書によって行う必要はない。

(2) 地域住民またはその自発的な活動等と連携・協力を行うなどして、地域との交流に努めなければならない。

(3) 緊急やむを得ない場合を除き、身体拘束等を行ってはならない。

(4) 外部サービス利用型特定施設入居者生活介護は、特定施設の従業者が特定施設サービス計画の作成などの基本サービスを行い、介護サービス、機能訓練などは外部の居宅サービス事業者に委託して行うものである。

(5) 特定施設入居者生活介護を短期で利用することはできない。

ポイント解説　　　📖 上－ P.525〜526、P.533〜535、P.592〜594

(1) **✕**　入居およびサービスの提供に関する契約は、あらかじめ入居申込者または家族に対し、運営規程の概要等の重要事項を記した文書を交付して説明したうえで、**文書により**締結しなければならない。文書（契約書）によることが規定されているのは、他のサービスと異なる点である。

(2) **○**　地域に開かれた事業となるように、地域社会との関係を重要視している。

(3) **○**　**緊急やむを得ない理由により身体拘束等を行った場合**には、その態様や時間等を**記録**し、**条例で定められた期間保存**しなければならない。また、身体拘束等の適正化を図るための**措置**を講じなければならない。なお、介護保険施設と同様の**身体拘束廃止未実施減算**がある。

(4) **○**　**外部サービス利用型**は特定施設入居者生活介護の一類型であり、施設の従業者が作成した特定施設サービス計画に基づいて、委託を受けた外部の居宅サービス事業者が居宅サービスを提供する。

(5) **✕**　一定の要件を満たす特定施設については、家族介護者支援を促進する観点から、**特定施設の空室**における**短期利用**が可能である（**短期利用特定施設入居者生活介護**）。

正解　(2)(3)(4)

特定施設入居者生活介護の介護報酬

> **問題 78** 特定施設入居者生活介護の介護報酬等について、正しいものを3つ選べ。
>
> (1) 特定施設入居者生活介護費は、1日につき、要介護等状態区分別に設定されている。
>
> (2) 短期利用特定施設入居者生活介護では、家賃や敷金を受領することは禁じられている。
>
> (3) 居住費について公的な規定はなく、施設と利用者の契約によって決められる。
>
> (4) おむつ代などの日常生活費は、保険給付の対象外となっている。
>
> (5) 人員配置が手厚いことなどで、介護報酬の加算が行われることはない。

ポイント解説

(1) ○　ただし、**外部サービス利用型**特定施設入居者生活介護費は、基本サービス費が1日当たりで設定され、外部サービス利用分については限度額が**1か月**につき、**要介護等状態区分別**に設定されている。

(2) ×　**短期利用特定施設入居者生活介護**は、あらかじめ30日以内の利用期間を定めて行うもので、1日につき、要介護状態区分別の介護報酬が定められている。家賃・敷金、食費等の支払いを受けることは差支えない。

(3) ○　居住費に関しては、アパートやマンションを賃借する場合と同じだと考えればよい。

(4) ○　従って、**おむつ代などの日常生活費の支払いを利用者に求めることができる。**

(5) ×　加算の種類には、常勤の理学療法士等を配置して計画的に機能訓練を行っている場合などの**個別機能訓練加算**や、認知症介護にかかる専門的な研修を修了している職員が一定数以上いて重度の認知症の利用者を2分の1以上受け入れている場合の**認知症専門ケア加算**、**入居継続支援加算**、**生活機能向上連携加算**、**口腔・栄養スクリーニング加算**、**夜間看護体制加算**、**医療機関連携加算**、**看取り介護加算**などがある。

正解 (1)(3)(4)

福祉用具の意義と目的

問題 79 福祉用具の意義と目的について、正しいものを３つ選べ。

(1) 要介護者等は、福祉用具を適切に利用すれば、自立した動作や生活が実現できる場合もある。

(2) 介護者は、福祉用具を利用することにより、介護負担を軽減し、自らの身体や生活を守ることができる。

(3) 介護保険の福祉用具は、原則として貸与による。

(4) 入浴や排泄（はいせつ）に使う福祉用具も、貸与となる。

(5) 福祉用具貸与の対象となる福祉用具は、５種目である。

ポイント解説　　　　　　　　　　📖 上－ P.536～541、P.595～599

(1) ○　**利用者の自立の促進**は、福祉用具を利用する目的の１つである。

(2) ○　**介護者の介護負担の軽減**も、福祉用具を利用する目的の１つである。

(3) ○　**高齢者は身体機能や生活状態が変化しやすい**ので、原則貸与とすることにより、**状態の変化に応じた機種の変更などが可能**になる。また、省資源にもつながる。

(4) ✕　**入浴や排泄に使う福祉用具は、貸与になじまない**ため、購入費が支給される。このサービスを**特定福祉用具販売**という。特定福祉用具は、**腰掛便座、自動排泄処理装置の交換可能部品、排泄予測支援機器、入浴補助用具、簡易浴槽、移動用リフトのつり具の部分**の６種目である。2022年度から特定福祉用具に加わった「排泄予測支援機器」は、「膀胱内の状態を感知し、尿量を推定するものであって、排尿の機会を居宅要介護者等又はその介護を行う者に通知するもの」と定義される。トイレでの自立した排尿が困難となっている居宅要介護者等を対象に、機器の利用により失禁を回避し、トイレでの自立した排尿を期待するものである。

(5) ✕　**福祉用具貸与**の対象となる福祉用具は、**車いす**およびその**付属品、特殊寝台**およびその**付属品、床ずれ防止用具、体位変換器、手すり、スロープ、歩行器、歩行補助つえ、認知症老人徘徊（はいかい）感知機器、移動用リフト**（つり具の部分を除く）、**自動排泄処理装置**の13種目である。

正解　(1) (2) (3)

福祉用具の制度

問題 80　福祉用具の制度について、正しいものを 3 つ選べ。

(1)　福祉用具貸与および特定福祉用具販売は、居宅サービスの 1 つである。

(2)　指定福祉用具貸与事業所には、支援相談員を 2 人以上配置しなければならない。

(3)　福祉用具の貸与や販売については、個別サービス計画の作成は義務づけられていない。

(4)　福祉用具貸与では、商品の特徴や貸与価格に加え、その商品の全国平均貸与価格を利用者に説明すること、機能や価格帯の異なる複数の商品を提示することが義務づけられている。

(5)　障害者施策で給付される補装具と、介護保険の福祉用具貸与で重複するものに関しては、原則として介護保険が優先される。

ポイント解説　　　　　　　　　　　　　　📖 上－ P.547〜553、P.595〜599

(1)　**○**　福祉用具貸与および特定福祉用具販売は、それぞれ**居宅サービスの 1 つ**である。

(2)　**✕**　指定福祉用具貸与事業所には、**福祉用具専門相談員を 2 人以上配**置しなければならない。福祉用具専門相談員は、保健師、看護師、准看護師、理学療法士（PT）、作業療法士（OT）、社会福祉士、介護福祉士、義肢装具士または福祉用具専門相談員指定講習の修了者でなければならない。**指定特定福祉用具販売事業所**についても、同様である。

(3)　**✕**　**福祉用具貸与計画**と**特定福祉用具販売計画**の作成が義務づけられている。**福祉用具専門相談員**が居宅サービス計画に沿って作成し、貸与と販売の両方の計画を作成する場合は、一体のものとして作成する。

(4)　**○**　2018年度からの改正事項である。また、利用者に交付する福祉用具貸与計画は、**介護支援専門員にも交付しなければならない**とされた。

(5)　**○**　ただし、車いすなどで、更生相談所等により個別の身体状況に対応することが必要と判断される場合には、補装具として給付されることもある。なお、**補装具と介護保険の福祉用具で重複しているもの**には、**車いす、歩行器、歩行補助つえ**がある。

正解　(1)(4)(5)

福祉用具貸与の種目(1)

問題 81 福祉用具貸与の種目について、正しいものを2つ選べ。

(1) 車いすでは、自走用車いすだけが福祉用具貸与の対象となる。

(2) 特殊寝台は、傾斜角度や高さの調節が可能で、サイドレールが付いた、いわゆる介護ベッドのことである。

(3) 特殊寝台付属品には、マットレスは含まれない。

(4) 床ずれ防止用具では、空気マット、ウォーターマット等が対象となる。

(5) 体位変換器は、枕やクッションなど、体位保持のみを目的とするものも対象となる。

ポイント解説　　　　　　　　📖 上- P.541～543、P.595～599

(1) **✕** **車いす**には、**自走用車いす**、**介助用車いす**（介助用電動車いすを含む）、**電動車いす**があり、それぞれが福祉用具貸与の対象になっている。また、姿勢保持が必要とされる場合の**リクライニング機能**（背もたれが倒れる）や**ティルト機能**（座面が傾く）が付いた車いすも対象となっている。また、**車いす付属品**は、クッション、電動補助装置（手動車いすに装着して電動化するもの）などが含まれる。

(2) **〇** **特殊寝台**は、ギャッヂベッドとも呼ばれる。背部や脚部の傾斜角度が調整できる機能か、床板の高さが無段階に調整できる機能を有するものが、福祉用具貸与の対象となる。

(3) **✕** **特殊寝台付属品**には、**マットレス**をはじめ、**サイドレール**、**ベッド用手すり**、**テーブル**、**スライディングボード**、**介助用ベルト**等がある。

(4) **〇** **空気マット**、**ウォーターマット**等は、体圧分散効果が高いのが特徴である。

(5) **✕** **体位変換器**は、利用者の身体の下に挿入して、体位の変換を容易にする用具である。**体位保持のみ**を目的とするものは**対象にならない**。

正解 (2)(4)

福祉用具貸与の種目(2)

問題 82 福祉用具貸与の種目について、正しいものを 2 つ選べ。

(1) 手すり、スロープとも、取り付けに際し工事を伴うものは除かれる。

(2) 歩行器では、車輪があるもののみが対象となる。

(3) 歩行補助つえについては、いわゆる T 字 杖 も対象になる。

(4) 移動用リフトは、床走行式、固定式、据置式のものが対象である。

(5) 福祉用具貸与の種目は、要介護等状態区分にかかわりなく、すべての利用者に共通である。

ポイント解説　📖 上－ P.543～546、P.548、P.595～599

(1) ○　**手すり、スロープは、取り付けに際し工事を伴わないもの**が対象となる。工事を伴うものは、住宅改修で対応できる場合がある。手すりは、床に置いて使用するもの、天井と床に突っ張らせて固定するもの、便器やポータブルトイレを囲んで据え置くものなどが対象である。

(2) ✕　**歩行器**は、**車輪を有するもの**と**四脚を有するもの**が対象となる。

(3) ✕　**歩行補助つえ**は、松葉づえ、カナディアン・クラッチ、ロフストランド・クラッチ、多点杖など、**歩行機能を補完するもの**に限定され、T字杖などのいわゆる**1本杖は対象になっていない**。

(4) ○　**移動用リフト**については、住宅改修を伴わずに設置できるリフトのほとんどが対象とされており、その中には**段差解消機（段差解消リフト）や入浴用リフト、立ち上がり用のいす**なども含まれる。**移動用リフトのつり具の部分**は、**特定福祉用具販売**の対象となる。

(5) ✕　**要支援1・2、要介護1**の軽度者が利用できるのは、例外になる者を除いて、**手すり、スロープ、歩行器、歩行補助つえの4種目のみ**である。また、**自動排泄処理装置**については、**要介護2・3**の人も、例外になる者を除いて、福祉用具貸与の制度では**利用できない**（尿のみを自動的に吸引する機能のものを除く）。

　なお、2024年度から、比較的安価な貸与の種目について、福祉用具貸与か販売かの選択制が導入される。対象となるのは、固定用スロープ、歩行器、単点杖、多点杖の4種目である。

正解 (1) (4)

特定福祉用具販売の種目

問題 83 特定福祉用具販売の種目について、正しいものを２つ選べ。

(1) 腰掛便座はポータブルトイレに限られる。

(2) 自動排泄処理装置は福祉用具貸与の種目だが、その交換可能部品は特定福祉用具販売の種目である。

(3) 入浴補助用具には入浴用リフトが含まれる。

(4) 簡易浴槽は、居室のベッドサイドなどで使用する浴槽である。

(5) 排泄予測支援機器は、常時失禁の状態にある要介護者等を対象に、おむつの交換時期を把握するために導入することができる。

ポイント解説　　　　　　　　　　📖 上－ P.546〜547、P.595〜599

(1) **✕** **腰掛便座**については、**ポータブルトイレ**（水洗式を含む）だけでなく、**補高便座、立ち上がり補助便座**なども対象となる。水洗ポータブルトイレの設置工事の費用は、給付の対象にならないことに注意。

(2) **〇** **自動排泄処理装置**は、尿や便を自動的に吸引する装置である。**自動排泄処理装置の交換可能部品**（レシーバー、チューブなどの尿や便の経路となるもの）は貸与になじまないので、**特定福祉用具販売**の対象となる。専用パッドや洗浄液など排泄のつど消費するものは、特定福祉用具販売の対象とはならず、自費で購入する。

(3) **✕** **入浴補助用具**は**入浴用いす**（シャワーチェア）、**浴槽用手すり、浴槽内いす、入浴台、浴室内すのこ、浴槽内すのこ、入浴用介助ベルト**の７品目である。記述の入浴用リフトは、移動用リフトの１つとして、福祉用具貸与の対象となる。

(4) **〇** **簡易浴槽**は、**空気式または折りたたみ式**などで、容易に移動でき、取水または排水のために工事を伴わないものが対象となる。

(5) **✕** **排泄予測支援機器**は、機器の導入により排尿機会の予測を可能にすることで、**トイレでの排尿が見込める者**を対象にしている。記述のような利用は、**適切でない**とされる。

正解 (2)(4)

福祉用具の介護報酬等

問題 84 福祉用具の介護報酬等について、正しいものを３つ選べ。

(1) 福祉用具貸与費については、それぞれの福祉用具の種目ごとに、費用（単位）が設定されている。

(2) 福祉用具の搬出入に要する費用は、現に福祉用具貸与に要した費用に含まれる。

(3) 福祉用具貸与では、すべての商品について価格の上限が設定される。

(4) 福祉用具貸与を居宅サービス計画に位置づける場合、介護支援専門員は、貸与が必要な理由を計画に記載しなければならない。

(5) 福祉用具購入費については、支給限度基準額が定められている。

ポイント解説　　　　　　　　　　　　📖上－ P.553～554、P.595～599

(1) ✕　福祉用具貸与費については、**それぞれの福祉用具の貸与に現に要した費用**とされていて、種目ごとの費用は設定されていない。なお、１人の利用者に複数の福祉用具を貸与する場合、あらかじめ都道府県に届け出て、減額を行うことが可能である。

(2) ○　福祉用具の**搬出入に要する費用**は、所定の利用料に含まれる。

(3) ✕　福祉用具貸与では、商品ごとに**全国平均貸与価格を公表**して、2018年10月から「全国平均貸与価格＋１標準偏差」を**上限**とすることになったが、これは**月平均100件以上の貸与件数がある商品**についてのみ適用される。

(4) ○　また、必要に応じて随時サービス担当者会議を開催してその**必要性を検討**し、継続の場合はその理由を記載しなければならない。

(5) ○　福祉用具購入費については、**居宅介護福祉用具購入費支給限度基準額**が定められている。毎年４月１日からの12か月を管理期間とし、その額は一律**10万円**（利用者負担を含む）である。介護予防サービスにおける**介護予防福祉用具購入費支給限度基準額**も同様である。

正 解　(2)(4)(5)

ケアマネジメントと福祉用具、住宅改修

> **問題 85** 福祉用具・住宅改修とケアマネジメントについて、正しいもの
> を3つ選べ。
> (1) 居宅サービス計画で何を目標にしているのかによって、福祉用具や住
> 宅改修の果たす役割は大きく変化する。
> (2) 福祉用具について、利用者の多くは十分な知識や技術をもっている場
> 合が多いので、利用者の希望を優先しなければならない。
> (3) 福祉用具は、安全に配慮して製作されているので、導入時に使用方法
> 等についての説明がなくても、危険な事態につながるおそれはほとんど
> ない。
> (4) 福祉用具や住宅改修の支援においては、関連する多職種の連携が不可
> 欠である。
> (5) 福祉用具と住宅改修は、きわめて密接な関係にあるので、両者の関係
> を勘案しながら支援する必要がある。

ポイント解説　　　　　　　　　　📖 上－ P.536～563、P.595～601

(1) ◯　福祉用具も住宅改修も、他のサービスと同様、**居宅サービス計画
（ケアプラン）の目標**により規定されている。

(2) ✕　**福祉用具についての十分な知識や技術が利用者に備わっているこ
とは少ない**。介護支援専門員は、解決すべき生活課題を明らかにし、福
祉用具専門相談員等の協力を得て、福祉用具の利用を位置づけた居宅サ
ービス計画を作成する。

(3) ✕　福祉用具の導入時に、個々の状況に応じた使用方法等についての
説明が十分にされていなければ、**危険な事態につながるおそれがある**。

(4) ◯　福祉用具や住宅改修の支援においては、種々の知識や技術が必要
となる。**介護支援専門員**をはじめ、**福祉用具専門相談員**、**訪問介護員**、
看護師、**理学療法士**（PT）、**作業療法士**（OT）等だけでなく、場合に
よっては**工務店**や**建築士**等との連携も不可欠である。

(5) ◯　**福祉用具を使いやすくする住宅改修、住宅の状況に合わせた福祉
用具の選択**という視点が必要になる。

正解　(1)(4)(5)

257

住宅改修の目的

問題 86　住宅改修の目的について、正しいものを3つ選べ。
(1)　段差の解消は、転倒を予防して、生活動作の基本である移動を容易にする。
(2)　手すりの取り付けや便器の取り替え等により、生活動作の自立を図ることができる。
(3)　利用者の自立支援は、介護者の負担軽減につながる。
(4)　居宅に閉じこもりがちな利用者に対して、居宅での快適な生活を保障する。
(5)　在宅生活を継続することができても、介護保険のサービス費用や医療費等の軽減に効果があるとはいえない。

ポイント解説　　　📖上－ P.555〜557、P.559〜560、P.600〜601

(1)　**○**　**段差を解消**することにより、転倒を予防し、車いすや歩行器を利用することが可能あるいは容易になる。

(2)　**○**　**手すりの取り付け**により、介助なしでも歩行することができるようになり、**便器の取り替え**により、立ちしゃがみが1人で楽にできるようになる場合がある。

(3)　**○**　介護者も高齢であるなど、介護力の低い家庭では、**介護負担の軽減**の効果は非常に大きい。

(4)　**×**　**外出しやすい環境を整備**することにより、**利用者の外出の機会を増やし、地域社会への参加を可能にする。**

(5)　**×**　在宅生活を継続することは、介護保険施設における介護期間を短縮させ、**介護費用の軽減に効果をもたらす。**

正解　(1)(2)(3)

住宅改修の制度

> **問題 87** 介護保険における住宅改修について、正しいものを 2 つ選べ。
> (1) 住宅改修の事業者については、都道府県知事による指定が行われる。
> (2) 住宅改修の費用についての給付を受けることができるのは、要介護者だけである。
> (3) 住宅改修費は、居宅介護サービス費の 1 つである。
> (4) 保険給付の対象となる住宅改修は、比較的小規模なものとされている。
> (5) 保険給付の対象となる住宅改修の内容は、法令で定められている。

ポイント解説　　　　　　　　　📖 上－ P.557〜561、P.600〜601

(1) **✕** **住宅改修の事業者に指定の制度はない**。従って、利用者は、一般の工務店やリフォーム専門会社に改修を依頼することになる。ただし、保険者によっては、**事業者登録制度**が導入され、利用者は利用者負担分のみを事業者に払う**受領委任払い**が行われている。

(2) **✕** **要介護者**は居宅介護住宅改修費、**要支援者**は予防給付の**介護予防住宅改修費**の給付対象となる。

(3) **✕** 住宅改修費は、居宅介護サービス費には含まれず、**独立した給付**として設定されている。

(4) **〇** 利用者の居住する住宅が持ち家である場合と、借家である場合との、受益の均衡を考慮したものといわれる。

(5) **〇** 介護保険における住宅改修の内容は法令で定められ、次の①〜⑥で 1 種類の扱いとなる。

① **手すりの取り付け**
② **段差の解消**
③ **滑りの防止および移動の円滑化等のための床または通路面の材料の変更**
④ **引き戸等への扉の取り替え**
⑤ **洋式便器等への便器の取り替え**
⑥ その他、**上記の住宅改修に付帯して必要となる住宅改修**

正解 (4) (5)

住宅改修の種類

問題 88 住宅改修の種類について、正しいものを2つ選べ。

(1) 玄関の外から道路までの段差解消のための工事は、住宅改修の対象から除かれる。

(2) 浴室内に、すのこを置くことによる段差の解消は、住宅改修の対象となる。

(3) 引き戸等への扉の取り替えに合わせて自動ドアにした場合は、自動ドアの動力部分の費用相当額も保険給付の対象となる。

(4) 和式便器から、暖房便座や洗浄機能がついている洋式便器への取り替えは、保険給付の対象となる。

(5) 便器の取り替えに伴う給排水設備工事は、保険給付の対象となる。

ポイント解説 📖 上－ P.557〜559、P.600〜601

(1) **✕** **段差の解消**として、屋内の床段差の解消のための工事とともに、**玄関の外から道路までの段差解消のための工事**も、住宅改修の対象に含まれる。ただし、昇降機、リフト、段差解消機など、動力により段差を解消する機器を設置する工事は、支給対象とならない。

(2) **✕** 浴室内の段差解消のための工事は、それに伴う給排水設備工事を含めて対象となる。しかし、段差解消のための**浴室内すのこ**は、福祉用具購入費の支給対象となる**特定福祉用具**に該当する。

(3) **✕** 引き戸等への扉の取り替えでは、扉全体の取り替えのほか、ドアノブの変更、戸車の設置等も含まれるが、**自動ドアの動力部分の設置は、保険給付の対象とはならない**。

(4) **〇** ただし、すでに洋式便器である場合に、これらの**機能だけを追加する場合は、保険給付の対象とならない**。

(5) **〇** ただし、非水洗和式便器から水洗式（簡易水洗式）洋式便器への取り替えにおける**水洗化（簡易水洗化）工事の部分は除かれる**ことになっている。

正解 (4) (5)

住宅改修の利用料等

問題 89 住宅改修の利用料等について、正しいものを３つ選べ。

(1) 住宅改修費の支給は、償還払いが原則である。

(2) 要介護等状態区分ごとに、支給限度基準額が設定されている。

(3) 住宅改修費の支給を受けた利用者が転居して、転居先で住宅改修を行った場合には、再度住宅改修費の支給を受けることができる。

(4) 最初の住宅改修の着工日に比べて、要介護等状態区分が３段階以上上がった場合には、例外的に、改めて住宅改修費の支給を受けることができる。

(5) 住宅改修の申請は、改修工事終了後に行う。

ポイント解説　　　　　📖 上－ P.560〜563、P.600〜601

(1) ○　**償還払いが原則**である。ただし、**事業者登録制度**を導入している市町村では、現物給付と同様の**受領委任払い**も行われている。

(2) ✕　住宅改修に係る給付については、**住宅改修費支給限度基準額（居宅介護住宅改修費支給限度基準額**および**介護予防住宅改修費支給限度基準額）**が設定されているが、要介護等状態区分には関わりなく、一律**20万円**（利用者負担を含む）である。従って、保険給付額は原則18万円が上限となる。なお、住宅改修が何度かにわたる場合には、支給限度基準額に達するまで住宅改修費の支給を受けることができる。

(3) ○　住宅改修費支給限度基準額は、**現に居住する住居**についての住宅改修費の総額に適用される。

(4) ○　これを**３段階リセットの例外**という。ただし、この例外は、１人の利用者につき１回だけしか適用されない。また、**要支援２と要介護１は「介護の必要の程度を測る目安」が同じ段階**に設定されているため、「要支援１→要介護２」「要支援２→要介護３」の場合は２段階の上昇となり、リセットされない。

(5) ✕　介護支援専門員等に相談し、住宅改修が必要な理由書や費用の見積もり書などを添えて**事前申請**し、市町村が認めた場合に着工する。工事終了後に領収書などを提出して**事後申請**し、住宅改修費の支給を受けることになる。　　　　　**正解** (1)(3)(4)

夜間対応型訪問介護の意義・内容

問題 90　夜間対応型訪問介護の意義・内容について、正しいものを３つ選べ。

(1)　夜間対応型訪問介護は、地域密着型サービスの１つとして位置づけられている。

(2)　夜間対応型訪問介護は、夜間において利用者がその居宅で自立した日常生活を営むことができるように援助するものである。

(3)　夜間対応型訪問介護の具体的内容は、夜間の定期的な巡回によって排泄^{はい}の介護等を行うことに限定されている。

(4)　夜間対応型訪問介護は、介護者の精神的・肉体的な負担軽減の役に立つ。

(5)　夜間対応型訪問介護を利用できるのは、在宅の要支援者と要介護者である。

ポイント解説　　　　　　　　　　　　　　　📖上－ P.615〜618

(1)　**○**　**地域密着型サービス**の特色の１つは、利用者のより身近な事業者によってサービスが提供されることにある。**夜間対応型訪問介護**が居宅サービスの訪問介護とは別に設定されたのも、その理由からである。

(2)　**○**　**夜間に限定**されているのが他の居宅サービスと異なる点で、**夜間の排泄の介護**や日常生活上の**緊急時に対処**することを主な内容とする。サービスの提供時間は、**22〜6時**の間は最低限含み、**8〜18時**の時間帯を含むことは認められない。ただし、日中のオペレーションセンターサービスを評価するための24時間通報対応加算が設けられている。

(3)　**✕**　記述の介護を**定期巡回サービス**というが、このほかに、利用者の**通報**の内容をもとに訪問介護員等の訪問の要否を判断する**オペレーションセンターサービス**と、訪問が必要と判断されたときに行う**随時訪問サービス**を一括して提供するものである。

(4)　**○**　他の居宅サービスと同じか、それ以上に（時間帯が夜間であるだけに）介護者の**介護負担の軽減**に役立つ。

(5)　**✕**　夜間対応型訪問介護は、**要介護者以外は利用できない**。要支援者を対象とする介護予防サービスには、これに相当するサービスはない。

正解　(1)(2)(4)

オペレーションセンター等

問題 91 オペレーションセンター等について、正しいものを2つ選べ。

(1) オペレーションセンターは、利用者からの通報を受けた場合、訪問の要否を判断し、必要ならば訪問介護員等を派遣する。

(2) 夜間対応型訪問介護事業者は、1か所以上のオペレーションセンターを必ず設置しなければならない。

(3) オペレーションセンターには、利用者の心身の状況などの情報を蓄積し、随時適切に利用者の通報を受けることができる通信機器を備えるとともに、原則として利用者には端末機器を配布しなければならない。

(4) オペレーションセンターのオペレーターは、医師または看護師でなければならない。

(5) 定期巡回サービスは夜間対応型訪問介護計画によって行われるが、随時訪問サービスが介護計画に組み込まれることはない。

ポイント解説　　　　　　　　　　　📖 上－ P.616〜622

(1) **○**　利用者からの通報を受けて訪問の要否を判断することを、**オペレーションセンターサービス**という。

(2) **✕**　**オペレーションセンター**は、定期巡回サービスを行う訪問介護員等を介して、オペレーションセンターサービスを適切に実施することが可能と認められる場合は、設置しないこともできる。

(3) **○**　なお、端末機器（ケアコール端末）の設置料、リース料、保守料等の費用の徴収をすることはできない。また、ケアコール端末は、利用者の所有する家庭用電話や携帯電話で代用してもよい。

(4) **✕**　**オペレーター**は、利用者からの通報を受け付ける業務にあたる者で、**医師**、**看護師**のほか、**准看護師**、**保健師**、**介護福祉士**、**社会福祉士**、**介護支援専門員**などを充てることができる。

(5) **✕**　**随時訪問サービス**についても、その目標や内容について**夜間対応型訪問介護計画が作成される**ことになっている。なお、夜間対応型訪問介護計画は、**オペレーションセンター従業者**が作成する（オペレーションセンターを設置しない場合は、**訪問介護員等**が作成）。

正解 (1)(3)

夜間対応型訪問介護の運営基準等(1)

> **問題 92** 夜間対応型訪問介護の運営基準等について、正しいものを2つ選べ。
>
> (1) 夜間対応型訪問介護では、同居家族に対するサービスの提供が認められている。
>
> (2) 利用者からの苦情に関して市町村等が派遣する者が相談・援助を行う事業など、市町村が実施する事業に協力するよう努めなければならない。
>
> (3) 夜間対応型訪問介護事業所が、定期巡回・随時対応型訪問介護看護事業所の指定を併せて受けることは認められていない。
>
> (4) 利用者がケアコール端末を持たず、定期巡回サービスのみの利用でも、夜間の時間帯であれば、夜間対応型訪問介護に含まれる。
>
> (5) オペレーションセンター従業者は、随時訪問サービスを適切に行うため、利用者の居宅を定期的に訪問して状況を把握する。

ポイント解説　　　　　　　　　　　　　　📖 上- P.620〜622

(1) ✕　訪問介護や定期巡回・随時対応型訪問介護看護などと同様に、**同居の家族**である利用者に対するサービスの提供は**禁止されている**。

(2) 〇　**市町村**との密接な連携に努めることを規定したものである。

(3) ✕　夜間対応型訪問介護事業所は、それぞれの要件を満たせば、通常の**訪問介護事業所**や**定期巡回・随時対応型訪問介護看護事業所の指定を併せて受けることができる**。また、2020年改正により、複数の事業所間で通報の受付を集約化したり、事業の一部を他の訪問介護事業所等へ委託したりすることができるようになった。

(4) ✕　利用者がケアコール端末を持たず、定期巡回サービスのみの利用である場合は、夜間対応型訪問介護とは認められず、通常の訪問介護となる。

(5) 〇　**利用者の居宅への訪問**は、**1か月ないし3か月に1回程度行う**ものとされ、利用者の心身の状況や環境等の的確な把握を行い、適切な相談・助言を行う。

正解　(2)(5)

夜間対応型訪問介護の運営基準等⑵

問題 93　夜間対応型訪問介護の運営基準等について、正しいものを３つ選べ。

(1)　夜間対応型訪問介護従業者の身分証は、面接時と初回訪問時に提示すればよい。

(2)　随時訪問サービスについては、提供日やサービス内容について記録しておかなければならないが、介護計画に基づく定期巡回サービスについては、記録は義務づけられていない。

(3)　利用者から合鍵を預かる場合は、その管理を厳重に行い、管理方法、紛失した場合の対処方法などについて記載した文書を利用者に交付する。

(4)　現に夜間対応型訪問介護を行っていたときに利用者に病状の急変が生じた場合、訪問介護員は主治の医師への連絡などの必要な措置を講じなければならない。

(5)　夜間対応型訪問介護の介護報酬は、オペレーションセンターを設置している場合と設置していない場合の二通りに設定されている。

ポイント解説　　　　　　　　　　　　📖 上－ P.620〜622

(1)　✕　利用者やその家族から**求められたら、いつでも提示**する必要がある。運営基準では、夜間対応型訪問介護事業者の義務として、従業者に**身分証の携行と提示**を「指導しなければならない」と規定している。

(2)　✕　**すべて**のサービスの内容について、**記録が義務づけられている。**

(3)　○　定期巡回・随時対応型訪問介護看護にも共通の規定である。

(4)　○　訪問介護などの他の居宅サービスなどにも共通する当然の規定である。

(5)　○　**オペレーションセンターを設置している場合**は、１か月につき**定額の基本夜間対応型訪問介護費**と**１回当たりの定期巡回サービス費・随時訪問サービス費**が算定される。**オペレーションセンターを設置していない場合**は、提供回数にかかわりなく１か月につき**定額の夜間対応型訪問介護費**である。

正解　(3)(4)(5)

地域密着型通所介護の意義・内容

問題 94 地域密着型通所介護等について、正しいものを 2 つ選べ。

(1) 地域密着型通所介護は、利用定員19人未満の小規模な通所介護事業所を、市町村長が指定・監督するものである。

(2) 地域密着型通所介護の目的は、居宅サービスの通所介護の目的とは異なるものであるといえる。

(3) 地域密着型通所介護は、利用者一人ひとりの人格を尊重し、利用者がそれぞれの役割をもって日常生活を送ることができるよう配慮して行う。

(4) 通所介護の設備を利用して、介護保険制度外の宿泊サービスを提供することは禁止された。

(5) 通所介護事業所により行われる宿泊サービスを、介護保険制度上のサービスと位置づけ、人員・設備・運営に関する事項が省令に規定された。

ポイント解説 📖 上－ P.623〜624

(1) **〇** **地域密着型通所介護**は、**利用定員19人未満**の小規模事業所を居宅サービスから地域密着型サービスに移行させたものである。これには**指定療養通所介護**も含まれる。

(2) **✕** **利用者の社会的孤立感の解消、心身の機能の維持、利用者の家族の身体的・精神的負担の軽減**を図るという基本方針は、居宅サービスの通所介護と同じである。

(3) **〇** また、**地域との連携**も重視されている。

(4) **✕** 介護保険制度外の**宿泊サービス**（いわゆる「お泊りデイサービス」）は、利用者保護の観点から届出制の導入等が行われたが、**禁止されたわけではない**。地域密着型通所介護に限らず、居宅サービスの通所介護でも行われている。

(5) **✕** 厚生労働省令に規定されたのは、**指定権者への届出の義務づけ、介護サービス情報の報告・公表、事故があった場合の市町村への報告**である。人員・設備・運営に関する事項は、**ガイドライン**（指針）に示された。また、介護保険制度上のサービスに位置づけられたわけでもなく、自費で利用するものである。

正 解 (1) (3)

地域密着型通所介護の運営基準等

> **問題 95** 地域密着型通所介護の運営基準等について、正しいものを３つ
> 選べ。
> (1) 地域密着型サービスには認知症対応型通所介護があるため、認知症の
> 人は地域密着型通所介護を利用できない。
> (2) 地域密着型通所介護事業所には、機能訓練指導員の配置は義務づけら
> れていない。
> (3) 地域密着型通所介護では、運営推進会議を設けて、おおむね６か月に
> １回以上、活動状況を報告し、評価を受けなければならない。
> (4) 事業所の所在する建物と同一の建物に居住する利用者に対してサービ
> スを提供する場合には、その建物に居住する者以外の者に対しても地域
> 密着型通所介護の提供を行うよう努めなければならない。
> (5) 入浴介助を適切に行うことができる人員および設備を有して入浴介助
> を行った場合は、介護報酬が加算される。

ポイント解説　　　　　　　　　　　　　　📖 上－ P.624〜631

(1) ✕ **認知症の人**も地域密着型通所介護を利用できる。

(2) ✕ 地域密着型通所介護事業所には、**生活相談員、看護職員、介護職
員、機能訓練指導員**などの配置が必要とされる。基準は通所介護との共
通点も多い。なお、**要支援者対象のサービスはない**。

(3) ◯ **運営推進会議**の設置は、地域密着型サービスに特徴的な基準であ
る。地域密着型通所介護では、おおむね**6か月に１回の開催**とされ、小
規模多機能型居宅介護等の２か月に１回より緩和されている。

(4) ◯ 大規模な高齢者向け集合住宅と同一の建物に所在する事業所で、
閉鎖的なサービス提供が行われないよう、地域の利用者にもサービス提
供を行うことに努める。

(5) ◯ これに加えて、利用者が**居宅で入浴できるようになること**を目的
として、居宅を訪問して浴室の環境等を把握し、居宅の状況に近い環境
で入浴介助を行う場合の加算がある。なお、地域密着型通所介護費は、
所要時間により、利用者の**要介護状態区分別**に算定される。通所介護と
共通する加算・減算も多い。　　　　**正解** (3)(4)(5)

療養通所介護(1)

問題 96 療養通所介護について、正しいものを２つ選べ。

(1) 療養通所介護は、指定地域密着型通所介護事業者により提供される。

(2) 療養通所介護の対象は、回復期の要介護者である。

(3) 指定療養通所介護事業所は、利用定員を９人以下とする。

(4) 看護職員または介護職員は、利用者1.5人に対して１人以上確保されなければならない。

(5) 指定療養通所介護事業所には、常勤の管理者を置かなければならない。

ポイント解説 　　　　　　　　　　　　　📖 上－ P.631〜633

(1) ✕　**療養通所介護**は、**指定療養通所介護事業者**により行われる。療養通所介護は、以下の解説にもあるように、通常の通所介護とは全く別の医療系サービスである。なお、このサービスは小規模通所介護が地域密着型サービスに移行するのに伴い、2016年４月から**地域密着型サービス**となった。

(2) ✕　対象者は、「**難病等を有する重度要介護者**または**がん末期の者**であって、サービス提供にあたり常時看護師による観察が必要なもの」に限定されている。

(3) ✕　利用定員は９人以下と少なく設定されていたが、障害福祉サービスである重症心身障害児（者）を通わせる児童発達支援等の地域共生社会の実現に向けた取り組みを推進する観点から、利用定員は**18人以下**となった（2017年改正）。また、**緊急時対応医療機関**をあらかじめ定めておくこととされているが、これは**事業所と同一の敷地内**または**隣接**もしくは**近接**していなければならない。このように、**医療機関に併設**の施設として想定されている。

(4) ◯　記述の従業者のうち、１人以上は常勤の**看護師**でなければならない。

(5) ◯　**管理者**は、**看護師**であって、必要な知識および技能を有する者とされている。

正解 　(4) (5)

療養通所介護⑵

問題 97 療養通所介護について、正しいものを３つ選べ。

(1) 療養通所介護においては、専ら医療的な対応を行う。

(2) 管理者は、療養通所介護計画を作成しなければならない。

(3) 事業者は、安全・サービス提供管理委員会を設置しなければならない。

(4) 療養通所介護費は、利用者の要介護度による区分はなく、１か月当たりの包括報酬として算定される。

(5) 入浴介助を行った場合には加算が行われる。

ポイント解説　　　　　　　　　　　　　　　　📖 上－ P.631〜633

(1) ✕　対象者は難病やがん末期の患者であるが、提供されるサービスは通所介護と同様の**日常生活上の世話および機能訓練**が主である。従来、医学的管理下で行われる療養介護は、短期入所療養介護しかなかったが、**日帰りサービス**として創設されたものである。

(2) ◯　この計画には、利用者の心身の状況、希望および置かれている環境を踏まえて、**機能訓練の目標と具体的なサービスの内容**などが記載される。

(3) ◯　**安全・サービス提供管理委員会**は、地域の保健・医療・福祉の専門家および医療関係団体に属する者で構成され、おおむね**6か月に1回以上**開催するものとされる。なお、**運営推進会議**の開催は、**おおむね12か月に1回**に緩和されている。

(4) ◯　2020年改正により、所要時間による２段階の１日当たりの報酬体系が、**1か月当たりの包括報酬**となった。ケアの現状、利用状況を踏まえた見直しである。平均的な利用回数に比べてサービス提供量が過少である場合には、減算が行われる。

(5) ✕　療養通所介護では、入浴介助は基本サービス費に含まれる。そのため、**入浴介助を行っていない**場合には**減算**が行われる。

正解　(2) (3) (4)

269

認知症対応型通所介護の意義・内容

> **問題 98** 認知症対応型通所介護の意義・内容について、正しいものを3つ選べ。
>
> (1) 認知症対応型通所介護とは、認知症の在宅要介護者等が、老人デイサービスセンター等に通って、受けるサービスである。
>
> (2) 認知症対応型通所介護では、入浴、排泄、食事等の介護や、日常生活上の世話は行われるが、機能訓練は行われない。
>
> (3) 認知症対応型通所介護は、利用者の社会的孤立感の解消や心身の機能の維持を図るとともに、利用者の家族の身体的・精神的負担の軽減を図るものである。
>
> (4) 認知症対応型通所介護と一般の通所介護とを、一体的な形で行うことができる。
>
> (5) 若年性認知症の者も含めて対象とする事業所は、設置市町村以外の近隣市町村等も含めて、広域的に利用されることが想定されている。

ポイント解説 📖 上－ P.634〜638、P.681〜684

(1) **〇** ただし、認知症の**原因となる疾患が急性の状態にある者を除く**。

(2) **✕** **機能訓練**として、日常生活を営むのに必要な機能の減退を防止し、認知症の症状の改善や、進行の緩和に役立つ訓練を行う。

(3) **〇** すべての介護サービスに共通する意義であるが、認知症の要介護者・要支援者をかかえる介護家族にとって、認知症対応型通所介護を受ける時間帯があるだけでも、**身体的・精神的負担が軽減される**だろう。

(4) **✕** 認知症対応型通所介護は、認知症の特性に配慮したサービス形態であるため、**一般の通所介護と一体的な形で行うことはできない**。パーティションなどで、職員、利用者、空間を区別することが必要になる。

(5) **〇** 地域密着型サービスではあるが、**若年性認知症**に対応したプログラムを有する事業所が少ないため、事業所の設置市町村以外の市町村の若年性認知症患者からの希望に基づき、他市町村から申し出があった場合には、設置市町村は原則として指定の同意を行う。

正 解 (1)(3)(5)

単独型・併設型認知症対応型通所介護

> **問題 99** 認知症対応型通所介護について、正しいものを３つ選べ。
> (1) 認知症対応型通所介護は、単独型と併設型の２つに大きく分けられる。
> (2) 併設型は、特別養護老人ホームや病院・診療所、介護老人保健施設等に併設されているものをいう。
> (3) 単独型・併設型では、利用定員をサービスの単位ごとに20人以下としなければならない。
> (4) 単独型・併設型の事業所には、生活相談員、看護職員または介護職員、機能訓練指導員を置かなければならない。
> (5) 単独型・併設型の事業所には、食堂、機能訓練室、静養室、相談室などの設備を備えることになっている。

ポイント解説　📖 上－ P.636〜639、P.681〜684

(1) **✗** **単独型・併設型**は１つの類型として規定され、もう１つの共用型と２つに大別される。**共用型**は、認知症対応型共同生活介護を提供する施設などが、その共同スペースを利用して、通所介護を併せて提供するものである。

(2) **○** 記述の施設のほかに、養護老人ホーム、介護医療院、社会福祉施設、特定施設に併設される場合もある。これに対して、本体施設に併設されたものでないものが**単独型**である。

(3) **✗** **サービスの単位**とは、利用者にサービスを一体的に提供する設備・人員のことである。**単独型・併設型**では、サービスの単位ごとの**利用定員を12人以下**としなければならない。利用定員の上限が定められていない通常の通所介護とは異なる特徴的な規定である。

(4) **○** このほか、**事業所ごと**に**常勤の管理者**を置くことが義務づけられている。

(5) **○** 食堂と機能訓練室は同一の場所とすることもでき、**3㎡に利用者の定員を乗じた面積以上**とされている。

正解 (2)(4)(5)

共用型認知症対応型通所介護等

問題100　次の中から正しいものを2つ選べ。

(1)　共用型は、指定認知症対応型共同生活介護を提供する事業者などが、その施設を利用して認知症対応型通所介護も提供するものである。

(2)　共用型の認知症対応型通所介護を提供できる事業者は、指定居宅サービスや介護保険施設などの介護保険のサービスの事業または施設の運営について、5年以上の経験を有する者に限られる。

(3)　共用型の事業所における同一時間帯の利用定員は、10人以下でなければならない。

(4)　認知症対応型通所介護事業者は、利用者からの苦情に関して、市町村等が派遣する者が相談・援助を行う事業などに協力するよう努めなければならない。

(5)　認知症対応型通所介護の対象者は、在宅の要介護者に限られる。

ポイント解説　　　　　　　　　　📖 上－P.636〜639、P.681〜684

(1)　○　**共用型**とは、**認知症対応型共同生活介護事業所、介護予防認知症対応型共同生活介護事業所**の居間・食堂、**地域密着型特定施設、地域密着型介護老人福祉施設**の食堂・共同生活室において、そこの利用者、入居者・入所者とともに通所介護を受けるものである。

(2)　×　**3年以上**が正しい。

(3)　×　入居者・入所者と共用になるため、**利用定員**は1日の同一時間帯に**共同生活住居・施設ごとに3人以下**と定められている。ただし、ユニット型地域密着型介護老人福祉施設では、ユニット入居者と合わせて1ユニット当たり12人以下である。

(4)　○　**介護サービス相談員派遣事業**を積極的に受け入れるなど、市町村との密接な連携に努めることを規定したもので、多くのサービスに共通である。また、**運営推進会議**を設置して、おおむね**6か月に1回**サービスの評価を受けなければならない。

(5)　×　要支援者に対する介護予防サービスとしても提供され、その場合は、**介護予防認知症対応型通所介護**と称される。

正解　(1)(4)

認知症対応型通所介護の介護報酬

問題101 認知症対応型通所介護の介護報酬について、正しいものを3つ選べ。

(1) 認知症対応型通所介護費は、施設基準、所要時間、要介護度によって細かく定められている。

(2) 所要時間8時間以上9時間未満の指定認知症対応型通所介護を行った後に、引き続き日常生活上の世話を行った場合には延長加算が行われるが、所定の提供時間の前に行ったサービスには、加算は行われない。

(3) 心身の状況その他やむを得ない事情により、長時間のサービス利用が困難な利用者に対しては、所要時間2時間以上3時間未満のサービス提供も行われる。

(4) 個別機能訓練加算は、機能訓練指導員として理学療法士等の資格を有する者を、サービス提供時間帯を通じて1名以上配置する事業所によって、個別機能訓練計画に基づき行われる機能訓練に対して算定される。

(5) 入浴介助加算、栄養改善加算、口腔機能向上加算などの加算、同一建物の利用者へのサービス提供の場合の減算、送迎を実施していない場合の減算など、居宅サービスの通所介護と同様の加算・減算がある。

ポイント解説

(1) **○** 例えば、**所要時間**は3〜4時間から8〜9時間の1時間ごとの**6段階**に、**要介護度**は要介護1〜5の**5段階**に分けられている。要支援者対象の**介護予防認知症対応型通所介護費**についても同様。

(2) **×** **延長加算**は、所要時間8時間以上9時間未満の指定認知症対応型通所介護の**前後**に行った日常生活上の世話について、**通算して、14時間まで5段階に算定**される。

(3) **○** 居宅サービスの通所介護と同様である。

(4) **×** **個別機能訓練加算**は、**1日に120分以上1名以上の理学療法士等を配置している事業所**で行われる計画的な機能訓練につき算定される。

(5) **○** ほかに、**若年性認知症利用者受入加算**、**生活機能向上連携加算**、**ADL維持等加算**、**栄養アセスメント加算**などがある。

正解 (1)(3)(5)

小規模多機能型居宅介護の意義・内容

問題102 小規模多機能型居宅介護の意義・内容について、正しいものを3つ選べ。

(1) 小規模多機能型居宅介護は、1人の利用者について、訪問サービス、通いサービス、宿泊サービスを組み合わせて提供するものである。

(2) 事業所の立地は、自然に恵まれた郊外であることが望ましい。

(3) 事業者は、利用者に、事業所における利用者の食事その他の家事を手伝わせてはならない。

(4) 小規模多機能型居宅介護事業所の登録者は、短期入所生活介護や短期入所療養介護を利用することができない。

(5) 事業者は、通いサービスの利用者が、登録定員に比べて著しく少ない状態が続かないようにしなければならない。

ポイント解説　　　　　　　　　　　📖上－ P.640～647、P.685～688

(1) ○　**訪問サービス**は従業者が利用者の居宅に訪問して行うもの、**通いサービス**は事業所に通わせて行うもの、**宿泊サービス**は事業所に短期間宿泊させて行うもので、この3つを1つの事業所で組み合わせて提供する。要支援者対象の**介護予防小規模多機能型居宅介護**もある。

(2) ✕　利用者の家族や地域住民との交流が円滑にできるように、**住宅地などにあることが求められる**。

(3) ✕　できるだけ**利用者と共同で行う**ように努めることによって、利用者の自立の支援や日常生活の充実を図ることになっている。

(4) ○　事業所の登録者は、**訪問看護**、**訪問リハビリテーション**、**居宅療養管理指導**、**福祉用具貸与**を除いて居宅介護サービス費が給付されることはない。また、**居宅介護支援**も利用できない。

(5) ○　通いサービスの利用者が**登録定員のおおむね3分の1以下**の状態を続けてはならない。また、登録者が通いサービスを利用していない日は、可能な限り、**訪問サービスや電話連絡による見守りなど**を行う。なお、1人の人に対して、通い、宿泊、訪問サービスを合わせておおむね**週4回以上行う**のが適切とされる。

正解　(1)(4)(5)

小規模多機能型居宅介護の人員・設備基準

問題103 小規模多機能型居宅介護の人員・設備基準について、正しいものを3つ選べ。

(1) 従業者の基準数はサービスの種類ごとに定められ、従業者のうち1人は看護師または准看護師でなければならない。

(2) 宿泊サービスの利用者が1人であっても、夜間・深夜の時間帯を通じて、最低でも夜勤1人と宿直1人の計2人の従業者が必要である。

(3) 介護支援専門員を置くことは義務づけられていない。

(4) 事業所の登録定員は50人以下とする。

(5) サテライト型の事業所の登録定員は18人以下とする。

ポイント解説　　　　　　　　　📖上－ P.645〜646、P.685〜688

(1) **○** 例えば**通いサービス**については、従業者は**利用者3人につき1人以上**と定められている。従業者のうち**1人以上は看護師または准看護師**でなければならない。

(2) **○** 宿直職員は、訪問サービス対応のために配置される。なお、宿泊サービスの利用者がいない場合で、夜間・深夜の時間帯を通じて訪問サービスを提供するために必要な連絡体制を整備しているときは、宿直や夜勤を行う従業者を置かなくてもよい。

(3) **✕** 小規模多機能型居宅介護では、**居宅サービス計画、小規模多機能型居宅介護計画**の作成が必須とされ、その職務に従事する**介護支援専門員**が不可欠である。通常は指定居宅介護支援事業者の業務である**居宅サービス計画の作成**を、事業所の介護支援専門員が行う点に特色がある。

(4) **✕** 利用者は、**事業所に登録**して、3つのサービスを組み合わせて利用する。その**登録定員は29人以下**とされる。また、通いサービスの利用定員は**登録定員の2分の1以上18人以下**で定める。宿泊サービスの利用定員は、**通いサービスの利用定員の3分の1以上9人以下**で定める。

(5) **○** **サテライト型指定小規模多機能型居宅介護事業所**は、小規模多機能型居宅介護事業所または看護小規模多機能型居宅介護事業所を本体事業所とするものである。

正解 (1)(2)(5)

小規模多機能型居宅介護の運営基準

> **問題104** 小規模多機能型居宅介護の運営基準等について、正しいものを2つ選べ。
>
> (1) 利用者は、複数の小規模多機能型居宅介護事業所に登録をすることができる。
>
> (2) 利用者の主治の医師との連携が重視されるため、協力医療機関や協力歯科医療機関を定めておくことは義務づけられていない。
>
> (3) 設置を義務づけられている運営推進会議の構成員は、利用者、利用者の家族、有識者である。
>
> (4) 運営推進会議は、おおむね2か月に1回以上開催しなければならない。
>
> (5) 事業所の所在する建物と同一の建物に居住する利用者に対してサービスを提供する場合は、その建物に居住する利用者以外の者に対してもサービス提供を行うよう努めなければならない。

ポイント解説 📖 上－ P.646〜649、P.685〜688

(1) ✕ 利用者と従業者がなじみの関係を築きながらサービスを提供する観点から、また、後述する介護報酬の算定構造から、**複数の事業所に登録することはできない。**

(2) ✕ 利用者の主治の医師との連携が基本ではあるが、あらかじめ、**協力医療機関**を定めておくことが**義務**づけられ、**協力歯科医療機関**を定めておくように**努める**ものとされる。

(3) ✕ **運営推進会議**には、**地域住民の代表**、**市町村の職員または地域包括支援センターの職員**も参加させなければならない。この会議に活動状況を**報告**し、**評価**を受ける。

(4) ◯ 運営推進会議は、地域密着型サービスの多くに設置が義務づけられている。6か月に1回と緩和されている地域密着型通所介護などを除いて、**おおむね2か月に1回以上開催**するものとされる。

(5) ◯ 有料老人ホーム等の居住施設と同一の建物に設置された事業所について、閉鎖的なサービス提供が行われないように規定されたものである。

正解 (4) (5)

小規模多機能型居宅介護の介護報酬

問題105 小規模多機能型居宅介護の介護報酬について、正しいものを3つ選べ。

(1) 小規模多機能型居宅介護費は、利用者が3種のサービス内容をどのように組み合わせるかに関係なく、また利用回数に関係なく、要介護度別の1か月当たりで算定される。

(2) あらかじめ7日以内（やむを得ない事情がある場合は14日以内）の利用期間を定めて行う短期利用居宅介護費が、要介護度別に1日当たりで定められている。

(3) 3種のサービスの合計提供回数が、登録者の事情により一定の基準より少ない月は、当該登録者の介護報酬は減算される。

(4) 常勤の看護師を1人以上配置するなどして看取り期におけるサービス提供を行った場合には、看取り連携体制加算が1日につき算定される。

(5) 認知症の利用者についての介護報酬の加算は行われない。

ポイント解説

(1) ◯ **小規模多機能型居宅介護費**は、「同一建物に居住する者以外の者に対して行う場合」と「同一建物に居住する者に対して行う場合」の二通りに分けて、記述のように算定される。

(2) ◯ **短期利用居宅介護費**の算定には、指定居宅介護支援事業所の介護支援専門員が緊急に利用することが必要と認めた場合であることなどの要件が定められている。

(3) ✕ 事業所が提供する3種のサービスの**登録者1人当たりの平均回数**が、**週4回に満たない場合**に、事業所全体について減算されるものであり、個々の登録者ごとに適用されるものではない。

(4) ◯ **看取り連携体制加算**は、常勤の看護師を1人以上配置して看護職員配置加算（Ⅰ）を算定している事業所について、死亡日および死亡日以前30日以下について算定される。

(5) ✕ 登録者の認知症および要介護状態区分の程度によって、2段階の**認知症加算**が行われる。**認知症行動・心理症状緊急対応加算、若年性認知症利用者受入加算**もある。　　**正解** (1)(2)(4)

認知症対応型共同生活介護の意義・内容

問題106 認知症対応型共同生活介護の意義・内容について、正しいもの
を3つ選べ。

(1) 認知症対応型共同生活介護は、認知症高齢者に対して、共同生活住居
（グループホーム）で日常生活上の世話などを提供するサービスである。

(2) 介護保険のサービスのうち、施設サービスに位置づけられる。

(3) 利用者に接するあらゆる機会をとらえて、その人の見当識に働きかけ
ていく必要がある。

(4) 共同生活住居の入居者に共通する1つの認知症対応型共同生活介護計
画に基づいて、サービスを実施しなければならない。

(5) 利用者の食事その他の家事等は、原則として利用者と共同生活住居の
介護従業者が共同で行う。

ポイント解説 📖 上－ P.650〜654、P.689〜692

(1) **○** 日常生活上の世話や機能訓練を行うことによって、**利用者の精神
的安定や認知症症状の進行の緩和**などを図り、自立した日常生活を営む
ことができるようにするものである。

(2) **✕** 共同生活住居は居宅とみなすことができるので、居住系のサービ
スである。施設サービスではなく、**地域密着型サービス**に位置づけられ
ている。

(3) **○** 日常生活動作のサポート、食事づくり、余暇活動の際など、**利用
者の見当識に働きかけていく機会は豊富にある**。なお、記述のような働き
きかけを、24時間リアリティ・オリエンテーションという。

(4) **✕** サービスは、事業所の**計画作成担当者**が作成した**認知症対応型共
同生活介護計画**に基づいて提供する。この計画は、利用者一人ひとりの
心身の状況、希望等を踏まえて、**個別に作成**しなければならない。

(5) **○** **家庭的な環境のもとで日常生活を送る**という趣旨にかなうもので
あり、また**利用者の身についた技能を共同生活住居における役割に位置
づける**ことにもつながる。

正解 (1) (3) (5)

認知症対応型共同生活介護の対象者

> **問題107** 認知症対応型共同生活介護の対象者について、正しいものを2つ選べ。
>
> (1) 認知症対応型の事業所で共同生活介護のサービスを受けられるのは、認知症の要介護者に限られ、認知症の要支援者は対象とならない。
>
> (2) 認知症に伴い精神症状を示す者や行動障害がある者は、対象者から除かれる。
>
> (3) 認知症の原因となる疾患が不明の者は、対象者から除かれる。
>
> (4) 認知症の原因となる疾患が急性の状態にある者は、対象者から除かれる。
>
> (5) 少人数による共同生活を営むことに支障のない者でなければならない。

ポイント解説　　　　　　　　　　　📖 上－ P.651、P.689〜692

(1) ✕　要支援者を対象者とする**介護予防認知症対応型共同生活介護**もある。ただし、利用できるのは**要支援2**の者に限られ、要支援1では利用できない。

(2) ✕　運営基準には、**精神症状を示す者や行動障害がある者**を除くという規定はない。(4)(5)の場合を除いては、原則として認知症の程度の軽重は問われないことになっている。

(3) ✕　認知症の原因となる疾患が不明であるからといって、**対象者から除かれることはない**。

(4) ◯　法8条20項に規定されている。**認知症の原因となる疾患が急性の状態にある者**は、共同生活住居で共同生活を送ることに支障があると考えられるためである。

(5) ◯　運営基準にも明記され、認知症であることとともに、**少人数による共同生活に支障がない**ことを確認することになっている。

正解　(4)(5)

認知症対応型共同生活介護の人員・設備基準

> **問題108** 認知症対応型共同生活介護の人員・設備基準について、正しいものを3つ選べ。
> (1) 昼間は、利用者3人につき1人以上の介護従業者を置かなければならない。
> (2) 夜間・深夜の時間帯には、必ず共同生活住居ごとに1人以上の夜勤職員を配置しなければならない。
> (3) 事業所ごとに1人以上の計画作成担当者を置かなければならない。
> (4) 1つの事業所が有することができる共同生活住居は、5以下である。
> (5) 共同生活住居の入居定員は、5人以上9人以下としなければならない。

ポイント解説　　　　　　　　📖 上－ P.654～655、P.689～692

(1) **○** **介護従業者**は、昼間は**利用者3人につき1人以上**を配置し、認知症の介護等に対する知識・経験を有する者であることを原則とする。

(2) **✕** 「共同生活住居ごとに配置」が原則だが、**共同生活住居の数が3**である場合であって、それらが同一階に隣接し、安全対策がとられている場合には、例外的に**事業所に2人以上**に緩和される。

(3) **○** **計画作成担当者**は、共同生活住居ごとに配置することとされていたが、2020年改正により、「**事業所ごと**」に配置することとなった。計画作成担当者が事業所に1人だけの場合は、**介護支援専門員**をもって充てなければならない。計画作成担当者が2人以上の場合は、**少なくとも1人は介護支援専門員**をもって充てなければならない。管理者は、この計画作成担当者に**認知症対応型共同生活介護計画**を作成させる。

(4) **✕** 1つの認知症対応型共同生活介護事業所が有することができる共同生活住居は、**3以下**である。2020年改正により、「1または2を標準とする」がこのように変わった。また、サテライト型事業所の設置が認められることになった。

(5) **○** 共同生活住居の入居定員は、**5人以上9人以下**とする。また、**居室の定員は1人**であるが、**利用者の処遇上必要と認められる場合は、2人**とすることができる（夫婦で入居の場合など）。事業者の都合で2人部屋とすることはできない。　　　　**正解** (1)(3)(5)

認知症対応型共同生活介護の運営基準等

問題109 認知症対応型共同生活介護の運営基準等について、正しいものを2つ選べ。

(1) 共同生活住居に、利用者の家族以外の近隣の住民やボランティア等が出入りすることは、利用者の精神の安寧を保つうえで望ましくない。

(2) 利用者が認知症高齢者なので、原則として身体拘束等は容認される。

(3) 通所介護は介護給付としては併給されないので、これを計画に位置づけることはできない。

(4) 計画作成担当者は、認知症対応型共同生活介護計画の内容について利用者またはその家族に説明し、利用者の同意を得なければならない。

(5) 事業者は、運営推進会議を設置して2か月に1回以上その評価を受け、記録を作成するとともに、公表しなければならない。

ポイント解説　　　　　　　📖 上－ P.656〜657、P.689〜692

(1) **✕** 利用者の家族ばかりでなく、近隣の住民やボランティア等が出入りすることは、**サービスの公開につながり、質の維持にも有効**といえる。設備基準では、**立地**について、住宅地の中にあるか、あるいは同程度に家族や地域住民との交流が確保できるような地域としている。

(2) **✕** 緊急やむを得ない場合を除き、**身体拘束等は原則として禁止**されている。身体拘束等を行う場合は、その理由や態様、時間等を**記録**するほか、身体的拘束等の適正化を図るため、3か月に1回以上の委員会の開催と結果の周知、指針の整備、従業者の研修の実施が必要である。

(3) **✕** 利用者は他の介護保険サービスは利用できないが、**事業者同士の契約による通所介護**等については、**活用が奨励されている**。その場合の費用は、すべて事業者の負担である。

(4) **◯** 計画作成担当者は、認知症対応型共同生活介護計画の内容について、**利用者の同意**を得なければならない。

(5) **◯** **運営推進会議**は、利用者とその家族、地域住民の代表、市町村や地域包括支援センターの職員、有識者等で構成される。運営推進会議による評価やその記録の公表が義務づけられているのは、小規模多機能型居宅介護などと同じである。　　　　　　　　**正解** (4)(5)

短期利用共同生活介護

問題110 認知症対応型共同生活介護の短期利用について、正しいものを2つ選べ。

(1) 認知症対応型共同生活介護は長期入居が一般的であるが、短期で利用することもできる。

(2) 認知症対応型共同生活介護事業所に定員の範囲内で空いている居室があれば、どの事業所でも短期利用のサービスを提供することができる。

(3) 1つの共同生活住居が受け入れることのできる短期利用者は3人以下で、あらかじめ10日以内の利用期間を定めて提供される。

(4) 短期利用の共同生活介護は、区分支給限度基準額の管理対象になる。

(5) 要支援者は、共同生活介護を短期利用することはできない。

ポイント解説　　　　　　　　　　　📖 上－ P.652、P.689〜692

(1) ◯ **共同生活住居の定員の範囲内で空いている居室を利用**して提供される。介護者の都合などで短期の利用ができる。なお、居宅介護支援事業所の介護支援専門員が、緊急の利用が必要であると認めた場合には、要件を満たせば共同生活住居ごとに1人に限り、定員を超えて受け入れることができる（緊急時短期利用）。

(2) ✕ 事業者が、指定居宅サービスなどの介護保険サービスの事業または運営について、**3年以上**の経験を有することが要件となる。

(3) ✕ 共同生活住居の定員はもともと5〜9人であり、短期利用者の受け入れは**1人**とされている。また、短期利用の利用期間は、**30日以内**で定めることになっている。緊急時短期利用では、7日以内（やむを得ない事情がある場合には14日以内）で定める。

(4) ◯ 通常の認知症対応型共同生活介護は区分支給限度基準額の対象外であるが、**短期利用**の認知症対応型共同生活介護は**居宅サービス等区分**に含まれ、区分支給限度基準額の管理対象である。

(5) ✕ 通常の介護予防認知症対応型共同生活介護と同様、**要支援2の者は短期利用も可能**である。

正解 (1)(4)

認知症対応型共同生活介護の介護報酬

問題111 認知症対応型共同生活介護の介護報酬等について、正しいものを2つ選べ。

(1) 認知症対応型共同生活介護費は、要介護度別に1か月当たりで設定されている。

(2) 食費、居住費、理美容代、おむつ代、その他の日常生活費で利用者の負担することが適当なものについては、保険給付の対象外となる。

(3) 看取りに関する加算はない。

(4) 退居する利用者が自宅や地域での生活を継続できるように相談援助するなどした場合には、退居時相談援助加算が算定される。

(5) 認知症対応型共同生活介護を受けている間に、居宅介護支援費を算定することができる。

ポイント解説

(1) ✕ 要介護1〜5の5段階で、**1日当たり**である。

(2) ◯ 事業者は、これらの費用の額に係るサービスの提供にあたっては、利用者またはその家族に説明し、**利用者の同意を得なければならない**。

(3) ✕ 看取りの対応を強化する観点から、**看取り介護加算**が設定されている。この加算は、介護予防認知症対応型共同生活介護にはない。

(4) ◯ この**退居時相談援助加算**のほかに、**初期加算、医療連携体制加算、夜間支援体制加算、認知症行動・心理症状緊急対応加算、若年性認知症利用者受入加算、認知症専門ケア加算、生活機能向上連携加算、口腔・栄養スクリーニング加算**などの加算が設定されている。また、**身体拘束廃止未実施減算**などの減算もある。

(5) ✕ 認知症対応型共同生活介護でのケアマネジメントは、事業所に配置されている計画作成担当者（介護支援専門員）が行う。従って、**居宅介護支援は利用できない**（短期利用の場合を除く）。

正解 (2) (4)

地域密着型特定施設入居者生活介護の意義

問題112 地域密着型特定施設入居者生活介護の意義について、正しいものを３つ選べ。

⑴ 地域密着型特定施設入居者生活介護は、地域密着型サービスの１つで、市町村の監督のもとに提供される。

⑵ 地域密着型特定施設入居者生活介護の指定の対象となる施設は、有料老人ホーム等の介護専用型特定施設のうち、入居定員が29人以下のものである。

⑶ 地域密着型特定施設入居者生活介護の対象者は、その市町村の要支援者と要介護者である。

⑷ 利用者は、入浴、排泄(はいせつ)、食事等の介護その他の日常生活上の世話、機能訓練や療養上の世話を受けることによって、能力に応じて自立した日常生活を営むことをめざす。

⑸ 地域密着型特定施設入居者生活介護の利用者は、居宅介護支援を利用することができる。

ポイント解説　　　　　　　　　　　　　　📖上－ P.658〜661

⑴ ◯　施設の**指定**をはじめ、**調査**、**監督**なども**市町村の責務**である。

⑵ ◯　要介護者が入居する有料老人ホーム等のうち、入居定員が30人以上の施設は、居宅サービスとして特定施設入居者生活介護の指定対象である。

⑶ ✕　地域密着型特定施設入居者生活介護は、**要介護者を対象**とする地域密着型サービスの１つである。要支援者を対象とする同種の介護予防サービスは存在しない。

⑷ ◯　利用施設や対象者によって多少の表現の違いはあるが、自立支援はすべての介護サービスに共通する理念である。

⑸ ✕　地域密着型特定施設入居者生活介護の利用者に対して、**居宅介護支援は行われない**。地域密着型特定施設入居者生活介護事業所の介護支援専門員が作成した**地域密着型特定施設サービス計画**に基づき、サービスが提供される。

正解　⑴⑵⑷

地域密着型特定施設入居者生活介護の人員基準等

問題113 地域密着型特定施設入居者生活介護の人員・設備基準等について、正しいものを3つ選べ。

(1) 地域密着型特定施設には、生活相談員、看護職員、介護職員、機能訓練指導員、計画作成担当者を置くことが義務づけられている。

(2) 計画作成担当者は、利用者やその家族の希望、解決すべき課題に基づき、サービスの内容や目標、達成時期などを盛り込んだ地域密着型特定施設サービス計画を単独で作成する。

(3) 地域密着型特定施設の建物は、建築基準法で定める耐火建築または準耐火建築であることが原則である。

(4) 介護居室については、地下に設けることは禁止され、出入口は避難しやすい位置にあることが義務づけられている。

(5) 利用者が車いすを利用することは想定されていない。

ポイント解説　　　　　　　　　　　　　📖 上－ P.661〜662

(1) **○**　看護職員および介護職員の合計数は**利用者3人につき1人以上**とし、看護職員は常勤換算方法で1人以上、介護職員は常に1人以上が確保されなければならない。看護職員および介護職員のうちそれぞれ1人以上は常勤でなければならない。**計画作成担当者は介護支援専門員**でなければならない。

(2) **✕　地域密着型特定施設サービス計画**を他の従業者と協議して作成するのは、サービス計画作成の一般原則と同じである。他の記述は正しい。

(3) **○**　利用者の安全性が確保されていると認められているときは、この限りではないが、認知症対応型共同生活介護、小規模多機能型居宅介護とは異なり、**建物についての規定**がある。

(4) **○**　個室の出入口の位置などは細かく定められている。

(5) **✕　車いすで円滑に移動できるような空間と構造**とすることが義務づけられている。

正解　(1)(3)(4)

285

地域密着型特定施設入居者生活介護の運営基準等

問題114 地域密着型特定施設入居者生活介護の運営基準等について、正しいものを2つ選べ。

(1) 入居者に対しては、あらかじめ運営規程の概要、利用料などの重要事項について文書を交付して説明し、入居およびサービスの提供に関する契約を文書で締結しなければならない。

(2) 入居者が希望しても、地域密着型特定施設入居者生活介護以外の事業者が提供する介護サービスを利用させることは禁止されている。

(3) 入浴または清拭は1週間に2回以上とされるが、それが困難な利用者に限り、1回になってもやむを得ない。

(4) 事業者は、運営推進会議を設置しなければならない。

(5) 地域密着型特定施設入居者生活介護費は、要介護度に応じて1か月当たりで算定される。

ポイント解説 📖上－ P.662

(1) ◯ **文書による契約**を義務づけているのは、地域密着型も含めて**特定施設独自の規定**である。

(2) ✕ 事業者は、入居者が地域密着型特定施設入居者生活介護に代えて、その事業者以外の者が提供するサービスを**利用することを妨げてはならない**とされる。

(3) ✕ 適切な方法による**2回以上の入浴**（不可能な場合は清拭）が義務づけられている。

(4) ◯ **運営推進会議**は、おおむね**2か月に1回以上**開催しなければならない。

(5) ✕ 要介護1～5の5段階に区分され、**1日当たりで算定**される。主な加算に、**夜間看護体制加算、医療機関連携加算、退院・退所時連携加算、入居継続支援加算、認知症専門ケア加算、生活機能向上連携加算、個別機能訓練加算、口腔・栄養スクリーニング加算、看取り介護加算**がある。また減算には、**身体拘束廃止未実施減算**がある。

正 解 (1)(4)

地域密着型介護老人福祉施設入所者生活介護の意義

問題115　地域密着型介護老人福祉施設入所者生活介護の意義について、正しいものを2つ選べ。

(1)　地域密着型介護老人福祉施設の指定の対象となるのは、特別養護老人ホームのうち、入所定員が29人以下のものである。

(2)　地域密着型介護老人福祉施設の指定は、市町村長の助言と勧告を受けて、都道府県知事が行う。

(3)　その市町村の要介護者で入所を希望する者は、入所定員に空きがあれば、誰でも地域密着型介護老人福祉施設に入所できる。

(4)　地域密着型介護老人福祉施設は、どんな場合にも、申込順に入所を認めなければならない。

(5)　地域密着型介護老人福祉施設は、入所者の心身の状況や環境に照らして、居宅生活が可能かどうかを定期的に検討し、円滑な退所のための必要な援助を行わなければならない。

ポイント解説　　　　　　　　　　　　📖 上－ P.663～667

(1)　**○**　記述のとおりである。介護老人福祉施設（入所定員30人以上の特別養護老人ホーム）等を本体施設とし、**サテライト型居住施設**として設置されることも想定されている。サテライト型の場合、人員基準などが一部緩和されている。

(2)　**✕**　地域密着型サービスの事業者・施設の**指定**は、**すべて市町村長が行う**。その際、市町村長は**あらかじめ都道府県知事に届け出る**ことになっている。

(3)　**✕**　2014年改正により、**要介護3～5**に認定されることが必要とされ、**居宅において介護を受けることが困難な者**という条件がつく。ただし、要介護1・2であっても特例的に入所が認められることがある。

(4)　**✕**　入所申込者の数が定員を超えている場合は、入所判定委員会の検討を経て**必要性が高い者を優先する**。

(5)　**○**　介護保険制度のもとでは、できるだけ居宅における介護を実現するという趣旨を反映する規定である。

正解　(1)(5)

地域密着型介護老人福祉施設の人員・設備基準等

問題116 地域密着型介護老人福祉施設入所者生活介護の人員・設備基準等について、正しいものを２つ選べ。

(1) 生活相談員、介護・看護職員、機能訓練指導員、介護支援専門員を置くことが義務づけられているが、医師は置かなくてもよい。

(2) 介護職員または看護職員は、入所者３人につき１人以上必要である。

(3) 計画担当介護支援専門員は、入所者やその家族に面接して解決すべき課題を把握した後、直ちに地域密着型施設サービス計画を作成し、入所者に交付する。

(4) 計画担当介護支援専門員は、入所者が更新認定や変更認定を受けたときに限り、サービス計画の変更を行う。

(5) 静養室、医務室、食堂、機能訓練室を設けなければならない。

ポイント解説　　　　　　　　　　　　　　　　　　📖 上－ P.668

(1) **✕**　**医師**の配置は、入所者の健康管理や療養上の指導を行うために必要で、そのための**医務室とともに不可欠**とされる。ただし、常勤という要件はなく、入所者の処遇に支障がない場合は、提携する医療施設や他の事業所などと兼務することができる。

(2) **◯**　**地域密着型でない介護老人福祉施設**と同じである。

(3) **✕**　面接によるアセスメントを行った後、サービス担当者会議の開催や担当者への照会などにより、**専門的な見地からの意見を求める**ものとされる。入所者に交付することは正しい。

(4) **✕**　記述の場合に必要があれば変更を行うのはもちろんだが、それ以外にも**定期的に入所者に面接**して状況を把握し、**必要があれば変更を行う**ものとされる。

(5) **◯**　**食堂**と**機能訓練室**については、**合計した面積が３m²に入所定員を乗じた面積以上**とされ、同一の場所とすることもできる。

正解　(2) (5)

地域密着型介護老人福祉施設の運営基準

問題117 地域密着介護老人福祉施設入所者生活介護の運営基準について、正しいものを2つ選べ。

(1) 入所・退所の年月日を入所者の被保険者証に記載するとともに、提供したサービスの内容などを記録し保存しておかなければならない。

(2) 教養娯楽設備の設置や、入所者のためのレクリエーション行事の開催が義務づけられている。

(3) 入所者が病院等に入院した場合、入院後おおむね1か月以内に退院することが明らかなときは、退院後再び円滑に入所できるようにしなければならないと定められている。

(4) 感染症や食中毒への対策を検討する委員会を、1年に1回程度開催することが義務づけられている。

(5) 運営推進会議をおおむね3か月に1回開催し、活動状況を報告し、評価を受けなければならないとされる。

ポイント解説　　　　　　　　　　　　　　📖 上－ P.668

(1) **○**　**サービスの内容の記録**は、サービス計画、身体的拘束の記録、苦情の記録、事故の記録などとともに、**市町村の条例に定められた期間**（厚生労働省令では**2年**）**保存**する義務がある。

(2) **○**　このほか、外出の機会を確保するなど、入所者の**社会生活上の便宜を提供**することが定められている。

(3) **✕**　入所者が病院等に入院した場合、入院後**おおむね3か月以内**に退院することが明らかなときは、退院後再びその施設に円滑に入所できるようにしなければならないと定められている。

(4) **✕**　感染症や食中毒の予防やまん延の防止のための対策を検討する委員会を、**おおむね3か月に1回以上開く**こととされている（施設系以外のサービスでは**おおむね6か月に1回以上**）。ほかに、**指針の作成**、**研修・訓練の実施**などは介護保険施設と同様である。

(5) **✕**　**運営推進会議**は、**おおむね2か月に1回以上**開催しなければならない。なお、この会議の内容の記録は**公表**しなければならない。

正解　(1)(2)

ユニット型地域密着型介護老人福祉施設

問題118 ユニット型地域密着型介護老人福祉施設について、正しいものを３つ選べ。

(1) ユニット型地域密着型介護老人福祉施設は、少数の居室とそれらに近接して設けられる共同生活室により一体的に構成される場所（ユニット）ごとに入居者の生活が営まれるものである。

(2) ユニット型では、居宅生活への復帰を念頭において、入居前後の生活が連続したものになるように配慮するとともに、入居者が相互に社会的関係を築くことができるようにする。

(3) ユニット型の居室は原則として個室で、１つのユニットの入居定員は５〜６人とされる。

(4) 居室の床面積は、7.43 m^2 以上を標準とする。

(5) 入居者が各ユニットにおいて、それぞれの役割をもって生活を営むことができるよう配慮する。

ポイント解説　📖 上− P.666、P.705〜706

(1) **○** **ユニット型**は、居宅サービスの短期入所生活介護・短期入所療養介護、施設サービスの介護保険施設にもあるもので、入居者は居宅の暮らしに近い日常生活を営み、これに対する支援が行われる形態である。

(2) **○** 居室は別々であるが、**共同生活室を中心に少人数で共同生活を営む**ところに特徴がある。

(3) **×** **個室が原則**（夫婦などの場合、例外的に２人部屋）で、**１つのユニットの入居定員**は「おおむね10人以下」とされていたが、2020年改正により「**原則としておおむね10人以下とし、15人を超えないもの**」と緩和された。他の施設サービス、短期入所サービスについても同様である。

(4) **×** 標準は**10.65 m^2 以上**で、２人部屋は21.3 m^2 以上とされる。

(5) **○** 例えば家事などを、入居者がそれぞれの役割をもって行えるよう支援する。入居者がユニットにおいて社会的関係を築き、自律的な日常生活を営むことをめざすものである。

正解 (1)(2)(5)

地域密着型介護老人福祉施設の介護報酬

問題119 地域密着型介護老人福祉施設入所者生活介護費について、正しいものを3つ選べ。

(1) 一般の食費・居住費のほか、入所者の選定により特別な食事や居室の提供を行ったことに要する費用については、あらかじめ入所者から文書による同意を得ておかなければならない。

(2) 地域密着型介護老人福祉施設入所者生活介護費は、施設の形態や要介護状態区分ごとに、1か月当たりで算定される。

(3) 人員・設備基準によって加算や減算が行われるほか、個別機能訓練加算、障害者生活支援体制加算なども行われる。

(4) 入所してから10日以内の期間については、初期加算が行われる。

(5) 入所期間が1か月を超える入所者が退所するのに先立って、入所者が利用を希望する居宅介護支援事業者に対して、居宅サービスなどに必要な情報を提供するなどした場合には加算が行われる。

ポイント解説

(1) **○** 理美容代や日常生活費などについては文書による必要はないが、**食費・居住費**については**文書による同意**が必要とされる。

(2) **✕** **地域密着型介護老人福祉施設入所者生活介護費**は、施設の形態や要介護状態区分ごとに算定されるが、**1日当たり**である。

(3) **○** **個別機能訓練加算**は理学療法士等を配置して計画的に機能訓練を行うなどの場合、**障害者生活支援体制加算**は障害者生活支援員を配置して生活支援を行う場合である。このほか、**常勤の医師の配置**、重度者の割合が高い場合の**日常生活継続支援加算**、**認知症専門ケア加算**、**若年性認知症入所者受入加算**、**生活機能向上連携加算**、**排せつ支援加算**、**褥瘡マネジメント加算**、**看取り介護加算**などもある。

(4) **✕** 10日以内ではなく、**30日以内**の期間について、1日当たり30単位の**初期加算**がある。

(5) **○** **退所前連携加算**と呼ばれるものである。そのほか、**退所前訪問相談援助加算**、**退所後訪問相談援助加算**、**退所時相談援助加算**もある。

正解 (1)(3)(5)

介護老人福祉施設の意義と目的

問題120 介護老人福祉施設の意義と目的について、正しいものを3つ選べ。

(1) 介護老人福祉施設は、介護保険法の定める施設サービスを提供する介護保険施設の1つである。

(2) すべての特別養護老人ホームは、介護老人福祉施設として介護保険の施設サービスを提供できる。

(3) 介護老人福祉施設は、医療機関と家庭を結びつける中間施設の役割を果たす。

(4) 入所者に必要な介護、機能訓練等のサービスを提供することにより、できるだけ自立した生活の支援を行う。

(5) 特別養護老人ホームには、老人福祉法に定める措置施設と、介護保険施設という2つの役割がある。

ポイント解説　　　　　　　　　　📖上－ P.703〜704、P.709〜710

(1) **○** 介護老人福祉施設は、**介護保険施設の1つ**であり、**生活重視型**の施設である。

(2) **✕** 老人福祉法に根拠をもつ**入所定員30人以上**の特別養護老人ホームは、**都道府県知事（指定都市・中核市の市長）の指定**を受けることにより、指定介護老人福祉施設として介護保険の施設サービスを提供できるようになる。なお、**定員29人以下**の特別養護老人ホームは、**地域密着型介護老人福祉施設**の指定の対象となる。

(3) **✕** 介護老人福祉施設は、**要介護者に対して長期の生活支援を行う生活施設**である。なお、記述の役割を担っているのは、介護老人保健施設である。

(4) **○** **自立支援**は、介護老人福祉施設に限らず、介護保険制度に共通の基本的な理念の1つである。

(5) **○** 65歳以上であって常時の介護を必要としながら、介護老人福祉施設に入所して介護保険によるサービスを受けることが著しく困難な場合、市町村が**措置による入所**を行う。

正解 (1)(4)(5)

介護老人福祉施設の利用者

問題121　介護老人福祉施設の利用者について、正しいものを２つ選べ。

(1)　介護老人福祉施設を利用できるのは、第１号被保険者である65歳以上の要介護３以上の者だけである。

(2)　要介護３以上であれば、誰でも介護福祉施設サービスを利用できる。

(3)　要介護１・２の者が、入所を認められることはない。

(4)　入所の可否の判断にあたって、公正性を確保するため市町村が関与することが認められている。

(5)　やむを得ない事由によって介護保険制度を利用できない場合には、措置制度によって入所することもある。

ポイント解説　　　　　　　　　　　　　　　　📖 上－ P.706〜710

(1)　✕　2014年改正により、新規入所については、原則として**要介護３以上**と限定されたが、**第２号被保険者である要介護３以上の者**（特定疾病によると認定された者）も、介護老人福祉施設を利用することができる。

(2)　✕　対象者は、**要介護３以上**であり、あわせて**身体上または精神上著しい障害があるために常時の介護を必要とし、かつ、居宅においてこれを受けることが困難な者**とされている。

(3)　✕　要介護１・２の者であっても、やむを得ない事情によって介護老人福祉施設以外での生活が著しく困難であると認められる場合には、**特例入所**が認められることもある。また、2014年度改正の制度施行時にすでに入所している者は、要介護１・２であっても引き続き入所することができる。

(4)　◯　従来の入所判定は、自治体の優先入所指針に基づいた各施設の判断で行われていた。**要介護１・２の特例入所**については、新たな指針による、**市町村の適切な関与**のもとで行われる。

(5)　◯　介護老人福祉施設（特別養護老人ホーム）は、老人福祉法に基づく**措置施設としての役割**も担っている。措置の対象者は、原則として65歳以上の常時介護を必要とする高齢者である。

正解　(4)(5)

介護老人福祉施設の人員基準

> **問題122** 介護老人福祉施設の人員基準について、正しいものを3つ選べ。
> (1) 介護老人福祉施設は、常勤の医師を、1人以上配置しなければならない。
> (2) 介護老人福祉施設に配置すべき看護職員の数は、介護老人保健施設よりも少ない。
> (3) 理学療法士、作業療法士または言語聴覚士を、1人以上配置しなければならない。
> (4) 生活相談員は、入所者の数が100またはその端数を増すごとに1人以上、配置しなければならない。
> (5) 介護支援専門員の配置は、入所者の数が100またはその端数を増すごとに1人以上を標準とする。

ポイント解説　　　　　　　　　　　　　　　　　　📖上－ P.711

(1) **✕**　**医師**は、**入所者に対し健康管理および療養上の指導を行うために必要な数**を置くこととされる。また、常勤の者でなければならないという規定もない。

(2) **◯**　介護・看護職員の総数は、2施設ともに入所者3人につき1人以上であり、共通である。しかし、入所者の数に応じて配置する**看護職員**の数は、入所者100人当たりで、介護老人福祉施設では3人以上であり、介護老人保健施設では10人以上である。

(3) **✕**　**機能訓練指導員**（日常生活機能の改善または減退防止の訓練ができる能力を有する者）を1人以上配置することとされている。記述の3職種のほかに、看護師（准看護師）、柔道整復師、あん摩マッサージ指圧師、6か月以上の実務経験をもつはり師・きゅう師を充てることができる。理学療法士（PT）や作業療法士（OT）、言語聴覚士（ST）の配置を義務づけられているのは、介護老人保健施設である。

(4) **◯**　**生活相談員**は、常勤の者でなければならない。通所介護、短期入所生活介護、特定施設入居者生活介護などでも、配置が義務づけられている。

(5) **◯**　**常勤**の**介護支援専門員の配置**は、介護老人福祉施設に限らず、すべての介護保険施設に必須である。　　　　　**正解** (2)(4)(5)

介護老人福祉施設の入退所

問題123 介護老人福祉施設の入退所について、正しいものを３つ選べ。

(1) 介護老人福祉施設は、サービスの提供の開始に際して、入所申込者との間で、文書による契約を結ばなければならない。

(2) 入所を待っている入所申込者がいる場合には、サービスを受ける必要性が高いと認められる者を、優先的に入所させるように努めなければならない。

(3) 入所者の心身の状況や環境などから、その者が居宅で日常生活を営むことができるかどうかを、定期的に検討しなければならない。

(4) 検討の結果、居宅で日常生活を営むことができると認められる入所者に対しては、円滑な退所のために必要な支援を行わなければならない。

(5) 入所者が病院等に入院した場合には退所の扱いとなり、たとえ治療が終わって退院しても、空床がなければ再入所することはできない。

ポイント解説 📖 上－ P.708～713

(1) **✕** 介護老人福祉施設は、サービスの提供の開始に際し、入所申込者またはその家族に文書を交付して重要事項について説明し、**入所申込者の同意**を得なければならない。その同意については、**書面で確認することが望ましい**とされるが、**文書による契約が義務づけられているわけではない**。

(2) **〇** 特に**入所希望者の多い**介護老人福祉施設では、この方針の励行が必要である。

(3) **〇** その検討の際には、施設の**生活相談員**、**介護職員**、**看護職員**、**介護支援専門員等が協議**を行うことになっている。

(4) **〇** ただし、**安易に施設側の理由により退所を促すことのないよう留意する**こととされる。

(5) **✕** 入所者が病院等に入院した場合でも、**おおむね３か月以内に退院することが明らかに見込まれるとき**には、入所者とその家族の希望等を勘案し、**退院後再びその施設に円滑に入所できるようにしなければならない**。

正解 (2) (3) (4)

介護老人福祉施設のサービスの内容

問題124　介護老人福祉施設のサービスの内容について、正しいものを3つ選べ。

(1)　介護老人福祉施設は、入所者に対し、入所者の負担により、施設の従業者以外の者による介護を受けさせてはならない。

(2)　機能訓練は、必ず機能訓練室で行わなければならない。

(3)　行政機関等に対する手続きについて、入所者やその家族が行うことが困難な場合には、本人の同意を得て、代行しなければならない。

(4)　施設は、入所者をむやみに外出させてはならない。

(5)　感染症や食中毒の予防・まん延防止のための対策を検討する委員会を、おおむね3か月に1回以上開催しなければならない。

ポイント解説　　　　　　　　　　　　　📖 上－ P.712～713

(1)　○　介護保険施設に共通する規定である。

(2)　✕　機能訓練は、機能訓練室で行われるものに限られず、**日常生活の中での機能訓練やレクリエーション、行事の実施を通じた機能訓練を含む**。

(3)　○　特に**金銭に係るもの**については、書面等で事前に同意を得るとともに、代行した後は、そのつど本人に確認をとる必要がある。

(4)　✕　施設は、**入所者の外出の機会を確保する**ように努めなければならない。

(5)　○　**感染症や食中毒の予防・まん延防止のための対策を検討する委員会**を、おおむね3か月に1回以上開催するとともに、**指針を作成**し、従業者には**定期的に研修**を実施しなければならない。さらに、2020年改正により、**定期的な訓練**の実施も求められることになった。また、感染症や非常災害の発生時においてもサービスを継続するために**業務継続計画**を策定し、**研修**や**訓練**を定期的に実施することになった。

正解　(1)(3)(5)

ユニット型介護老人福祉施設(1)

問題125 ユニット型介護老人福祉施設について、正しいものを３つ選べ。

(1) ユニット型介護老人福祉施設では、ユニットを単位として、入居者の日常生活が営まれ、支援が行われる。

(2) 各ユニットにおいて入居者が相互に社会的関係を築き、自律的な日常生活を営むことを支援しなければならない。

(3) １ユニットの入居定員は、10人以上20人以下としなければならない。

(4) 居室の定員は１人だが、夫婦で利用する場合は２人部屋とすることもできる。

(5) ユニット型の介護報酬は、従来型の介護報酬と同じ額が設定されている。

ポイント解説　　　　　　　　　　　　　　📖 上－ P.705～706

(1) ○　**ユニット型介護老人福祉施設**では、少数の**居室**とそれに近接して設けられる**共同生活室**により一体的に構成される場所（**ユニット**）ごとにケアが行われる（**ユニットケア**）。居宅に近い居住環境において、少人数の家庭的な雰囲気の中、居宅における生活に近い日常生活を送りながらケアが行われることに特徴がある。

(2) ○　入居者の**意思や人格を尊重**し、**入居前の居宅における生活と入居後の生活が連続したものとなるよう配慮**しながら、記述のような支援を行うことが基本方針として定められている。

(3) ✕　**１ユニットの入居定員**は「**原則としておおむね10人以下とし、15人を超えないもの**」としなければならない。

(4) ○　**居室の定員は１人**で、サービスの提供上必要と認められる場合は２人とすることができる。使い慣れた家具などを居室に持ち込むことが想定されている。

(5) ✕　**介護報酬**は、**ユニット型のほうが高く**設定されている。

　ユニットケアは、**介護保険施設・地域密着型介護老人福祉施設・短期入所系サービス**で行われている。

正解　(1) (2) (4)

ユニット型介護老人福祉施設(2)

問題126 ユニット型介護老人福祉施設について、正しいものを2つ選べ。

(1) 入居者が自らの生活様式や生活習慣に沿って、自律的な日常生活を営むことができるように支援する。

(2) 入居者がそれぞれの役割をもって家事を行うように支援する。

(3) 入居者がそれぞれの居室において食事をとることを支援する。

(4) 日中は、2ユニットに1人以上の介護職員または看護職員を常時配置しなければならない。

(5) 施設全体で1人、複数のユニットを統括する常勤のユニットリーダーを配置することが定められている。

ポイント解説　　　　　　　　　　　　　　　📖 上－ P.705～706

(1) ○　そのために、職員は、各入居者のこれまでの**生活歴・生活様式・生活習慣**などを把握する必要がある。

(2) ○　各ユニットにおいて、**入居者がそれぞれの役割をもって**生活できるよう配慮するのは、ユニット型独自の規定である。

(3) ✕　入居者が**共同生活室**で食事をとることを支援する。ただし、強制するようなことはないようにする。

(4) ✕　記述は夜間や深夜の場合に該当し、日中は**1ユニットに1人以上**の配置が義務づけられている。

(5) ✕　**ユニットごとに**、常勤の**ユニットリーダー**を配置しなければならない。

正解　(1)(2)

介護老人福祉施設の介護報酬(1)

問題127　介護老人福祉施設の介護報酬について、正しいものを3つ選べ。

(1)　介護老人福祉施設の介護報酬は、要介護状態区分別、従来型とユニット型の別、居室の定員等の別により、1日当たりで設定されている。

(2)　入所者が連続して6日間の入院をした場合には、所定単位数に代えて、6日分の入院または外泊時費用が算定される。

(3)　定員を超えた利用や人員配置基準に違反した場合には、減算が行われる。

(4)　入所者が、14日を超える病院・診療所への入院後に再び入所した場合は、再入所の日から30日以内の期間について、初期加算が算定できる。

(5)　介護福祉士や常勤職員を一定割合以上配置した場合には、その度合いに応じて加算が行われる。

ポイント解説

(1)　〇　**介護福祉施設サービス費**の区分は、記述のように非常に細かく、**1日当たり**で設定されている。

(2)　✕　**入院または外泊時費用**は、**1か月に6日を限度**として算定することができるが、入院または外泊の**初日および最終日は含まない**ので、記述の場合は4日間算定され、初日と最終日は所定単位数の算定となる。

(3)　〇　さまざまなサービスに共通する減算である。ほかに身体拘束廃止未実施減算、安全管理体制未実施減算、夜勤体制未整備減算などがある。

(4)　✕　**初期加算**は、入所した日から30日以内について算定されるものであるが、再入所の場合は、**入院期間が30日を超える場合**に限られる。

(5)　〇　**サービス提供体制強化加算**は、介護福祉士の配置割合、常勤職員の配置割合、勤続年数が一定以上の者の配置などで評価される。加算には、次ページでふれるもののほか、**生活機能向上連携加算、認知症専門ケア加算、認知症行動・心理症状緊急対応加算、褥瘡マネジメント加算、経口移行加算、経口維持加算、口腔衛生管理加算、療養食加算、在宅・入所相互利用加算、科学的介護推進体制加算、安全対策体制加算**などがある。

正解　(1)(3)(5)

介護老人福祉施設の介護報酬⑵

問題128 介護老人福祉施設の介護報酬について、正しいものを3つ選べ。
⑴ 個別機能訓練加算は、専ら機能訓練指導員の職務に従事する常勤の理学療法士等を1人以上配置した施設により算定される。
⑵ 栄養マネジメント強化加算には、常勤換算方法で一定数以上の栄養士が配置されていることが求められる。
⑶ 退所時等相談援助加算には、退所前訪問相談援助加算、退所後訪問相談援助加算、退所時相談援助加算、退所前連携加算がある。
⑷ 看取り介護加算を算定するには、看取りに関する指針を定め、入所の際に入所者またはその家族に指針の内容を説明し、同意を得ていることが必要である。
⑸ おむつを使用している入所者に介護福祉施設サービスを提供する場合には、排せつ支援加算が算定できる。

ポイント解説

⑴ **○** **個別機能訓練加算**は、記述の要件を満たした施設において、機能訓練指導員、看護・介護職員、生活相談員等が共同して作成した**入所者ごとの個別機能訓練計画**に基づき機能訓練を行う場合などに算定される。

⑵ **✕** 栄養士ではなく、**管理栄養士**が正しい。**栄養マネジメント強化加算**は、施設系サービスに共通の加算である。

⑶ **○** **退所時等相談援助加算**は、入所期間が1か月を超える（または超えると見込まれる）入所者を対象に行われる。

⑷ **○** **看取り介護加算**の算定には、施設基準や適合する入所者について、さまざまな要件が定められている。死亡日以前45日以下の期間について加算が算定されることになった（2020年改正）。

⑸ **✕** **排せつ支援加算**は、入所者全員に定期的な評価を行い、その結果、排泄に介護を要する入所者であって、適切な対応により要介護状態の軽減が見込まれるものについて、支援計画を作成して支援することなどで算定できる。また、実際におむつを使用しなくなったり、排泄の状態が改善したりした場合に算定できる区分もある。

正解 ⑴⑶⑷

重要事項さくいん

◆本書の内容に関するお問い合わせは、書面にて、下記あてに郵便かファクスでお願いします。お電話でのお問い合わせはお受けできませんので、ご了承ください。なお、補充問題や正誤などの情報に関しては、小社ホームページ（https://www.shobunsha.co.jp/）に掲載いたします。

〒162-0811　東京都新宿区水道町4-25
三信ビル1F
印刷クリエート編集部
ケアマネジャー基本問題集'24係
FAX. 03-6265-0568

※お問い合わせに際しては、連絡先の郵便番号・住所・氏名・電話番号・ファクス番号を明記してください。

ケアマネジャー 基本問題集 '24
下巻　保健医療福祉サービス分野

2024年1月30日　第1刷発行

監　修　　介護支援研究会
編　集　　晶文社編集部
発行者　　株式会社　晶文社
　　　　　〒101-0051　東京都千代田区神田神保町1-11
　　　　　電話 (03)3518-4943（編集）
　　　　　電話 (03)3518-4940（営業）
　　　　　URL https://www.shobunsha.co.jp

装丁：朝倉紀之
編集協力：印刷クリエート編集部
印刷・製本：株式会社堀内印刷所

読 者 特 典

本書の読者へ
過去問解説（9年分）を
無料プレゼント！

平成 27 年から令和 5 年まで、
9 年分の過去問解説をプレゼントします。
電子書籍版ですが、PDF でのダウンロードも可能です。
本書と並行して学習することで、
より効果を上げることができます。

無料プレゼントを入手するにはコチラへアクセスしてください。
https://care.shobunsha.co.jp/pastexam2024/

＊無料プレゼントは Wed 上で公開するものであり、
冊子などをお送りするものではありません。
＊無料プレゼントのご提供は予告なく終了となる場合がございます。
あらかじめご了承ください。